文學叢刊

海艷

無名氏全集第四卷下冊

卜寧（無名氏）著

文史哲出版社印行

國家圖書館出版品預行編目資料

海艷 / 卜寧著. -- 初版. -- 臺北市：文史哲,
民 89
冊： 公分. -- (文學叢刊；106)（無名氏全集；第四卷）
ISBN 957-549-288-9(一套：平裝)

857.7 89005939

文學叢刊 ⑩⑥

無名氏全集第四卷

海 艷 （上下冊）

著　者：卜　寧（無名氏）
出版者：文史哲出版社
登記證字號：行政院新聞局版臺業字五三三七號
發行人：彭正雄
發行所：文史哲出版社
印刷者：文史哲出版社
臺北市羅斯福路一段七十二巷四號
郵政劃撥帳號：一六一八〇一七五
電話 886-2-23511028・傳眞 886-2-23965656
平裝二冊售價新臺幣八〇〇元
中華民國八十九年五月初版

ISBN 957-549-288-9

第八章

一

無限聯結無限。空虛駢接空虛。一片曠曠蕩蕩、無極無限的綿延。一片空空虛虛、像一大幅無窮的透明幕帷展現。天、水、雲、樹、山、草、花、石，點綴這大幅空空虛虛，如馬蒂斯愛用許多花飾，裝潢他的畫面背景。它直是一個神奇精靈，一種生物，整個佔有宇宙，而不是宇宙佔有它。在這水白雲母似的無盡空虛中、花花色色線線條條湧出來，充滿凸味、凹味、曲味、扭味、突味、青味、綠味、褐味、藍味。那些奇蹟式的山，不是一座座矗著，而是一片片偉大陀螺，飛旋起來，旋轉且湧，湧出大片大片的圓錐形綠色奔流。這大江大海樣泛濫性的圓潤綠流，圓化也綠化了這皎明空虛。這是千錘百鍊了的媚態結晶的圓綠。映襯群峯的高、綠、和圓錐形，另一邊是大地的低、綠、與棋盤體。一派綠色的旋律、高高從峯際盤轉下來，終於低迴在地平面、水平面。一溜溜花味的大地，到處都有大片綠衝過來、撲過去。那一汪綠堆得厚厚的、高高的，似乎要堆得與天雲相齊。一切綠得那樣豐盈、招展，眞像地球上有那麼多綠牡丹，世界全由綠築成。一灘灘綠田綴一叢叢綠草、又插一株株綠樹，再明耀著一條條長長小溪流如水晶，到處綠化了。好像大地一下子把埋在地底層幾千年的綠都捧出來，連死去的綠，與尚未形成的綠。峯海千碧環湧，大地萬碧展鋪，再映襯遠處遼闊大江，西湖又蒼白又嬌小，像一座私邸花園內的水池，鏡平而謐靜。蘇堤如長虹，紅紅綠綠，花花樹樹；白堤一份桃紅夾一份柳綠，爛艷而幽。湖水有著瓷碧石的光閃，象牙的古典寧樸，微微釉了層午後陽光的懶。陽光艷霧隱了一些遠山。這窔秘的光霧與遠處的碧色溶成一片。人兀立山頂，一切光霧色彩與形象，全變成兒童積木玩具，隨時可以從手邊一件件拿起，拆開，又拼積，把玩嬉戲。山巔擎高了人，卻輕鬆了山下的一切。

他們躺臥峯頂草地上，身子緊靠，面對面望。她長長的白色絲織袍子，披覆在綠色草地上，像一片靈矞的閃光體，上面一些淡色條紋、更映襯出她胴體的柔和。她苗條的肢體，横展在白色裡，是那樣溫馨，像玫瑰與雲石的混合溶解體，似有物，似無物。他就喜歡看她這樣長長而苗條的躺著，背景是一大片綠，軟軟的綠。他幾乎不敢碰觸她的肢體，它是那樣柔嫩，任何一個輕微撫觸，彷彿全會破壞它溫柔的諧和。這是一種青春的純柔，婉柔下面，卻藏了那麼多熱烈質素。正由於心底那座紅紅熔爐，燃燒到肢體表層和白色袍子的外面線條上，才蒸騰出一片又柔和、又暖烘烘的人體風景。她繁茂的長長黑髮，隨意彎彎在綠草上、白色肩上。她深色眼睛滿溢夢的色調，是在用夢眼來看他。她大理石色澤的臉上、暈了層薄薄紅醉。他們對望著。這枝溫軟女體四周，似乎秘密的震響著那麼多的溫媚音調。一簇簇不知名的軟軟色素在烘染。在這片音調與色素的烘染中，像被雲霧包裹，她微微縹緲的瞪著他，帶了點傻。她緊緊挨貼他，似有意要把身體內的暖熱傳染給他。他才一閉眼，她立刻輕輕道：

「啊，蒂，望我！」

他睜開眼，癡癡望她，變愛的抓住她的一隻手，半晌不開口。

有好一會，他才用極低的聲音，溫柔的問道：

「你爲什麼老要我望你呢？」

她輕輕掙脫他的手，溫存的撫摸他的黑髮，有好一會，才怔怔的瞅著他道：

「只有你望我時，我才覺得自己在活。」

「…………」

過了一會，他輕輕道：「不要撫摸我的頭髮了，用手遮黑我的眼睛，讓我在它的黑影下想一件事。」

「想什麼？」

「等等告訴你。」

「那一定是個美麗的，不應該用我的手給你黑影，應該用別的來關閉你的眼睛。」

她微微抬起身子，吻他的眼睛。

他輕輕道：「不要離開我。讓你的吻停在我眸子裡。我要在你的紅吻下幻想、思想。讓你的吻在我思想外面織一片紅色幕帷，在它的紅色光影內，我的思想好來回散步。也許，你的吻會搭成一座紅橋，讓我的靈明通到海的彼岸。」

他喃喃著，終於沉默了。許久以後，一陣低微的聲音、玫瑰花朵樣撒遍他的眸子四周。

「想好了沒有？」

「想好了。」

「想的什麼？」

他凝視綠草上她的雪白臉蛋。

「我在想，怎樣突然一下子，才能中斷我的意識、感覺、思想，要裝滿你的。是的，怎樣才能突然一下子，讓我變成你的一個軀殼，你的思想與夢幻佔有了我。我願自己只是你的翻版。我再不要我了，我只要你。」聲音有點迷醉：「啊，縈！我所有空間：纖維空間、意識空間、血液空間、表皮空間、骨髓空間，應該都是你的空間，我的空間再沒有陽光和樹葉、鳥鳴與花朵，只有你！——你就是我的絕對空間。絕對時間。你裡面含有宇宙最高和鳴，永恆時間的綿延，在你身畔，我聽到原始生命眞流的幽咽聲，與永恆的節奏。不是我組織我，是你組織我。你給我歡。給我笑。給我樂。給我眼淚與記憶。給我星光與大地。給我思想與夢。給我血肉與呼吸。啊！縈！我裡面再沒有我，只有你！」

她閉上眼，微微迷醉的聽著，聽完了，怔怔了一會，微笑著慢慢道：

「傻子！你這還想什麼？你的思想、意識、夢幻，不早佔有我的思想空間、意識空間、夢幻空間？你的不早變成我的？我的不早化爲你的？記住！在我們中間，只有我們，不，只有一個『我』！——絕對沒有『你』存在！」

她說完了，他也笑了。他們繼續互望著。

「愛人的眼睛眞豐富呵！它裡面藏了不只一個世界。我活在你的凝望裡，像活在一個完全是鏡子的世界中，到處是成千成萬的透明的我，我永遠看不完自己。」

她輕輕說著，他又笑了。笑著笑著，他們沉默了。他們默默對望，望著望著，他的臉孔突然特別溫柔起來，無比的恬適。他輕輕閉眼，輕輕的溫馨的喃喃：

「縈——」

她嫵媚的湊過紅唇。

「不，重一點。」

她又昵愛的吻了他一次。

「啊，殘酷的，爲什麼你的紅唇吝嗇重量。」

她嬌柔的抓住他的手，愉快的道：

「不，這樣山明水靜的高峯雲際，吻重了，會破壞天空的明淨，四周的空靈。」

他笑了，睜開眼。

她突然拉著他的手，站起來，活潑而熱烈的道：

「啊！我們快起來吧！讓我們跳跳蹦蹦吧！這草地靠近白雲，是這樣媚緻，我們應該在上面跑著，跳著！瞧，那棵桃樹下，有兩隻美麗的蝴蝶，我們快去捉。」

他從草上地跳起來，輕喚著道：

「你捉那隻白的。我捉那隻黃的。我們悄悄跑過去。」

他們從口袋內取出兩塊彩色手帕，小跑過去，才揚起手帕時，蝴蝶已飛走了。他站住了，她尾隨的跑著，連用手帕撲了幾次，都未撲到。蝴蝶已飛到一株松樹上面了。

她還要跑過去，他拖住她：「不捉吧！它們飛得太高了。」

她搖著頭：「不、不，我一定要去，我一定要等待。」

她跑到松樹下面等著，蝴蝶卻不再飛下來。最後，這兩隻彩色昆蟲離開蒼松，飛到高空裡了。

她嘆了口氣，大眼睛忽然明亮起來；迷醉的道：

「啊！蒂！其實我又何嘗當眞捉蝴蝶？我是在捉我們的愛情。我們的愛情不正藏在蝴蝶翅膀上？它不正和這些昆蟲一樣，有美麗翅翼，能曼麗的飛舞？這些蝴蝶，像生命中最神秘的靈幻眞理的一部分。這些眞理一部分衝到高峯頂上，來捕捉峯巔的美，同時也表現它自己的美。山下湖中的綠樹，是那樣靡麗而空靈，山頂綠樹下，也該有蝴蝶飛，有眞理一部分在展華翅！——這眞理的總名詞，叫『愛情』！啊，蒂，你見過一種電光蝶麼？它們翅羽上，有韻美的電閃。極旖旎的閃電光。淡綠色翅膀中，閃灼斜曲的青色閃電光。」

他跑到她面前，輕輕抱住她，也迷醉的喃喃道：

「啊，電光蝶！電光蝶！那是飛在峨嵋山頂的一種蝴蝶。它的出現，也像閃電似地，神秘不可捉。人在一萬隻蝴蝶中，難捉到一隻。它是閃光中的閃光，蝴蝶中的蝴蝶。它的青色閃電光既不是天上閃電，也不是蝴蝶的閃電，而是美學的最高閃電，愛情的最高閃電。奇神、微妙、詭幻！……啊，我們不談電光蝶了。你瞧那大江對岸的山，不正像閃電蝶一樣的神奇、微妙、詭幻？」

她的眼睛被吸到錢塘江對岸群山上。他們沐浴於這片山景，卻時不時的，又回顧湖景。這些山不是山，是一些蒼白修女，躲閃於雲彩光霧裡，只有山意，而無山體，只是白色霧中較深或較亮的一層霧。它們如法相光輪，靈感式的或明或滅、倏隱倏現、時暗時閃，空靈極了，縹緲極了，也佛味極了。江也變成犍陀羅藝術品，譎幻虛渺；又如空間深處大星雲在膠片上的投影，只有虛虛亮亮的一片白。一些船就在光影霧裡飄，不是走，像一些綢子飄掠天空。這時，湖上的船，也同樣在光影薄霧裡飄，只是飄得重一點。這些船，彷彿都要飄入深山，像一隻隻鳥。它們悠揚的節奏，似放映機特別放慢速率時、跳舞影片上的斷片舞姿。一些水鴨子偶然飛起，劃破湖藍湖靜，許多碎點子綴飾湖面。近山一抱一抱的、舞出來，多姿多態、多色多彩，釉了霧和嵐，輪廓線有繡意。無邊煙際一痕霧靜，似與遠處江水山光溶成一片。水流到天雲邊，遠山也溶入白雲層。山有水意，水有山意，山水有天雲意。淡霧中的陽光、無比新鮮流麗，如一層金色釉，塗飾大地這個綠碗，顯示羅可可式的輝煌。這金釉使花花樹樹分外生動。湖畔山腰屹立一株虬盤古松，它與山上的楓、榛、杉、楝樹、桃樹、黃楊、冬青、野皀筴、馬尾松、羅漢柏，等等樹木一片綠，綠中全抹了一層金釉陽光。這些色調中，最豐富的是一些野花。蝴蝶花、喇叭花、映山紅、紫雲英、茵陳，它們全花花彩彩，在太空虛無中發光發燦。站在峯頂，看這一切明亮浮景，只覺它們太富裝飾感。似乎生命本身原只是一種裝飾。在雲、山、水、樹、光、影、霧、草的綜合中，各種形象漸漸化爲夢的印象。人們直貫色相後，形相似慢慢消失了，只剩下它們所喚起的人性感覺火燄的色調，與夢幻的美。這眞是一片普天五彩大靜。這當兒，一隻密蜂的音籟似乎分外明艷。藉這幅無限藍無限綠無限靜的大幕景上，山頂一隻金蜂正溫存的擁抱一朵蝴蝶花，它吸蕊時的姿態，柔美極了。他們的視線，從大江彼岸及湖的山影中回歸這隻金蜂，終於凝止了，——接著是個長久而溫柔的擁抱，正像金蜂抱花一樣的美麗，艷冶。

不知抱了許久，她離開他，神采煥發，興奮的拖著他，以半舞蹈的姿態向前跑著，蝴蝶樣一隻手臂向天空撲著，天眞的高聲喚著道：

「啊，蒂，我們不只要捉蝴蝶，也要捉天空、捕捉雲彩、捕捉山、捕捉水，它們裡面不都藏著我們的夢、靈、幻、和愛麼？蒂！爲什麼我們不能變成兩片彩色翅膀、從雲彩飛入雲彩、從空間飛入空間呢？爲什麼我們不就是空間，從無限透入無限，凝成一座永恆空間深處呢？瞧，這山峯線條多姸麗，湖水平多明淨，我們去捉這山形這湖明吧！啊，我們應該追捕眞空間、永恆空間，好讓我們亘古不朽的佔有！啊，我們應該捉上帝，在大雲彩間捉上帝，把他捉下來責問：爲什麼不給我們永恆羽翼？不讓我們恆久翺翔？可是，蒂啊！假如我們眞捉到上帝了，我們不會再苛責他的。因爲，他既是一座永恆，他的色彩不也正是我們情感的色彩？他的聲音不也是我們深情的聲音？他的線條不也正是我們感情的線條？啊，這無極空間疊空間，這無量數山水雲樹疊山水雲樹，我要追蹤它們。俘獲它們。我不是捉它們，我是捉我心裡的你，無量數的你啊！」

「啊！蒂！現在，眞空間來了！眞宇宙來了！眞色彩眞線條來了！讓我們的靈魂洶湧在裡面吧！讓我們的像無限空間一樣廣延吧！瞧那許多五光十色的雲彩！那層藍雲是你的思想。那朵白雲是我的袍子。那塊紫雲是我們昨天喝的葡萄酒。那條棕雲是你的胴體。那角紅雲是我的吻。那彎陰雲是我的頭髮。那輪橙雲是我們的感覺投影。這整個天空是我們的幻境。不，這一整個宇宙是我們的愛情。無極無限無窮無盡無如無終。啊！在這海樣宇宙與宇宙靜中，我的心靈氣球樣飄起來，掛上山青，漂浮著水藍，掠入白霧，沾染綠樹，吻觸蝶翅，裝飾鳥鳴。我似乎有這麼多空靈要往外瀉。我吸盡了空間的空，再把它凝成有血有肉的空，從感覺裡放射出去；我好像要拿再造過的空來試試原始空的模子，看合不合、契不契。啊！蒂！我此刻是非常空、空、空而且幻。我唯一的慾望是看雲。看雲。蒂！看雲吧！不是把你的愛給我，是你把你的雲給我！你給我雲！我給你雲！你的雲換我的雲！你的雲染我的雲！你的雲變成我的雲！一切都是雲！雲！……啊，最後的第一宇宙因子終於找到了：這是我們最後最強的愛！」

他們再度擁抱了。在高峯頂擁抱了。在雲彩間擁抱了。在風中擁抱了。山染他們，水襯他們，日照他們，樹搖他們，光圍他們，蝴蝶繞他們，桃花環匝他們。整個宇宙因他們的擁抱而芳香了、醒醉了。

二

他們從天空回到人間。

一整個春天，他們美麗的時辰之一，是在印蒂茅屋院子內，那棵七葉子樹下。爲了享受這個，印蒂特別買了條小地氈。下午，陽光燦艷極了，人曝晒久了，過度溫暖的享受，反容易昏眩，不能細賞且回味當前境界。七葉子樹婷立著高高身姿，它嫩褐色的七葉簇，帶皎明白色，遠遠看去，如一盞盞透明燈光。可它下面的淡淡蔭影，卻是最適宜的空間。四周一片光和熱，核心卻是陰涼，他們可以把自己隱匿於幽暗，保持頭腦清醒、血液平靜、感情均衡，而不致昏眩。樹下舖著那塊瑰艷小地氈。他歡喜她坐在那隻孩童式的紅紅矮小藤圈椅上（這是他特地訂製的，漆成紅色），他躺臥地氈上，她的腳下，望著那高高的樹簇，樹上淡紅色的花，團團的七葉影叢在金色陽光裡閃、搖，棕色地氈上那隻五彩孔雀的華麗尾巴上，爛耀著陽光碎片。她照常穿那件乳白色連衫長裙，光著剛用涼涼泉水洗濯過的腳，他就頭枕在她的裸腳上。有時候，風起處，一小朵淡紅色七葉子花偶然墜落在她髮上，他輕輕伸起手，揭下那圓錐形的紅花，放入嘴裡，慢慢嚼，嚼得很碎很碎了，又仰起臉，頑皮的吹到她臉上。但吹力太弱，一片片的，常又落回他自己臉上，還得她笑著一一拿開。一陣笑聲輕脆的從地氈上響起。那些落花的日子，他們髮上肩上常沾著紅花，像新婚夫婦走出禮堂似地。他們一抖也不抖，就讓它附著，自生自落。風飄起了，她的白色裙裾不時在他臉上搧，他悄悄用它蓋住臉。晚春午後甜愜極了，也倦人極了，他們有一搭沒一搭談，談著笑著，漸漸的，在薰人的暖氣中，他睡著了，她也閉上眼。就在他們做夢時，一些紅花悄悄落下，一朵朵的，墜入他們髮上、眼上、身上、手上。不知何時起，他們從斑鳩「咕咕」聲中醒了，發現自己身上紅花，都笑了。那隻斑鳩，好像特別和他們有緣，老守著樹梢。一個下午，它直「咕咕」不停。靜中的「咕」聲特別溫孌，圓滿的畫出午後的長、暖、懶。他們很難想像，世界上還有什麼別的，比這片含蓄的鳩聲更充沛生命的媌媚了。爲了這片音籟，他們常關起話匣子或收音機，甚至有時噤默。這多情的鳥每「咕」一聲，他們心裡也「咕」一聲，且多暖一分，多懶一分。小院幽幽恬恬，曾先後開過廣玉蘭、山茶花、碧桃，現在，玫瑰、薔薇與杜鵑花，正盛吐紅朵。一陣陣的玫瑰香、薔薇香，和鳩聲化成一片，繚繞著那高高的七葉子樹，樹的綠蔭，陽光的碎影，搖幌的葉影，上面是高高圓圓的藍色天空，——這一切釀造一片橘味的溶液，似乎連任何一塊花崗石也能溶解。

在浮動的玫瑰花香中，她醒來了。他在她腳上也漸漸甦醒了。一醒，就微笑。他不相信生物史上還有什麼動物享受過他目前的溫馨。

她似乎早就睜開眼，怕驚醒他，不敢動一動。一見他張開眼，這才笑著舉起那隻右腳，用白白腳指輕撥他的眼睫毛，撥了一會，最後，乾脆輕輕把它放到他臉上。她「咕咕」笑著，像樹上斑鳩。

在她腳影遮蓋下，他微笑道：

「縈，我想我早該停止我的享受，挪開我的頭了。你的纖足怕早被我枕痛了。」他把頭輕輕移到地氈的孔雀翅膀上，用手撫摸剛被他枕過的白白左腳。

他仰起臉，看見她輕輕搖頭。

「不。」她又把左腳送到他頭邊。「繼續枕吧！如果有點痛，痛中卻有點甜味。」

他把頭放在她左腳上，笑著道：

「眞奇怪，拿質料說，你的腳並不比地氈眞叫我後腦勺舒服，但我卻想選擇它。好像當前這一妙境，只有我枕在你赤腳上時，才能圓全，而我也才能完全滲透。」

「我也這樣感覺。」她低低笑著道：「好像只有你枕在我裸足上，目前才能有那麼一幅微妙場景。多怪，我似乎並不覺酸痛。你的頭似乎只有黑髮，沒有骨骼血肉，輕極了。」

他感謝的轉過臉，用臉頰溫柔的擦著她的白色腳背。接著，他伸出手臂，讓她拉著。他們手拉手，像搭一條長春藤在空中。透過它，他仰看藍天，望個一會，又闔上眼，沉迷的道：

「啊，縈，我現在什麼都不想，不想說，不想動。在一個美麗的睡裡，一個人只有一個念頭，希望這一閉上眼，出了竅，永不再醒來。假如我眞能這樣，這就是上帝所能給我的最高祝福了。」

她用白白左腳輕堵上他的嘴。「不許你這樣說。現在，生命對我們是這樣華麗，你怎忍心扼死它？我要生你的氣了！」

「我說的是睡，永恆的睡，不是死。死是難看的，永恆的睡卻是永恆的莊嚴、永恆的美。」印蒂喃喃道。「躺著的人，與坐著的人，感覺大約不同，你此刻是什麼感覺呢？」

「我只希望你像一隻大羊似地，永遠躺在我腳下，我們永遠手拉手，世界上永遠有這樣的陽光，這樣的園囿樹蔭，斑鳩永遠在七葉子樹上咕咕。啊，我的心酥極了。一個聲音重複在我耳邊響：『我們究竟是値得活的，只有活著，我們才能這樣手拉手聽斑鳩咕咕。』」

他仰起臉，熱烈的望著她，天眞的笑道：

「啊！縈，我剛才是謊你的？我從沒有想在你腳上中斷生命。生命從沒有像在你腳下時這樣美！是的，生命『究竟値得活的』，我們爲什麼不好好活？來，美麗的公主，躺在我旁邊，讓我們好好享受生命，享受斑鳩咕咕聲。」

她眞的躺臥他旁邊。

他們面對面，手拉手，微笑互望著。她不時垂下頭，好像他的笑容過度刺激她，叫她不能忍受。垂著垂著，她抬起頭，手緊緊握他一下，微笑而媌媚的喃喃道：

「蒂！這一切，是不是就叫做『幸福』？『幸福』兩字，是不是專爲解釋這類境界而創造的呢？」傻傻笑了一下。「從前，我總以爲，幸福是不可能的，或者，它只是海邊螺殼，有五彩外形，裡面卻一片空虛。」

漸漸的，她眼睛半閤，卻繼續低低喃喃：

「可是，這就是幸福。是的，這就是幸福。借你和我，幸福第一次向全世界洩露眞形。……啊！這一刻、這一秒、這個靜靜下午、這樣暖暖的暮春下午，我渾身甜極了。不僅舌頭覺甜，眼睛與思想也覺甜。我整個人像淹在蜜潮裡的蜂，在慵困中溶解。……眞的幸福不該說，也說不出。可是，通過我這點聲音，幸福似乎更可愛了。這點音籟像火，照亮幸福的面貌。要不，它只是一種甜密的黑暗。……啊，蒂，告訴我，你要做什麼？你願意我做什麼？你高興我做什麼？你歡喜我做什麼？——我都依你。我都給你做。我現在只有一個念頭，絕對絕對做你所最願我做的。」

他溫柔的望著她，眸子裡閃灼純潔的光輝，微笑道：

「我什麼也不要。你就這樣，我們手拉手，相互恬而甜的望著，就夠！」聲音漸漸低下來。「有時候，我覺得，那種極神性的聖潔，就是最高的幸福。我們一切形體的接觸，哪怕最狂熱的，也只是一種象徵，象徵我們更深的和諧一致，溶成一片，卻並不是爲了滿足某種渴望，寧爲了完成一種崇高的美。」

她嫣然笑起來，兩手微微用力握了他一下。

他們手拉手。他的右手拉著她的左手。她的右手抓著他的左手。雙方拉著，並不特別著力，像兩條籐蘿飄掛在美麗地氈上，又鬆散，又輕盈。四隻手握得也不緊，只是一種自然而然的接觸。有時候，其中一個正被一種神秘情緒所啓示，這才偶然緊握一下，接著是一個微笑。這種偶然的緊握，像一片流星，一種偶然的閃爍，使平靜夜天更美了，他們的感情，此刻正是一溜藍色夜天，又藍又靜，而又是星光滿天。

有好一會，他見她不開口，忍不住低低問：

「縈，你在想什麼？」

「你猜我在想什麼？」

「我猜不到。我所有思想都黏起來了。」

「你應該猜得到的。」

「但不是現在，不是這一刻、這一分、這一秒，上帝也會憐憫我這一刻的愚蠢。」停了停，央求道：「告訴我，想什麼？」

她怔怔一下，緊緊握了握他的手，微微笑道：

「想——」她忽然不說了，淘氣的定定凝視他的臉。

「想什麼？」

「底下只一個字，你一定猜得出，我不說了。」

「一個字，我也猜不出。這會兒我正像這個下午天氣一樣昏眩。」

「傻子！我是——想——」好一會，她突然暫鬆了右手，笑著用食指指他，輕輕吐出一個字：「——你！」

他們都笑了。

他笑著道：

「我是『傻子』？你才是『傻子』。你以爲我眞猜不出這個字麼？我有意要聽它從你嘴裡跳出來，這才丁零噹啷響得可愛，有勁！哦，這個字，若從我嘴裡出來，相差多少斛的顏色啊？」

她輕輕打了他一下，輕盈的笑著道：

「我是『傻子』，你才眞是『傻子』的『傻子』。定命的『傻子』。你以爲我眞不知道你在故意惹我？但我正歡喜你這份惹、逗？這一份小小騙藥，帶給我多深的醉？當我聽見自己被騙的聲音從嘴裡吐出來後，它正像一隻鈴子和鳴在兩口鐘上，可我這隻鐘卻共鳴得更迷人。這一個字、撞響了你幸福的鐘，你更撞響了我的。」

他們又笑起來。

「啊，縈！不要再撞什麼鐘了！瞧你臉孔多紅醉。你的情感像長春籐，那樣纏綿，柔柔搭掛在我情感上，也綠在我心上。啊，你的性靈是海上龍涎香，所有各種情調上的香味，都被你吸住了，又再放散。這個春天彷彿本沒有香，只因爲你，它才香了。」

「你的眼睛像盛夏大樹液汁，不斷從缺口流瀉著，充滿了膠汁，我被膠住了。」

「………………」

停了一會，他輕輕嘆息著。

「這樣的天氣！這樣的你！常會謀害人。」

「我把你謀害得怎樣了？」

他笑了。

「好，讓我再謀害你一次吧！」

她勾住他的頸子，沉醉的吻他。

吻完了，她伏在他懷裡，低低的沉迷道：

「啊！蒂！不要再說了！不要再動了！不要再吻了！就這樣，讓我靜靜享受你。也讓你靜靜享受我，……陽光、藍天、七葉子樹、斑鳩咕咕、玫瑰花香、微風、你、我，……夠了，……滿夠滿夠了！……」

一陣暖颼颼的春風吹來，在明亮的陽光和薔薇香中，斑鳩聲咕咕得更溫柔了。

三

風、光、水、色、花、樹、香、影、山、鳥、船、魚、雲、浪、堤、石、苔、氣、蟬、音、林、唄、天、靜——一切在靜靜蒸騰，氤氳、爐煙樣嬝嬝。

風穿光、水穿色、花穿香、樹穿影、山穿鳥、船穿浪、魚穿雲、蟬穿聲。整個自然用光色香影聲與無聲穿戴著，一襲又一襲，飄漾在夏季午後。

柳樹靜靜顫動肩膀。蟬聲慵困的膨脹，夾著午後熱意，形成一種巨大的聲音氣體。柳蔭深處的水中，魚偶然飛躍，流響，它們似在水底打鞦韆，從一角蕩到另一角。遠遠的，陽光滲透山的嵐色，忽明忽暗，像一些金色的藍色的影子，閃爍不定。

這個下午，湖上是如此恬靜，光明，生命彷彿在找那絕對無影的光。這種光，只要把他們四周的光蒸餾一下（假如光也可當做液體），就可以提煉出來。

他們在「花港觀魚」看魚，另幾個則在左近湖邊柳蔭下釣魚。

他們不是釣魚，是釣一種夢樣的形體。夢，這個夜夜看見的，卻從沒有人用手眞摸觸到，正如人們用靈魂視覺見過透明思想，卻從沒有人用手眞摸觸過它，或撈起它。現在，他們要把這空靈形體釣上來，儘管釣上來後，它們又是另一種形相。

「鏡青！現在正是午後三點，魚兒都午睡了，不會上你們鉤的。要釣魚，最好破曉或黃昏時分。這是從前莊隱告訴我的。」印蒂望著唐鏡青、景藍和瞿縈三人的釣竿，輕輕笑著道：「更好是細雨微風時候。——魚是怕光的。」

「釣到釣不到是一回事。釣又是一回事。」唐鏡青道：「正因爲釣的可能是不可能的東西，假如釣上來，那就更叫人高興了。」

「柳蔭深處，是魚兒最歡喜午睡的空間，假如它們從夢中翻個身，跳上來，那就會上我們鉤了。」印蒂笑著道：「也許，這一會，它們已經午睡醒了。」

「印先生，你知道麼？住在西湖邊，卻從沒有拿過釣竿，人家會笑我們的。」景藍笑著道。

「印蒂，讓他們去釣不可能的東西吧！我打賭，他們是海底釣月，什麼也釣不上來。」鄭天漫笑著道。「假如他們能釣到一尾魚，晚上我請你們吃天香樓，用天上香料來烹調這條魚。」

他說著，悄悄從地上拾起一塊石頭，輕輕投到景藍的釣竿下面。

「鄭先生！你眞是！剛才有一條鯤魚出現在我的釣絲下，被你駭跑了。我要找你賠。」景藍睜大那雙深黑眼睛，有點嬌嗔。

「怎麼，景小姐，你要釣鯤魚，莊子所說的那種鯤魚？你眞會開玩笑。」鄭天漫大笑起來。「這種魚，你就是開十師軍隊來，也釣不上來。」他翻了翻棕褐色眼珠，「『莊子』上說：『北冥有魚，其名爲鯤，鯤之大，不知其幾千里也。』你用這個小小釣竿，能把它釣上來？」

「天漫，你眞會白搭，景小姐說的鯤魚，是指樓外樓做醋溜魚的鯤魚，又叫青魚。」唐鏡青說：

「哈！哈！哈！這種鯤魚！」鄭天漫有意用手比畫著，又翻了翻棕褐色眼珠，笑著道：「你們要等這條魚燒醋溜魚呀！嚇！嚇！嚇！我看那口沸騰的油鍋非燒炸不可！鏡青，我看你乾脆還是跳下水，仿照羅馬大將安東尼的作風，把一條活魚孳著套上她的鉤子吧！」

大家都笑起來。

「鄭先生，您別再引我們笑了！再笑，魚都駭跑了。」瞿縈抿著嘴笑。

「咳，你們釣點魚，名堂眞多，連笑也不許！」他笑起來：「爲了你們釣魚，全西湖的遊客都得罰做冰面人巴斯開登了！」（註一）

大家又笑了。唐鏡青道：「天漫，你眞是外行，醋溜魚又不是油煎的，是用蒸籠蒸熟了，外加作料的。」

「管他是蒸的炸的，反正要吃你們的醋溜魚，得等下一世。」他一面說，一面走到池邊，觀賞紅色游魚。

「天漫，你說話總沒個輕重。專說些不吉利的話，好像你是開棺材店出身的。」洗美綉在旁邊推了他一下。

「不要緊。天漫是我們中間最可愛的『黑旋風』，這陣旋風刮到哪裡，總會刮得人仰馬翻的。沒有人見怪他的。」瞿槐秋笑著道。「不談這些了。你們看，這條金鯽種的變種大金魚多美麗。」瞿槐秋投下一把麵包屑，一些大金魚都像長了翅膀的鳥，飛過來。

「這條魚很像紅虎頭。」印蒂低低道：「剛才蔣莊大廳裡展覽的那些金魚，有幾種眞可愛，和我們的『黑旋風』一樣可愛。那缸藍蛋球，眞可以稱『黑旋風』。」

「那麼，你就是那缸『玉印頭』，它和你是本家。」鄭天漫笑道。

「這些金魚的名字都很可愛：『魚兒眼』，『鐵色龍睛』，『白龍睛球』，『素色文魚』，『彩色傘尾珍珠鱗』，『銀色扯旗朝天龍』。居然有六千多樣品種，眞不容易。」洗美綉道。

「你既然歡喜這些名字，將來我們生個男孩子，就叫他『彩色傘尾珍珠鱗』鄭好了。……打破傳統，起七個字名名字，再仿照西方人，把姓放在名字後面。」

「你又胡說了？」洗美綉笑著道：「天下哪有七個字名字的。」

「南美洲人，有一個人的名字，足足有四十多個字呢！七個字算什麼！」

「誰要是和這個南美洲人交朋友，我看倒楣透了。整日價在他一大堆名字翻跟斗，也翻不出來呢。」洗美綉道。

「算了！我看我們不要再觀魚了，這樣大太陽，眞要把我們曬成幾條大金魚了。還是到柳蔭下看他們釣魚吧！」鄭天漫道。

「我的茶癮發了。我到蔣莊去取幾杯茶來。」瞿槐秋道。

「你順便買一打橘子水或汽水來，解解渴。」

他們又踱到柳蔭下。洗美綉用手向蘇堤指了指。「你們看，那是些什麼人？」

他們向堤上看去，只見一株株柳蔭下，坐了幾個年輕人，一個個頭髮長長長的，像個披頭散髮的道士，又像太平天國的長毛軍，項下打了一朵又大又蓬鬆的黑領結，差點比他們頭更大，臉色全綳得緊緊的，像在和誰生氣，氣人搶了他們的錢皮夾。可他們面前支了些畫架，在畫畫。

鄭天漫笑著道：「前星期，有個朋友從上海來，問我：美術學校在那裡？要我領他去參觀。我說不必了，你只要到西湖邊兜個圈子，到處都會看見那些頭髮長得披到屁股眼裡的年輕人，那些怪人和瘋子一個禮拜不洗臉，那就是美術學校的天才們。他們走進走出的幾幢小洋房，就是美術學校。他們像蝗蟲一樣，遍佈西湖四周，湖上的一些綠色植物，幾乎都快被他們的畫筆吃光了。」

唐鏡青拋著釣竿，轉過頭來，笑著道：「假如那些年輕人是瘋子，他們的校長就是瘋人院院長。」

「正是這麼回事。他們曾經有個校長，就是國內出名的洋畫家藺素子，現在到S市當專業畫家去了。他當校長時，頭髮長得眞像太平軍『長毛』，滿嘴鬍鬚，從不剃，頷下一個大黑領結，比梵果畫的向日葵還要巨大，一幅面孔、成天嚴肅，直像靈隱廟裡那個手執鋼鞭的金剛。不知底細的，以為他快五十歲了，其實他才二十六歲。原來他怕別人嫉妒他少年得志，批評他太年輕，這才故意打扮出一副瘋人院院長的樣子，再加上他從巴黎帶回來的十幅巨大油畫、壁畫，每幅長闊都有一丈多，這才唬壞了一些畫家，也鎮壓了美術界一些人的非議，樹立起他的威信。」頓了頓，他又補充：「不過，他搬到S市後，不搞這一套了，也不裝扮成瘋人院院長了，否則，一走上街，準有一長串人跟著他，圍觀他，像一條孔雀尾巴。」

正笑談著，瞿槐秋用拎包裝了兩打沙士汽水和橘子汁，回來了，後面跟了個茶博士，大托盤裡盛了好幾杯龍井茶。

「光喝汽水或橘子水，我是不過癮的，我還得喝茶。」瞿槐秋笑著道。

印蒂打開一瓶金黃色橘子汁，套上白色麥管，遞給瞿縈。接著，又開兩瓶給景藍和洗美綉。最後，他替自己開了一瓶。

鄭天漫笑著道：「你們看，我們詩人印蒂的作風。現在，他幸福得居然忘了『內舉不避親』那句官場老話了。他獻橘子水，是先瞿小姐，後景小姐，再是賤內。至於我們三位男士，他乾脆打入冷宮。美綉！你有志氣，索性把這瓶橘子水扔到西湖裡，代我抗議。」

「我才不理你呢！人家瞿小姐多年不在杭州，難得從遠地回來，是遊客，應該她佔先。」洗美綉輕輕笑起來。「再說，印先生寧可冒天下禮貌大不諱，也不能回去聽『懿訓』呀，對不對？」

大家聽了，都鼓掌，大笑了。

「洗小姐，你前半段話倒差不離。後半段，我要代表我表妹向你抗議。她可不是林黛玉，爲了一顆芝痲浪費個半天。——再說，按禮貌，循規矩，景小姐那一瓶、該由鏡青獻。你這一瓶，該由天漫獻。我這已經有點越俎代庖了，天漫表面上是批評我，內心裡，他卻抱怨我搶了他差事呢！」停了停，「至於你們三位男士，對不起，得偏勞你們自己尊手了。一個人總不該老是『四體不勤，五穀不分』吧！對不對？」

「印蒂！你嘴巴眞刁。可我現在喝橘子水要緊，不跟你廢話了。」鄭天漫一面笑，一面打開三瓶橘子水，分給唐鏡青和瞿槐秋，自己乾脆套著瓶嘴，咕嘟咕嘟喝起來。

不久，談話又轉到美術學校那些角色。印蒂一面用麥管啜橘子水，一面帶哲學意味的嚴肅道：

「藝術家總是怪物，也必須是怪物，而且是極嚴肅的沈默怪物。他必須是大水怪，藏在最深的靜靜海底，把一切海上聲音與色彩記錄下來。但他自己空間——那最深最深處，卻必須是靜靜的，讓一片永恆寧寂環繞他。爲了要盡可能反射宇宙的聲音、色素，他自己一切的肉體聲音必須是靜靜靜靜的，化成永生淵默。假如肉體聲音太多，靈魂聲音太多，心靈音樂與肉體音樂常成反比。」喝完一瓶橘子水，他開始吸煙，望著水面。「必須原諒這個大水怪，他默默蹲伏一邊，隱在最靜處，卻能用一雙洞燭千古的巨眼透視一切，悄悄記錄一切。最後，這個海水記錄者，自己也變成孤獨大海體，能海樣的發出各種聲音，從最高音到頻率六赫茲的超低聲。起先，他反射萬象，當萬象充滿他血液後，他自己就變成大自然的偉大倉庫，不斷表現自己，反射自己。在這裡，一點一滴，都映顯整個宇宙星球外貌與運動。從他聲音裡，你聽見美麗的星球音樂。不過，任何光，經過大海屈折體，再反射，就不同於原始光，同樣，萬事萬物穿過藝術家肉體與血液，再投映出來時，就化成嶄新的一切，不同於原事原物了。」

聽了他的話，大家都沉思不語，只聽見一片輕輕輕輕的，用麥管啜飲橘子水與汽水聲。

四

柳色膨脹，一片片無聲的綠彩、從一切枝條間溢出，彷彿形成一種神秘的綠色圓運動，不斷沿湖面畫綠色圓周。蟬聲從有形無形綠色中開展，波浪樣輕輕搖著長堤和湖邊植物。花、樹、草、石，彷彿全是一些船，在它聲音中蕩漾。這種蟬聲，比世界上芳香的酒液還濃鬱，只要隨便啜幾口，就會朦朧欲醉。

這個夏季禮拜六午後，時間正是酒液，他們一秒秒的啜飲著。在這種啜飲中，即使那些最古老的觀念、形相、記憶，也像雨後青苔一般蒼秀、翠麗。坐在柳蔭下水邊的人，並不是在釣魚，僅是作一種瑰美的啜飲，只有執了根長長釣竿時，這種飲呷，似乎才分外顯得深沉、持久。

綠色包圍他們，蟬聲擁抱他們。陽光照亮他們。湖水澄靜他們。每一片蟬聲滴著柳色。每一片綠色滴著蟬聲。每一片陽光滴著湖水。每一片綠水滴著日光。遠遠的，山不是山，是水，是巨大的青色波浪，連接天空的湖水，一切都滲水意，在流動味的線條中，含有深沉的寧靜。

不知何時起，印蒂打開蓄音器，放送德布西的「牧神的午後」。這陣神奇音樂，更叫四周山色湖光如詩如畫，似夢似幻。音樂以白金色的透明葉子，輕輕舐著每個人的耳螺，又爲大家斟出一杯又一杯紅色酒液，和池裡金魚一樣紅。那種溫柔的慵困，酥透每一條生命的骨髓。

「這眞是一種帶蟬味的音樂。」瞿槐秋打了個呵欠，懶懶的說。他靠在一棵柳樹根上，半躺半坐。

沒有人答他的話，彷彿他的聲音是蟬聲一部分，音樂一部分。這時，印蒂從身上取出一本小冊子，開始寫一些行列。洗美綉坐在瞿縈景藍中間，凝視她們長長釣竿，長長白色釣絲。鄭天漫頭戴大草帽，蹲踞池邊，不時從身上取出一小塊麵包，捏碎了，投入水中，看一群紅色大金魚紛紛游來搶食。

過一會，音樂奏完，印蒂又換了一張片子，仍是德布西的，是「大海」。他一面傾聽，一面繼續在小冊子上寫，不時向瞿縈的長長釣絲望去。這時，唐鏡青與景藍低垂著頭，半闔眼睛，幾乎快睡著了，只有瞿縈仍睜開那雙美麗大眼睛，深深看著湖面，偶然回頭，向印蒂臉上投嫵媚的一瞥。

「蘇堤上，每一隻蟬都是德布西派。」瞿槐秋啜了一口茶，慢慢說。

無人答他的話。於是，他擎起茶杯，繼續喝綠色茶。這個下午，他不知究竟喝了幾杯了。他手邊，似乎永遠需要一種圓圓的透明玻璃體，舌尖上，好像永遠需要一片又芳馥又帶淡淡苦澀的汁液。只要一杯茶在手，他整個時間（不管白日或黑夜），就獲得一種平衡，他生活的流體，也就流得很平靜很順暢了。

太陽影子仍不斷在堤上幌動，蟬聲卻漸漸淡下去了，所有樹木、慢慢的，彷彿變成古巴樹林，有各種各樣明亮的鮮黃的淡綠色彩，這是一種木蝸牛造成的顏色。這裡沒有這種昆蟲，可許多樹木葉子上和樹幹上，卻有這些奇麗的色彩。瞿槐秋一面啜飲綠茶，一面靜觀四周樹木色彩變化，點起一支煙，悠閒的吸著。

「啊，今天下午，林鬱大約不會從上海來了，天這麼熱。」他輕輕說，似乎自言自語。仍沒有人應他。他們似乎沒有聽到他的話。可聽見的人，感覺裡卻微微起了點變化，突然覺得一陣陣熱氣、似從四周烘烘的蒸騰起來。彷彿先前一兩點鐘，並未感到這個，一聽見瞿槐秋的聲音，這才被提醒了。但聽見他聲音的人並不多，因此，這一片午後熱意，並沒有攻入每個人肉體。不知何時起，鄭天漫離開那些紅色大金魚，躺在一棵柳樹的巨大綠蔭下，草地上——，睡著了。唐鏡青的頭，也沉重的落下去，但手上還緊緊捏著那長長長釣竿。

除了那帶點黏味的蟬聲，和德布西的透明的音樂聲，四近幾乎什麼音籟也沒有。沒有人想發出一滴聲音，一種蒸騰性的氣體似已重重裹住他們。炎熱從所有空間脹裂出來，慵困的綠色，從一切植物裡脹裂開來，強烈的光，從一片片大氣裡脹漫出來，到處泛溢綠色的酒意，熱的酒氣，光的酒色，山與水彷彿在光與熱中睡著了。水上偶然飛過兩隻白色水鳥，那白色翅膀，像他們夢中聲音，姿態。於是，蘇堤上像出現一幅幅翅膀的形象，許多影子與影子在堤上追逐。光與光則在水上嬉戲。一尾尾紅色大金魚，都悄悄沉入花港池底深處，池面只有金色陽光激灩著，熠爍著。

不知何時起，瞿縈突然笑著輕叫起來：

「啊，一尾魚！」

她猛舉長釣竿，一條白鏈子竟在釣鉤上幌動，掙扎著。她急忙把釣絲擱到岸上，那尾白鰱魚便在草地上跳躍，閃射出銀色鱗光。

她的笑聲，叫聲，有點像除夕炮竹，鄭天漫被炸得從夢中跳起來，一骨碌由草地上站起。唐鏡青也從瞌睡裡驚醒，揉著眼睛。景藍放下釣竿，和洗美綉跑去看魚。瞿槐秋也擱了茶杯，踱過來。印蒂突然收起筆，走近了，笑著道：

「這尾魚很大，起碼一斤多重。」他從魚鉤上取出魚，看它長長銀色身子在日光下繼續蹦跳。瞿縈挪了挪頭上金黃色大草帽，和雪白的長長連衣紗裙，望著鄭天漫，笑盈盈的道：

「鄭先生，今天晚上你要請客了。」

「請客。——這條魚，我眞要請天香樓主人用天上香料，烹調成一份清蒸白鰱魚。」

他翻了翻棕褐色眼珠，笑著說。

正當大家笑著，紛紛祝賀時，她定定望著印蒂，溫柔的問道：

「蒂，你剛才在寫什麼？」

「我寫了一首詩。」

「念給我們聽聽！」唐鏡青笑著道。

「我這首詩、就算獻給剛釣上來的那條銀色魚吧！」他笑著說。於是，他輕輕唸起來：

這一刻，樹葉子靜止

從萬風中退出

我的靈魂也從
一陣陣颱風中退卻
閃避千百港口
找尋那無聲空白
又靜靜的
靜靜的
畫著水

讓地球也暫閃避
那萬千港口
擺脫萬有引力
靜靜的
靜靜的
畫一片空白
蓮花樣上昇
透入亘古謐寂

我的愛，假如

我們能永恆靜止
像宇宙最後圓周
只有那純粹的一圈
除了時間以外
再沒有時間
我們將如雨滴晶露
泊於一卷巨大荷葉

你的透明
凝視
我的透明
我的圓

溶入
你的圓

除了永恆不可知
再沒有閃光漾射我們
再沒有幕帷飄過我們

我們將睡著一個沒有時間的睡
吻著一個擁有一切空間的吻

念完了，大家都連聲叫好，所有視線全射到瞿縈身上。她卻咕咕笑，提著白色長裙子，白蝴蝶樣飛到柳蔭深處，佇立著，靜靜凝望湖水。

唐鏡青也轉過臉，望著旁邊景藍，她那雙匈牙利風味的深黑眼睛，現在閃爍起一片神秘火燄，和四周陽光一般強烈、魔魅，她彷彿看見宇宙深處最神秘最動人的光輝。

五

山連山，樹連樹，草駢草，山山樹樹草草製成一片綠。綠中有溪水聲與畫眉聲。路曲折於水聲和綠裡，像一條古銅色氈毹飄在萬碧森林海中。芙蓉鳥、畫眉聲沖淡了路的古沉顏色，打扮了樹的姿顏。山與樹好像有多綠要表現、要衝、要瀉，瀉個不住，再無法向前奔流，於是化爲一片鳥音，藉那些艷麗的羽毛體、唱出它奔瀉的熱情。鳥在綠中轉，綠也在鳥籟內放光發色。鳥聲翅膀樣沿綠迴翔，像宋雅海妮的溜冰舞。這是鳥音之舞，舞態是東方的。舞蹈本應越舞越沉，這片音籟之舞卻愈舞愈空靈、越縹緲，好似就要靜止成一件透明瓷器，而後者又漸溶入四周光色中。陽光不時深一點，又淡一點；天上雲彩不時明一點，或暗一點；山的綠一陣陣明了，又一陣陣暗了；山漸漸亮了，又漸漸暗了；明與暗相禪替，如潮水的昇降。這明亮昇降時，鳥鳴陣陣繁了，又一陣陣簡了。突然，鳥啼全寂了。倏然，一片寂滅又幻成爲喧噪。路不斷緣山腳轉，山彎而又彎，一山隔一山，一山比一山近，一山比一山遠，才綠過這一山，那一山又綠了。一派綠近了，一溜綠遠了。綠色內有採茶女，山上山下有採茶女；一個個頭包藍花大手帕，赤著足，胸前掛一隻竹簍子，靜靜採茶。茶是畫裡的茶。人也是畫中人。茶樹與人都是畫裡靜物。

他們走在這一幅幅靜物畫裡。越過一幅靜物，又是一幀靜物。穿過一山茶綠，又是一山草綠，接著是一片竹綠。看罷一片山明，又是一片山暗。聽完一陣鳥聲，又是一陣鳥籟。

她穿一件白色定製的印度「沙麗」，一片長長白綢子從頭直裹到腳，腳上是一雙白色淺高跟鞋。她撐了柄紅色綢傘。因爲他好幾次說起，極歡喜印度女人的「沙麗」，她特意倩店裡縫製這麼一襲。

他們手挽手，走在溪水邊，印蒂笑著道：

「你這一件長長的白色『沙麗』，眞襯出你身材的苗條美，它的素色、也正合四周大自然的樸素拍子。加之你那悠閑的步態，你三四步一拍的停頓，……。就只差一樣。」

「差一樣什麼？」她臉偎著他的，親昵的笑著問。

「你那柄紅色綢傘，太鮮艷了。」

她笑道：

「傻子！別再說了。閉上眼，離我三十步，——再看我。」

他依她，當眞停下來，闔上眼，等她約莫走了三十步，再睜開眼。他看見了——海洋樣的山綠中、高高飄起一輪圓圓紅傘。

「啊！萬綠叢中一點紅。美極了。」他衝向她身邊，驚喜的說著。

她緻媚的笑著道：

「我早知道，今天這裡洶湧太多的綠，唯一缺少的，可能是一點紅。」停了停，望著他笑道：「傻子，今天我想出這點節目，你也該想一點節目，給它伴奏。」

他笑道：「我想到了。……你先走吧！」

她約莫又走了三十步，他突然迅捷衝過來，緊緊擁住她，沉迷道：

「啊！我終於衝入萬綠叢中一點紅了。」

她在他懷裡閉上眼，微笑道：

「這有點美，還不夠。再想想。」

他想了想，笑著道：「那麼，你再走三十步，停下來望我。」

她走了三十步，停下來。他慢慢的，一步一步的，從遠處走來，莊嚴得好像梵蒂岡的教皇。

他終於走到她紅傘下，莊嚴而凝靜的，把頭垂在她肩上，沉默無語。

她打破他的莊穆，在他懷裡笑著道：

「這就對了。讓我給你解釋吧！你該這樣，慢慢的、從萬綠走入這片紅，讓紅慢慢燒你。不，你不是進紅，是走進『神曲』三十三天，最高天堂——『最高的玫瑰』，讓偉大的玫瑰徹底沉沒。」

他們當眞癡癡站著，神思恍惚了一會。接著，她低低道：

「啊！蒂。一切一片綠。紅飄入綠。吻飄入綠。紅傘下的紅吻也飄進綠。紅色的愛情也飄進綠。聽啊！牠沉默了。牠是不是想偷聽我們的抱？偷聽我們的吻？——」

下面的話、也像畫眉一樣中斷了。紅傘不再飄在空中了。它暫時摺收，垂向地上了。

……………

他們重新上路。她才撐起傘，又落下來。笑著道：

「這片紅『招搖』得夠了，收下吧！讓紅傘不再撐在綠樹間吧！還是我這片白色『沙麗』好。它是萬綠叢中最需要的眞顏色。」

他笑著道：「我也以爲，萬綠叢中一點白，比紅好。綠本已夠豔了，該讓白色沖淡一下。」

他們邊走邊談，看樹聽鳥。有幾種樹，他們不識，有幾種鳥，他們不識，便問路邊採茶女，她們笑著，一一告訴他們。印蒂最感興趣的，是一種溪溝樹和溪溝鳥。他笑著對表妹道：

「這一定不叫溪溝樹、溪溝鳥，只因爲長在溪溝邊，叫在溪溝邊，農人沒學過生物學，便這麼叫了。」笑著瞟了瞟她道：「如果有溪溝樹、溪溝鳥，也該有溪溝女。」

她笑著，打了他一下。「爲什麼偏說有溪溝女，不說有溪溝男？……你知道嗎，男人都是從泥溝裡滾出來的。

溪溝水邊溪溝樹

溪溝樹上溪溝鳥

溪溝鳥聲中走出溪溝女——瞿縈

溪溝女嫁溪溝男——印蒂

養出個孩子叫『溪溝裡稀裡糊塗！』」

她笑著，直打他，微嗔道：

「鬼！你胡說？我不理你了。」

正笑鬧著，已抵茶場。在一爿野店粉壁，他瞧見幾個黑色大字：「本店出售最精美之桂花糖」。他立刻笑道：

「縈，別生氣了，我買桂花糖給你陪不是吧！」

他當眞買了一些。

「這糖怎麼樣？它的美味、能不能洗刷我剛才那些醜話？」他送了塊到她嘴裡。

她嚐了一下，笑著道：

「這糖不錯。我們快多買一些，帶回去，讓媽與大哥也享受享受。我們也好慢慢享用！」

他於是又買了四盒，放在自己拎包內。

他們一行吃糖，一行沿溪澗徐徐走。才走完一條澗水，他笑著道：

「縈，你買了這些桂花糖，知道它的掌故嗎？」

她搖搖頭。

「好，我告訴你。杭州本地風俗，嫁女兒時，父母特別給女兒預備很多桂花糖，花燭夜鬧洞房時，新娘好獻出些糖，送給客人打圓場。你今天買了這麼多，是不是『以防萬一』？」

她聽了，嬌笑著直打他。

「鬼！鬼！你又拿我取笑了！這勞什子什麼糖！我不要了。」

她當眞把那幾盒桂花糖從他拎包中搶出來，擱在路邊，笑著跑開了。

當她再跑回來時，他已拾起糖盒，再放入拎包，挽住她道：

「縈！我們不開玩笑了！讓我們好好享受這些溪澗、山綠、和鳥聲吧！瞧，那一條條溪流多明淨、水多清，水中鵝卵石多光滑！來，脫下鞋子。讓我們赤足穿過這一條條溪水吧！你還記得嗎？當你比茅草還矮時，我怎樣抱著你，赤足涉過溪水？」

她歡躍起來，愉快的道：

「啊！蒂，讓我們赤足涉溪澗吧！叫清涼的溪水濯洗我們裸足吧！來！我們手攙手走！」

他們眞脫下鞋子，赤足行走溪澗內，有時，從一塊石頭跳上另一塊石頭，像松鼠從一座樹梢跳到另一座樹梢。

他沉迷的道：「聽啊！聽水聲與鳥聲啊！這溪流聲和畫眉聲多漂亮啊！」

他們一面在青石板上跳著，一面不時停下來，側耳傾聽。

這片空間的主要特點，是溪聲、鳥鳴、及山綠。鳥囀溪籟在綠裡。綠在流聲鳥音裡。澗水在山路邊彎彎曲曲，一溪又一溪，一澗又一澗，一流又一流。溪水聲活活的，發古甕響，音調暗、沉，微有提琴G弦意，卻低沉得不傷感，一籟籟斷落分明，不像有些溪水轟成一片。這又似一片片山綠中裝飾了一些古甕音響，使精緻的自然畫面帶了份古典；在甕似的澗聲中，點綴鳥音。鳥鳴飄越。一個似G弦。一個像E弦。鳥聲繁雜，有八哥、黃鶯、溪溝鳥、芙蓉鳥、相思鳥，最多而凸出的是畫眉。有一種「竹雞畫眉」，聲調輕盈嘹耳，銀銀亮亮，如牧童短笛，又若情人在窗下輕吹口哨。它們是一條拋物線與多角形的綜合；聲音先低，慢慢高，高而又高，然後再低，這過程正像拋物線；音調由低而高又低時，有一些轉折彎曲，而不是單純的，因此有點像鋸齒狀的多角形。這「竹雞畫眉」囀著囀著，常常沉吟一下，又響，彷彿說故事的人「賣關子」。有時，它是瀏亮清脆的唱，有時卻低低嘰哩咕嚕，像一個天眞孩子獨語。一兩隻畫眉一叫開頭，三四五隻就跟上來，越叫到後來，越多，音籟也越繁茂了。還有一種畫眉鳥，鳴音盤旋如一條弧線投出來，卻沒有鋸齒狀的多角形。它的音響是：「瞿——瞿——瞿——（停頓）——瞿——，乍快乍慢，轉折較簡單。畫眉聲對翠竹的美，有極強的裝飾性。似乎只有在這種啼聲中，翠竹才綠得特別秀美。竹綠與畫眉音一樣，倏明倏暗，時強時弱。當陽光漸漸暗時，一層暗影掠過來，竹綠也悄悄暗了。漸漸漸漸的，陽光明了，竹綠也跟著明了。這與山綠明山綠暗的情調一樣，只是比後者還空靈點、精緻點。山明山暗，竹明竹暗，鳥明鳥暗，這三者的空靈，配合上溪澗的單純古甕聲，色彩與音籟融成一片，再分不清誰是色彩，誰是音籟。

聽著，聽著，他們不知不覺忘了神，恍恍惚惚坐下來，憩在溪水畔，鵝卵石沙地上。

許久，她才抬起頭，沉迷的道：

「這一陣陣畫眉聲和溪流聲，使我眞不想走了，陽光這樣美麗，讓我們躺在溪澗中吧！讓我們睡在流水上，拿畫眉聲當枕頭，也當我們的大浴巾吧！」

他低低道：「應該找一條離路稍遠的溪澗，在綠樹最幽處。」

在碧綠葉深處，他們終於找到一條溪水，它是一條支流，通入山隈。他們脫下外衣，放在沙灘上，只剩下裡面的游泳衣。

他們並躺於溪水中。水不深，剛好淹滿身子。他們頭枕著一塊青色大石，澗水不斷從石上流過去，耳畔一陣陣古甕聲，彷彿在說述一個古代夢、古代神話。太陽光度不強不弱，正好溫溫的曬著他們。

他們探出手，從溪旁草叢中、採摘幾朵蝶形紫雲英，拋到水裡，看一片紫隨水流去。澗底凸凸凹凹。他們頭枕著凸出的大青石上，腳放在另一塊凸出的咖啡石頭上，身子卻陷入凹凹的細細鵝卵石堆，像陷在駝峯裡。

他取過桂花糖，一片片放在她嘴裡。她閉上眼吃，笑意如綠色菱葉，掠過她紅菱似的唇邊。

「啊，這樣躺在澗底流水中，看太陽與雲朵，那天空的悠悠與這地底的流動。瞧，一隻燕子從天空飛過了！」

「縈，讓我給你洗頭吧！這澗水多清。」

「讓我給你洗。」

他們笑著，相互用水洗洗頭髮。

「蒂，記得嗎？兒時我們在溪水中濯足，我坐在你懷裡，聽你講童話，講那些王子和公主。來，讓我們濯足吧。讓我頭枕在你懷裡吧！」

「不，我們只濯足。兩人頭偎頭，更美。」

他們光腳板在水裡拍打，濺起白色水花。他的腳有意打著她的，打著打著，他們的腳底吻著腳底，不再動了。

她嫵媚的瞄著他，昵愛的笑道：

「蒂！你的腳板底多涼啊！像大理石。」

他笑道：「哪裡是我腳涼，是溪水涼。」

她笑道：「你的腳底吻著我的，怪癢的。這不是熱吻，是冷吻，冷凍的吻！啊！別撩我了！你的足趾撩得我怪癢的！……啊蒂！蒂！你癢壞我了！這微妙的接觸，太可怕了。」

她咕咕笑起來，滾到一邊。

他又拉她起來：「好，好，我們的腳吻終止吧！」

她孌愛的道：「來，讓我躺在你懷裡。」

「不，就這樣，人家看見了，該說我們是瘋子哪！」

「管他！我愛怎樣就怎樣！我是爲自己活的。不是爲人家活的。」

她當眞半躺在他懷裡，枕在他胸膛上。

躺了一會，她在他胸膛上望他，一隻手溫柔的撫摸他飄散於流水中的黑髮，閉上眼，溫柔的道：

「蒂！我眞喜歡你！」

「爲什麼？」

「有時候，你是這樣純潔。」

「眞的嗎？」

「眞！……你這樣尊重我，我眞感激你。在我眼裡，你常常像活在雲彩間似地，夢幻極了。你似乎只需要靈幻的，不要人間的。一個女人的胴體，對男子常是個危險，但你卻是這樣山明水淨。」

他閉上眼：「我也有不明淨的時候。」

「我不信。」

「你忘記了：我也是人。」

她咕咕笑起來，終於嫵媚的撫摸他閉上的眼，輕輕道：「我們不談這個了，我們聽畫眉聲吧！聽！這音籟多迷人。像彩雲幻化成的。這一條溪澗流水都因爲這鳥聲而空靈了。……啊！親愛的，聽畫眉！……，聽畫眉！……聽畫眉！……」

六

期待啊！……期待！

唐鏡青躺在薑黃色馬鞍長籐椅上，半睜著眼，整個人沉入一種又眩暈又朦朧的光圈中，它彷彿是一輪月暈，裹著油黃光輪。午後初秋陽光夾著暖熱，正像他糢糊的慾望，燃燒著地面。他全屋子都被這慾望的光彩所包圍。他躺著，沒有思想、沒有激動、沒有抖顫，只有那一朵火在他心底燒，又暗淡，又低沉，非常執著，卻又非常之魅。他似乎不是等一個人，而是構造一個想像人物。他以一個故事家的心態，正體驗一片神秘場景，並用幻想編一個朦朧的人形。此刻他既不緊張，又不悠閒，而是一種糢糊。他覺得自己並沒有一個身形，也看不見身前世界形軀，一切都是熱熱的、糊糊的。他似一頭貍貓，在找一份暖熱而朦朧的陽光。

他期待她。他必須期待她。在期待中，她是一個命定、一個箭標，他所有的情緒之箭得向它射去。這時候，除了期待她，他不知道生命中還有什麼其他課程；除了她的腳步，這個世界不會再響別的聲音；除了她的臉孔，世界空間再沒有眼睛；除了她的頭髮，大地再沒有柔軟線條；除了她的嘴，窗外再沒有紅；除了她的靨，他記憶裡再沒有笑；除了她的身子，他的嗅覺再沒有香味。他必須期待她的聲音、眼睛、紅和香味。他所有細胞，都在期待中凝斂了，鑄成無比的堅定力。一個企待者也就是堅定者。期待是海綿，也是鐵。海綿是期待的形式，鐵是內容。沒有鐵質，期待者再不能製作一種藝術。他不是等待她，是等待幸福。幸福是生命的原形質，沒有它，什麼也沒有了。此刻，這原形質，借她的胴體與聲音表演一幅偉大畫面，他得衝入它，衝進去！沒有太陽的天空不是天空，沒有幸福的宇宙不是宇宙。從第一線太陽光照射地球時，大地就懂得幸福了。從第一朵火出現人間起，人類就懂得幸福了。

只有在期待中，幸福才能從整體化成無數碎片，雪雨樣無聲包圍他、浴浸他，一陣冷以後，又一陣熱，……。

繆玉蘭帶娟娟赴S市探親了，娘姨陳嫂被支出去，上很遠處買一大堆東西，並辦不少事。至少三小時後才回來。這一幢鄰湖樓屋內，只剩他一人。在一種絕對孤獨中，他對她的等待，也就更強烈，更火熾了。

不知何時起，她出現了（此時他有意讓大門虛掩著）——眞怪，她彷彿貓一樣，躡手躡腳，悄悄滑上樓來，他竟一點沒有聽見。終於，她跪在他身邊地氈上，把那顆美麗的頭匍匐在他胸膛上，一片繁茂的長長鬈髮，黑色海藻似地披散到他唇邊。他禁不住用嘴唇咬著，一束束的，一根根的。他不是咬這些鬢髮，是咀嚼那片比夜更黑的黑色味道，不，是咀嚼夜。他的一隻手熱情的撫摸她的柔軟肩頭。

她在深深的沉沉的吻他的胸膛，吻他的心跳，和它的聲音。

時辰是風，一陣又一陣吹過去了，不知吹有多久了，他開始聽見她輕輕嘆息聲：

「啊！青，我最愛的青！」

「藍，我最愛的藍！」

「啊！青！究竟什麼時候，我們才能停止扮演法勃利西奧與克萊麗亞，像浮士德與海倫一樣，把我們最內在的情感、最秘密的姿影，公開在太陽光下面呢？」她臉龐紅紅的，（註二）。「瞧，印先生和縈小姐多幸福，他們在一起不到一年，就公開他們的情感了。我們幾年了？每次，看見他們臂挽臂，在街上散步，我眞嫉妒死了。」她抬起頭，睜大那雙深邃的凹眼睛，火熱的盯著他。

他用右手輕輕托住她的臉，定定望著她，望了一會，搖搖頭，低低道：

「我不知道。……也許，這個時候很短，……也許，比較長長。……也許——」他的眼睛轉到旁邊茶几上一隻玻璃杯。「今天上午，爲了泡一杯茶，我就考慮了兩分鐘，決不定應該泡紅茶？綠茶？還是香片？普洱——還是煮咖啡？可可？」他把她的臉捧到他的面前，「藍，答應我，暫不談這些？……時間還能給我們多少沉醉，我們先抓住多少沉醉，……你知道，今天一下午，我在期待你。我所有細胞，都像一粒粒雲石，凝歛起來了。……我熱烈的渴望你的聲音，你的顏色，你的線條。」

他正要吻她，她卻掙開了。她睜大那雙幽邃的黑眼睛，堅定的凝望他。「假使你如此渴望我，你就該把我的聲音永遠留下來，把我的顏色永藏在身邊，把我的線條永聚集在你永恆畫板上。」她慢慢的、一個字又一個字道：「這些聲音、顏色、線條，並不是第一次出現在你的身畔，它們投映入你的生活，已經六年了。」

「我知道。……可是，親愛的，我還是要求你，今天下午，讓我們暫不談這個。」

「不，我一定要和你談，我非談不可。」她孩子氣的搖著頭。「記住，我對你提出這個要求，已不是第一次了。我能答應你一百次不談，可不能答應你一千次，老把這件事拖下去，……我已經不只一次提醒你，我父親對我的壓力很大，自從去年在大學畢業後，他已不只一次，要求我考慮我的未來感情命運了。假如我自己不能決定，他將代我決定。」

他微微閉上眼睛，慢慢道：「我想不到，這樣美麗的下午，我們的抒情場面竟會這樣突然嚴重起來。今天下午，當你未出現時，我絲毫沒有想到這個。」

「你忘記了，在我們之間，這並不是第一次出現這樣的場面，可我們總是用大量的夢幻與抒情，把它沖淡了，甚至推開了。但是，抒情能沖淡掉一切顏色，卻不能沖洗掉我黑髮上的黑暗，我眼球裡的黑暗色彩。不管我眼睛怎樣明亮，頭髮怎樣美麗，這些像黑夜一樣的黑暗色彩，總是沖洗不掉的。」

他睜開眼。他坐起來。他溫柔的撫摸她的頭髮，極懇摯的道：「哦，藍，我對不起你，我總是對不起你。叫你遭遇到生命中最大的難題。可是，唉……」

她把他擁在懷裡，臉貼住他的臉：「親愛的，別生我氣，我絕不會誤會你。在我們中間，永遠沒有誤會的餘地。不過，我們這麼快就從夢幻回到現實，仍叫我沮喪。」

「你也該爲我想想。我已爲你想了六年了，你難道——」她離開他的臉，沉思的望著他。「不管我們怎樣相愛，單靠純粹熱情，不能解決我們生活裡的一切問題。當這些問題未出現前，我們儘可整天生活在夢境。但當它們出現後——特別是，一天比一天迫急後，我們就不能簡簡單單扮演鴕鳥了。」她一隻手撫摸他的臉。「特別又特別是：這一切關鍵在你，不在我，我不能不期待你的答覆。」

「好吧！親愛的，我一定會答覆你。……給我一些時間。唉！上帝，我怎麼說才好呢？我身邊那位黃臉婆，儘管她老實，事實上卻是個魔鬼，幾乎扼殺了我一切幸福。……不過，我一定要答覆你。可能是很短的時間，也可能較長點。然而，它一定有一個具體的明確時間。」

「其實，按照我們的情感內場景，這並不需要一個很長時間。你的一個字，一句話，將決定我們的一切——我的永恆命運。」她的另一隻手也開始撫摸他的臉。「可是，我還是高高興興，尊重你的聲音，只要你有了一個具體的明確時間，哪怕稍長一點，總比那種海上的碎片的飄浮狀態強得多。不過，我不希望時間太長。因爲，我的家庭不許可我再長時拖下去了。看來，過去不只一次，我提出的那個辦法——雙雙遠遠離開這兒，大約是唯一可行的辦法。你再考慮一下吧！我們一走了事，不就一了百了？……好，今天我們不談這些了。」

他不開口，有好一會，他的眼睛一直望著壁上的拉瓦錫像，那是他最崇拜的法國大化學家。在這張相片的一邊，是莫札特像。望了一會，他輕輕喃喃著，似乎是在對自己說話。

「一個音樂家兼科學家，可能是一件不幸。假如我沒有學過科學，該多好！」他怔怔看著她。「藍，你不知道，有時候，我是一個怎樣軟弱的可憐人——那許多化學方程式，彷彿完全把我的小夜曲壓扁了。逼我優柔寡斷。」突然，他把她抱在懷裡，熱情的道：「好，你說過，我們不再談這些。……當小夜曲還在身邊翱翔時，暫時讓我們沉醉吧！忘記一切吧！」

他們熱烈的抱吻著，像熱帶植物一樣，完全沉醉於一種赤道陽光中。

接著，他雙手抱起她，她伏在他肩上，雙雙進入他的寢室。

七

一個早晨，他正靜坐窗前，注視院子裡燦爛的朝陽光，她像金鳳蝶似的出現，一襲橘金色旗袍，裹著她苗條的胴體。她半舞蹈半溜冰般地跑著，一陣金光閃爍。她站在他面前，滿面紅撲撲的，微微喘著氣、笑著，深情而幽祟的喚他：

「啊！蒂！……」

他才想抱她，她笑著攔住道：

「不，不。……讓我告訴你，昨夜我夢見你。」

他伸出一隻手，半摟住她，笑道：「縈，有這樣好消息，不該讓我——？」

她輕輕掙扎著，天眞的道：

「別，別碰我！讓我說下去。……我夢見的不是你，我夢見你胸膛上一顆痣。」

「一顆痣？」印蒂微微愕然。

「嗯。」

她坐在他膝蓋上，斜靠著他的右臂，從下抬起眼睛，灼熱而惚恍的仰望他的臉孔，又天眞又悄皮的道：

「你別打斷我，讓我說下去呀！……昨夜我夢見一片秋夜藍天，天空有一顆黑色星星，它慢慢飄下來，像一朵黑色花，一直落到我睡著的地方。越飄越近，我發見既不是花，又不是星，而是你胸膛上一顆黑痣。我正詫異著，它竟飄落到我胸膛上，我高興極了，——可就驚醒了。我扭亮燈，照著鏡子，詳細檢查一遍，身上連半個痣也沒有，臉上也沒有。我突然大笑起來，笑自己鬼氣。連夢與眞都分不清了，把你的與我的全混了，我還沒有睡醒哪！」停了停，笑著說：「今早一醒來，我決定，第一件大事是：立刻來告訴你。啊，蒂，別，別抱我，就讓我這樣靠在你臂膀上。」

印蒂右臂不再向上收攏，仍保持原姿勢。

「你這個故事還不完整。」

「怎麼才算完整呢？」

他輕輕笑著道：

「你應該敞開胸膛，讓我仔細檢查一下，這樣，我就相信你的話了。也許，眞有痣飄在你身上，你昨晚睡眼朦朧，燈下看不清，讓我再檢查一遍，或許能給你找出一個痣。」

他還未說完，她立刻半怒半嗔道：「胡說，人家眞心眞意對你說實話，你——這是不作興的呀！我要生你的氣了。」

他輕輕的，深情的道：

「縈，你有什麼理由生我氣？這樣的好早晨，這樣的好季候，你一跑來，就帶給我這樣一個誘惑消息，你能怪我嗎？」

「什麼誘惑不誘惑，見鬼，我不理你了。」

她要離開他，他卻抓住她，微微正經的道：「好，不和你開玩笑了，我們談正經話。我可以問你一個問題嗎？」

「什麼問題？」

他溫柔的低低道：「縈，你怎麼知道我胸膛上有一顆痣？你什麼時候仔細看我胸膛的？」

「鬼，鬼！不告訴你是夢？夢裡的感覺。夢裡的思想。」

「那麼，你怎麼突然想到這個？」

她臉紅了，用手掩住面孔，旋即咕咕笑起來，又伸手打他一下。「活該詛咒的魔鬼！不許你問了。誰知道怎麼會有這樣怪感覺！都是你不好。誰叫你在我心裡生根的。」

印蒂笑著注視她。

他注視她許久，接著，深情的道：

「縈，我不騙你，你今早，你——你的確非常誘惑我。你的話，你的聲音，你的夢，特別你的人——非常——非常誘惑我，給我揭露了一座我從不敢注視的神秘深淵。」

她不開口，閉上眼，聽他講下去。

「縈，你是個聰明人，你當然不會不知道，我們不能老是一直這樣天眞下去，孩子下去。在你身上和我身上，另外還有一個成熟人。常常的，當你躺在我懷裡時（比如說，就是現在吧），我心裡是滿滿的，這個滿滿得不能再滿時，我會隱約感到，一座又大又黑的深淵出現在潛意識裡，它誘惑我跳下去！……這一切又一切，只由於一個原因。」

「什麼原因？」她閉著眼問。

「只因爲——」聲音突然放低，無限溫情而暖熱的悠悠道：「只因爲——直到現在止，我還沒看見過你的身體哪！」

她渾身抖顫了一下，旋即靜止下來，小動物似地。

他繼續說下去：

「是的，我已看清你的靈魂，可我——從沒有看見過你的身體。」

「你應該能從我的靈魂看見我的身體。」她閉著眼，夢囈似地憧憧惚惚道：

「你的身體我早已呼吸到了，從你靈魂裡呼吸的，卻沒有透過視覺。靈魂裡的身體和身體裡的身體，在質與量上，多多少少有點不同呵！」

她不開口，似乎在他懷裡睡著了。

他沉默了，深深凝視她的睡容。

過了一會兒她終於坐起來，兩手摟住他的脖子，微微低頭，面對面，用一種極深情的聲音，一個字一個字道：

「我知道，我們間新的一篇就要開始了。一個關閉著的女人胸膛、是她對男子的最後一座堡壘，也是她最後一宗財產，我願意敞開它，——不過，不是今天，也不是今夜。」

「明天？」他低低而微顫的問。

「不。」

「後天？」

她搖搖頭。

她突然摟緊他，摟了許久，終於灼熱的道：

「啊！蒂，我願意在一個最黃金的時辰，讓我把生命中最黃金的部分統統交給你。爲我選吧！選一個最美麗的時間，最美麗的空間，讓我將自己形體的窗子全部打開在你面前。」

「你願意選什麼空間呢？」他抖顫的問。

「選一個聽得見海水的地方。除了海水和我們，那裡再沒有別人。在大海旁邊，你曾摘過我最初的菓子，也應該在大海旁邊，讓你摘我最後最紅熟的那顆菓子。」

他兩眼深深暝視她，低低的幾乎是耳語道：

「那麼，我們到T島海邊去，好不好？」

她點點頭，只輕輕加了一句：「……再過一個時候。」

接著，她不再開口，雙手捧起他的臉，長久睇視著，彷彿不認識他。

一個夕陽如火的黃昏，她終於來了。

不知何時起，他忽然跪在她面前，沉迷的望著她，望一會，又把臉埋在她胸懷裡，接受她媞美的撫摸。她用手慢慢梳理他的長長黑髮，一遍又一遍，彷彿不僅要梳平頭髮，也要梳平他的情緒。

在無限溫柔的撫摸中，他抬起頭，站起來，像羅丹那尊「黃銅時代」，凝立她面前，卻分開兩腳，雙手合抱胸前。他定定瞄著她，好像不認識她。

在他瞭望下，她笑了，伸出手臂，媚緻的捉住他的手，想把他再拉回身邊。

他輕輕拂了拂手，仍恢復在胸前的姿勢，卻微微嚴肅的道：

「不要碰我。就讓我這樣。」

他的臉色顯得那樣莊嚴，她有點駭住了，縮回手，略略困惑的看著他。他們的視線相遇了。他的眼色是那樣火熱，星花四迸。她，像被鍊鋼的紅爐燒燙了，不由而然垂下眼，避在一邊。

他直直視她，莊嚴得像一座石刻神像。他沉思而莊嚴的慢慢慢慢道：

「我現在正做一個嘗試，試著：怎樣才讓我自己整個溶進你裡面。」

深深而緩緩的做了一次呼吸，他端莊而深情的道：

「此刻，我在你的光色和姿態中，看見一個永恆。整個宇宙似在你身上大流轉，又漸漸漸漸的，凝歛起來。宇宙把自己凝縮於你胴體上、你眸子裡。萬象在你臉上靜止了。我正深深呼吸著你，呼吸宇宙與萬象。我好像一柄大鐵錘，想怎樣一下，擊入你最深處，永遠嵌入你內核空間最內核處，和你纏成一片。在這個時辰、這一刻、這一分、這一個個刹那，我感覺生命是這樣美，盈滿了誘惑。我願意昏暈在你的漩渦內，跟住你的鮮血滾，隨你的毛孔翕張而翕張，隨你的細胞抖顫而抖顫。只有這個時辰，我才感到最原始的時間，以及它靜止的魔魅。聽啊！這兩隻金蜂在窗內嗡嗡鳴奏，在空中緩緩迴翔，在窗玻璃上丁丁打著旋轉且爬行，鳴聲低微而慵倦。你就這樣悄然無聲，靜靜呼吸，胸膛徐徐起伏，像一金蜂鳴聲一樣微微慵倦。血液沿你動脈毛管內平靜流行。你眼睛偶然碰我的，又輕輕低下去，你的無名指與小指偶然在白色袍子上蜷動。你龐兒的每個明與暗、光與色，似都被我情緒滲透。我似乎就是一粒化學原質，在你血液裡寧謐周流——啊，生命是這樣精美！這樣精美！生命是這樣值得迷戀！值得迷戀！」

他莊嚴得有點像上帝，淵深而浩瀚。他黯然得似木乃伊，一動不動，僵直而凝化。他全身血液彷彿凝成金屬品，可以發堅硬的聲音。他每一句話並不是話，是一片片聲音的雕刻，才發出來，就凝固了，也莊嚴了。由於他的眼睛與聲音，她情緒裡也飽和著雕塑感。他的意態如此異樣，那樣窔秘，直似地球剛形成後的第一個黑夜。她略略有點害怕，卻又感到迷誘。他因她而迷，她又因他的迷而迷，像希臘神話上的「聲音」被「回聲」所迷，付出者也就是收入者。他的肌肉並不特別緊張，其實她也看不見他的肉體。在她眼裡，他的情緒已結成一片神秘肌肉，代替他那些肌肉、二頭肌、股伸肌、和縫匠肌。他的眸瞳沉沉沉沉的瞪視她，沉沉中羼了點醉。他的眼色神奇極了，彷彿不是從他肉體上衝出來，而是從另一個星球衝過來，一下子要衝入她的血液。空中到處是一片不冒蒸氣的神異熱霧，他像一片熱到飽和度的鐵溶液，全力設法要把自己鑄入她的胴體模型中。一片火樹銀花式的最後夕陽光從窗外闖入，燃燒著他的頭髮和眼睛，他整個人紅紅的，一片五月榴火似的孤立的紅燄，稍稍帶點恐怖的光燄。

突然，她閉上眼睛，極度迷醉而反抗的叫道：

「我再不能忍受你了！」

他跪在她面前，沉迷而顫慄的道：

「我也不能忍受你！」

很久很久，她坐著，緊緊閤了眼，他跪著，也緊緊闔了眼。他們都雕像樣石化了。

時辰在凝止。時間流也石化了。

春夜是這樣柔和，似乎不是夜，而是一種土耳其浴的水蒸熱氣，一種溶解體。人在這種夜裡，很快會被它融化淨盡。這個用玫瑰花香編織的茅舍之夜，像一柄孔雀扇，無限的招展著、浮動著。花香裡揉合溫馨的期望和悸顫。這種幽秘的溫馨與纏綿，使血液流得恬靜極了，也舒徐極了，使人感到這是生命的酬謝，宇宙的祝福。人站在這樣夜裡，覺得自己在悠悠解體，極幸福的慢慢化爲液體，又由液體變成氣體。肉身全部空靈了，四肢及骨骼也化爲一片精神狀態。原來的精神與肉體似再沒有了，它們完全氧化爲夜分子和溫柔素了。

她坐在窗檯上，他平靜的摟住她的脖子，把臉孔深深沉沒入她黑髮叢中。這時候，只有她的鬈髮那部分最配合夜的溫柔情調。他此刻既沒有衝動，也沒有激盪，只有一種超乎前二者的沉迷。他迷溺於她鬒髮裡，好像沉溺於夜裡，她的鬒髮不只是夜的一部分，也是形成夜情調的主要部分。在這一沉浸中，他不僅是深深呼吸她濃髮的香味，也是呼吸她靈魂的香味，同時似也呼吸了一整個春天芬芳。他這樣的動作，有點像浮沉子，往深水內沉、沉。他不知道自己會沉往哪裡，也想不到任何一條限界。他要把全部生命化做這一片沉、沉，……

她雙手擁抱他，臉孔貼住他的胸膛。

許久以來，他不抬頭，卻在她髮叢低低耳語道：

「縈，這樣的夜，叫我眞捨不得抬起臉，離開你的鬟髮。——我眞願這樣慢慢睡著了，把這個夜帶到我夢中，再用我的夢來裝飾你的黑髮。」

她貼著他的胸膛，微笑著，悄媚的輕語道：「那麼，蒂，你就這麼慢慢睡著吧！我願意你用夢來梳理我的頭髮，編結它，把它編成夢的樣式。」

他低低道：

「這樣的夜叫人眞不想睡，只想沉迷，或者做夢。我全身充滿花香與你的香味。一種溫馨的繾綣酥透我骨骼裡最後一粒堅硬。啊！我眞不懂，宇宙爲什麼會有這樣的夜？叫人既不想活也捨不得死的夜？這樣的夜，『生命』和『活』這一類字像是膺品，已不夠與它聯繫的分量，正像黃銅不能和黃金聯繫一樣。啊，縈，我眞不知道我在做什麼，我是沉在夜裡嗎？是沉在夢裡嗎？還是沉在你裡面？」

她臉孔緊緊壓了他的胸膛一次，低低道：「蒂，你就這樣，低低的、輕輕的，向我講悄悄話。你的話，從我頭髮叢滑下來，像一滴滴蓮花芳香，我用嘴唇咬住，舌頭嚐了一炷香、甜，慢慢又嚥下去，直流到我心靈最後一個暗室。世界靜極了，除了玫瑰花香，只有你的音籟，它似乎變成一具柔媚的花床，邀我舒舒甜甜睡上去。……啊，花眞香，香味似乎也有一種神秘的聲音，慢慢流出來。」

許久以後，他突然低低問：「縈，你不害怕嗎？」

「怕什麼？」她嬌甜的問。

「你忘記我是一個男人？」

悄悄怔了怔，她低低道：「我問你一句話。」

「什麼話？」

「我問你：我會怕自己麼？」

他不答，好一會，才低低在她頭髮裡道：「謝謝你。」

她輕輕道：「蒂，把你臉孔抬起來。」

「爲什麼？」他不抬。

「我要看看你的臉。」

他抬起臉。他們面對面。她深情的注視他。

「現在，你爲什麼忽然要看我的臉？」

她嫵媚的低低道：

「我要看看，我此刻究竟已經把你燃燒到什麼程度？」

他的臉一片紅光。她望著望著，臉上也一片紅光。

陡然，她用紅唇緊貼他耳螺，用最溫柔的聲音，低低耳語道：

「蒂，不要忘記，總有一天，縈會全部交給你。一點一滴也不剩。」

八

最近一個時候，陰雨天，唐鏡青與景藍歡喜到靈隱去散步，在油厚的陰霾中，那片大山門與大叢林，分外雄壯，魔邃。這時，遊人稀少，樹林空寂。廣大曠寞中，一座座大車篷式的樹傘、一根根合抱的粗獷樹幹、騷囂的冷泉流湍、悖嵺的山岡、潮溼的巖壁、陰森的石窟，這一切都能使人沉靜。在並不太嚴厲的陰暗與冷氛中，他們欹住石壁，傾聽「荻達」水滴聲，一滴滴的，直到林葉間一扇黑色鴉翅驚動醒他們。

他們在寺前石階下徘徊，闊大的長簷壓下來，像張展碩大鳥翼，構成東方的陰沉空間。由它做背景，那橫乜的長長石階，分外顯得莊嚴，開闊。他們手挽手，一步步的，慢慢走上去，過一會，又一步步的，慢慢踱下來，覺得自己分量特別沉重了。平常無法凝鍊的，現在都可凝鍊了。在飛簷下，長長廊廡上，散步時，他們很少講話。這時，山門前那些高大而噤默的松柏，似漸漸開拓、幻化，要整個佔有他們。

他們更愛在大殿間，繞樑柱逡巡。

四周那些強陰影，弱陰影，像客廳帷幕，增加他們心理的濃度與虔誠。

金紅華蓋下，那一丈高的如來佛像，閉目趺坐，渾身熠耀燎朗金光。這巨大的金雕像，以無比的輝煌，表現整個東方的唄穆，以及梵靜中的華嚴。一片無音的音樂流溢它四周。一片偉大的嘆默吸引人退出浮象，啓示人以不可測的深度。他們並肩凝望這尊巨像，不由而然的，覺得自己形體慢慢縮小了，如兩粒高空游沙，但形體內，另一片他們知道而看不見的狀態、卻擴大了，開擴得如高空一般廣垠。無意間，他們會微微分開，肩不再碰肩，他們似需要比肉體更實在的存在，它包含永久的深致、淳和、嚴淨、純粹。

閃光的杏紅帷帳深深低垂。一條條五彩綢旛飄懸。大蟠龍燭燃燒起金紅。灑金的大香爐內，裊一蓬蓬青色馥煙。濃郁的旃檀香與線香強烈得像硫磺，潮水樣滿滿鼓漲於朱紅圓圓楹柱間。它撲上金色楹聯，繚繞金色蓮座，翔舞於描金的亭形明燈座上，又拂過一排排棕色蒲團。這香味有著墓窟的深沉，卻引人進入一個比死還溫柔的夢，呼吸這片馥郁的東方香味，人會悠悠迷醉。

宗教有它的森嚴，也有它的華麗。這兩者配合得很適當，像金雞納霜，苦藥外面包白色糖衣。但他們當時卻不能詳細分析。他們唯一慾望只是：要永恆的深邃與甯靜。他們熱望，相互的情感能直透深邃的寧靜核心，使它更堅固而虔誠。那些浮游的靈緒，必須集中起來。這個舍利子式的宗教核心，也該是他們戀情的核心，它磐石樣保持一種亙古的均衡。

他們停住腳步，漸迷失於附近僧舍的梵唄聲中。那裡，在另一座較小佛殿中，僧人們開始晚懺。諦聽著，一派宗教的華嚴深沉了他們，也明淨了他們。這時，他們心頭再沒有一絲雜念。他們從未這麼緘默過、虔誠過。只有這種幾近愚蠢的虔誠，他們才咀嚼到感情的深度與廣度。他轉過臉，凝望她，她眼色純潔而虔誠；她也從他眼色裡讀到類似字句。他們再不想握手或駢肩，一種平時絕對感不到的奇景，在他們情愫深處出現了。這是一片超越一切慾念的昇華，極精粹的莊嚴。他們再不是一雙情人，而是漫漫長路上一對旅伴。亂岩間，他們互裹紮腳上血痕；山村野店間，同守昏黃燈火；樹蔭下，共飲冰涼泉水；烈日大雨下，同撐一把傘。他們再不是相互的滿足對象。他們的對象在他們以外：一個遙遠而沉重的第三種存在。他們默默對望，眼色裡再沒有火光、沒有暴浪，只是一種寧謐的深邃，一種盲然卻無威脅性的黑暗，一種表現眞正眞理的黑暗。所以黑暗，因爲他們暫不能捕捉到它的內核光明的緣故。

似受一種神秘的偉大所感召，他們不約而同跪在映著紅光的蒲團上，匍匐於一片偉大崇拜裡。

十分鐘後，他們坐在大殿外面石欄杆上。

「我願意：我們眞能像剛才一樣，永遠匍匐在我們永恆感情的金色蓮座下。」她輕輕道。

「我也願意。這是一種怎樣偉大的虔誠。」他低低道，聲音幾乎聽不見。

「你也願意嗎？」她抬起那雙凹形的黑暗眼睛，深深沉沉的看著他。

「藍，你爲什麼用這樣的眼色看我？」

她不開口，眼神怔怔的，又彷彿有點疲倦。

「你是不是累了？」他低低問她。

好一會，她才輕輕搖搖頭。「不，我的肉體並不累，我的靈魂甚至也不累……，可是，無論是肉體上、靈魂上，總有一點你所不知道的東西在累。」她沉思道：「剛才我的話只說了一半……我想起，目前幾乎有四萬萬人，他們對許多事情、幾乎什麼也不知道，但他們卻能恆久的、專一的、匍匐在這些金色佛像下面。」

「可能，這裡面也含有一些悲劇因素。不少人跪下來以前，曾有過一段非常叫人疲倦甚至痛苦的經歷。」

「但也有些人，並沒有這種經歷，他們也虔誠的跪下來。」

「是的，也有些人，並沒有這樣的經歷。」他低低重複著她的話。「可是，你假如和那些人交談，你會發現：在他們中間，有不少人，年輕時曾扮演過著名的羅米歐。從朱麗葉的陽台到金色的蓮座之間，似乎比這裡通拉薩的路要近得多。」

「那麼，讓我們將來一起到拉薩去吧！」她苦笑道。

「我，不，親愛的，現在，我們不是到拉薩，是到那些巨大槐樹下喝茶，喝那略帶苦澀味的『雨前』茶。」他也苦笑道。「去吧！讓我們去喝茶吧，這份陰霾天已夠窒息了，再談這些，我眞要透不過氣了。」

聽了這些，她的聲調變得沉重了。

「鏡青，這點氣候的陰霾，你就受不了，可這幾年來，籠罩我心靈四周那片相當可怖的陰霾，你知道它是怎樣窒息我麼？你有沒有仔細想過，怎樣替我撥霧見日？我眞有點怕，怕——」

她不再說下去，怕他臉色更陰重。他有點頹然的垂下頭，卻很快的拖她到茶座間。

喝茶時，他們沉默了許久。

九

月光雨樣灑在湖上。山、樹、水、堤，都沐櫛於月色中。岸上的柳，似不再是一棵棵的，而是一大朵一大朵的，又似花花朵朵開放堤上。整個湖面像一片玲瓏的玉式鏤冰，透明的光、琉璃樣映照周遭一切。山像一片巨大畫脂，淡青色有銀色意味，明透了。夜霧中，它們又像一隻隻青色鳥，在飛翔中靜化了，但仍顯出青色活意，以及魚鱗魚鰭的渦流性，到處呈現魚形的和橢圓的拋物線條。三潭印月的淡煙簇樹、迷茫的傘撐於月光中。阮公墩的圓圓柳叢，像一些綠色蟬紗，縹緲得隨時要向天空飄去。穹空圓圓展開，主色彩是淡青，夾著些皎明的雲塊。後者凸出天空，隨時彷佛要落下來，像花。水面似有聲、似無聲，眞像有雲塊落在水中。一些晶瑩水渦，魚樣輕吐泡，噴著沫。幾條湖鯉浮出水面，在月光中唼喋，一口口吸取清涼露水及水氣。一些夜光蟲亮閃水上。湖面一切，有繡織的畫調，是一大片繡水流動於青色瑩明中，繪繡著明月的痕跡。山樹的陰影淡暈，則反襯出湖面一片月淨。

他們在湖上划船。這個月明之夜，像一片妝臺明鏡，晃晃晶晶的、照著他們，又似一襲沒有份量的白色珠羅紗，悄然披覆他們身上。夜已羽化了，又薄又亮。世界好像一下子突然湧現面前，洶湧於明亮中。他們的情緒也因月光而晶明了，情緒似有視覺，可以對望。船平靜的前進，穿過光亮水平，梭過月光，拂著暗綠色水藻，驚醒了一些正做夢的魚。木槳輕著湖面月光，有節奏的響著，每一次落下去，正好劃破那光明的水平。在輕盈的槳聲中，遠山與柳堤更靜了。

不知何時起，她放下她那隻槳，斜躺在他懷裡，頭枕在他肩上，眼睛半闔。這如狂似瘋的月光似乎恐嚇了她。一片片蠻獷的原始獰力，從月光溫柔色彩中衝出來，要剝掉她所有的精緻與幕遮，把她從一個現代人還原爲原始人，不，還原爲宇宙最原始最原始的那團光，色，火，那團混亂。她爲這幽在最深處的混亂所迷，但又怕它。月光湖水的謐靜再沒有了。銀繡色的光與水中，她只看到一片可怖的混淆，一片太初渾沌。一幅巨大黑色魅影似從四周白色中昇出來，擴大了，鵬翅樣蓋住她。極光明中的極深黑暗。這整個水晶世界似翻漾出獰獷的地獄巖層。然而，也只有這種獰獷，才魅她、醉她、拉她、拖她、吸她。這如金似銀的皎亮中，她正需要這片恫嚇性的黑暗力，和最內在的深火。她不需要極紅極紅的火，她只需要最黑最黑的。就在這奇異的極度宇宙光明中，她偏愛這陣黑。她頭安安靜靜枕著他肩膀，心卻忐忑跳。他正划著，慢慢划。溫柔的槳影不時掠過她的臉孔。她半閉眼睛，從一份白色朦朧中，幽望他的臉。一蓬銀色月華籠罩中，他的橢圓臉顯示白色的謐靜。他似乎全神貫注於緩慢的撥槳動作中。這動作悠長而沉抑。他好像不是弄槳，而是舉起一支由火燄幻變成的長長體，慢慢的敲拍銀色水。他的眼睛沉醉於火的紅與湖的白中。這強烈的醒醉與頰上微微蒼白的謐靜，形成一種野獸式的對照與矛盾，後者產生曖昧與力。這力就抓她，搖撼她。她整個人漸漸走到他臉上，蒼白光輝裡，最後，又走入他眼中。這頑艷的紅與白沉沒了她，她必須反抗，必須做些什麼。她斜躺著的姿態，似不夠適應由面部變化所演成的氣氛了。她從他懷內坐起來，突然一下子，打斷他的划槳動作，緊緊擁抱他。任何話語再沒有力了，任何凝視也再沒有力了。嘴、眼睛、耳朵，一下子脆弱了。肢體強起來，肢體反抗面部感官。肢體蔑視它們，打倒它們。她必須緊緊抱他，兩臂與胸膛從未展顯過這樣深邃的思想，也從未吼過這樣狂猘的語言。它們變成樂曲中深沉的旋律，以獝艷的音符震動她。只有從兩臂上，她才能感到他的眞正實在。（語言永遠只抓住空虛）。通過緊匝住的手臂，她深沉的抓住他的血肉。她此刻必須捕捉它們，實實在在能蹦跳的血肉。他的肢體在她懷裡，是強烈的實在佔有無底的空虛。沒有他的肢體感，她是空虛的、殘闕的、未完成的。只有猛烈擁抱中，她才充實了、豐潤了、完成了。她不是抱他，是抱自己。一個隱藏在她最深處的眞正的「自己」，似第一次在擁抱中出現了。也只有緊緊抱住他，這個「自己」才能從黑暗洞穴中爬出，屹立且狂吼。貼住她溫柔的胸膛，他的胸膛多有山巖味啊！她正需要這片山巖。它叫她覺得自己眞在活、在感、在醉、在享受，絕對圓滿的活的享受。她幾乎瘋魔的摟住他。這個大動作是一片大海潮，血肉交織的海潮，它叫她沉入潮底極深湛的海潛流的極核心處：深味宇宙最初創造者的頑強的生命力。

月光繼續靜靜放光。船在月光中慢慢轉動，打著圓圈。一隻青魚輕盈的蹦出湖面，激起清脆的銀聲。湖似被這片血肉擁抱所沉醉了，發著白色的呻吟。

一陣擁抱後，他在她臂膀裡睜開眼睛，深沉而凝思的低低道：

「……縈，你爲什麼這麼兇？今夜，你的手臂似有一種奇異的力量，它們比兩支火柱更頑強的燒痛我。啊！縈！在這樣瘋狂的擁抱中，你的眼睛爲什麼這樣靜？你的臉爲什麼這樣靜？你渾身火簇簇的，你的臉卻像大理石似的，又白又靜。你爲什麼不開口？你爲什麼不發聲？……你不知道，在這樣幽深而美麗的靜靜月夜，一籟聲音會造成怎樣無限的顫慄？無限的力和美？剛才我不願放下槳，就爲了在這無限月明湖明中傾聽一滴滴水滴聲，它像廣大的宇宙空間滴入我最深的血裡。啊！愛人！我的愛人！我永恆的愛人？發聲吧！」

她不開口，只緊緊擁抱他，用吻關閉他的嘴唇。

「發聲吧！發聲吧！」

她仍不開口，仍緊緊抱他，吻他。

「你爲什麼總不開口？」

「………」

她的臉離開他，用雙手捧住他的臉，深深望入他的眼睛，深沉而緩慢的，一字一頓的、幽幽幽幽道：

「我戰慄。……這無邊的夜、天、水、月。……、無邊的美。……我只要聽一種聲音；擁抱的聲音。……肉體的聲音。……我們的擁抱不正在唱、在拉提琴麼？……我只需要你身體的音樂。……它從你的身體流到我的身體裡。」

他不開口，卻緊緊摟住她，用他的身體回答她。一刹那間，所有湖上淪漣漪波似都凝止了。假如月光本想隨流水前進，它現在似也停止了。

一個很長很長的靜。

接著幾乎是一陣狂風暴雨式的歇斯底里：

「啊！蒂！緊緊摟抱我吧！不要再划了。這不是我們划船的時候。這是我們擁抱的時辰。讓我們抱在這如銀似雨的月光中吧！讓我們擁在這帶著天堂顏色的湖上吧！讓我的靈魂在你的靈魂裡泛舟吧！這是一個叫人燃燒的時辰。讓我們在月光中燃燒著！讓感情的紅太陽光燒在白色月光中吧！……抱我啊！緊緊抱我呀！吻我啊！緊緊吻我啊！全宇宙存在，不就爲凝造這片吻麼？整個人類歷史的最高光輝，不正閃亮在這片吻裡麼？這又紅又猩的吻。這又美麗又野蠻的吻。……月光這樣明。明透了我。我的血液充滿月光。一片白色的血液。這一片如錦似繡的月光裡，有我的血肉、我的感情、我的思想。抱我啊！像月光樣溫柔的摟我啊！像夜樣頑強的摟我啊！讓我們在擁抱中化成一片月明。一片月明。……是這樣叫人不能忍受的夜！是這樣叫人不能忍受的世界！是這樣叫人不能忍受的時辰！一陣陣血似從我心底衝出來。一片片火似從我血裡騰起來。我願你的擁抱是一整個宇宙的壓力，壓碎我！壓毀我！緊緊抱我吧！……啊！這是一個不死的夜！這是一個不死的時辰！不死的你！不死的我！」

她像一片被大風狂吹的獅子鬃，在他懷裡抖動著，如暈似醉。

他望著她，望著她，猛然間，他蒼白的臉整個酡紅了，帶點末日味的恐怖。他極緊緊緊緊的抱住她，眩醉的望入她象牙黑的深色大眼睛，又末日又昏暈的微微喘息著。

「縈，我最好的縈！我最親愛的縈！我最溫柔的縈！……你究竟什麼時候給我？……完完全全給我？……絕對絕對給我？」

像飛沙走石，一陣狂熱的囈語從她紅唇裡噴出來：

「啊！蒂！給你！給你！我要絕對給你。完完全全給你。……我們到T島去！到T島去！到T島去！……在海水聲音中，我要給你一個最最黃金的時辰！我要給你一樹最最黃金最紅熟的菓子！」

註一　巴斯開登是美國有名滑稽電影明星。銀幕上，從來不笑，故稱他是「冰面人」。

註二　法勃利西爾與克萊麗亞是司湯達杰作「巴馬修道院」小說裡的男女主角。兩人雖秘密相愛，卻始終不能公開她們的愛情，正式結婚。

第九章

一

汽車一駛到滲透海水味的街上，他們就感到海的魔力，碧綠的山岡，明紅的屋頂，杏黃的牆，街兩側的洋槐樹、法國梧桐樹、銀杏樹，一切全像剛從海底昇起來，又潔淨、又鮮明、又閃爍。詩的幽靜籠罩瀝青路。連他們呼吸的空氣也是透明的、海涼的。

車停海濱一爿華麗飯店門口。

在第四層樓上，他們要了兩個臨海大房間。接著，和帳房舉行一次臨時談判。後者同意，在額外豐厚酬謝下，將派一個年輕侍者特別照料他們。夜間十點半左右，把他們帶來的白色小帳蓬、支撐在靠海邊最近的沙灘上，再將旅舍簡單臥具送去。除了他們的防濕大油布，其餘全由飯店供應。他們不住在旅舍時，侍者有時就聽他們使喚。

他們說明，這兩週，一半在帳蓬內度過，一半消磨於飯店頂樓。

一切手續雜事辦完，他們回到房內，立刻跑向鬆白色法國式落地大窗邊，打開窗子，衝到陽臺廊廡上。

「蒂！看大海啊！它多藍！多明淨！看海濱浴場那些穿五彩游泳衣的少女！……」她倚

住陽臺大理石砌，沉醉的說。

「瞧，藍海上那些白帆、三角船，海天交接處的微妙紅色光彩，太陽正在拚命製造紅色光彩！」

他佇立她旁邊，一隻手溫存的搭在她肩上，一面看海，一面不時轉臉望她。他眼色裡充滿溫柔。

「縈，我們終於又來到大海身邊了。你和一個異性，住在這樣一個旅館房間裡，有生以來，還是第一次吧！」

她抬起深色象牙黑大眼睛，夢樣瞅著他，臉色赧紅起來。她故意岔開話題道：

「看大海吧！太陽正往西方落下去，不久就要完全入海底了。我們必須在太陽熄滅前，月亮尚未上昇時，先去享受一頓豐盛晚餐。餐後，我們必須沉酣在狂熱的華爾滋和探戈舞裡。這以後，再——啊，天！我說不下去了。……」

「她高大的身子抖顫著。她飽滿的胸膛怦動著。她突然喘息起來。她的臉變成一片閃耀燦霞的天空！——一輪太陽將要落海式的臉。」

她忽然用雙手蒙住臉。

晚飯後，跳舞歸來，他們在海岸散步，都喝了酒，雖然風夠涼了，仍覺奇熱。對於散步，他們似乎不再像平常那樣感興趣。一件沉重的事壓在心底，說不出的，他們有點神魂顛倒。這時候，海濱還有人，他們不敢回去，帳蓬內彷彿有一個很可怕的東西在等他們。直到夜快深了，海濱似靜成無物狀態，四周寂無一人，他們才向那個可怕的空間走去。

臥具早舖好，黃色油布上，墊了條闊幅白麻細蓆，兩隻白色木棉枕頭上，也罩了兩條細枕蓆，另加一條猩紅呢氈，氈下是白色罩單。按他們吩咐，枕畔疊著他們帶來的四條藍花新毛巾。那個紫黑臉膛的年輕僕歐，坐在帳蓬內，見他們來了，才躬腰行禮，返回旅館。

怪極了，剛才在外面，他們還平平靜靜的，一回到帳蓬內，似立刻變了一個人。一種奇異的情緒，以從未有的駭人力量征服他們。一片奇異的靜，統治一切。大海的遼闊背景、明亮的月光、白色的帳蓬、帳蓬中不最寬廣的空間，這一切形成一片神秘色調，飽富魅力。他們心底那根最深的絃子，似不斷被誰彈撥，他們聽見附見海浪低拍聲，也聽到另一種奇異的海浪聲音。後一種正慢慢形成大潮，衝過來。……高空的定風鷄已搖動了。

不知何時起，月光開始被陰雲遮蔽，只漏灑下破破碎碎的光。暗淡月色中，帳外世界朦朧了，海也朦朧了。一陣陣海風吹起來，波浪騷動著，海裡有玄秘的低沉音籟。帳蓬內月光很晦暗，他點燃一支白色燭，一片金色火燄亮起來，他們的臉都蒙上一層陰影，這是一種適宜的陰暗。在過度明亮的月光中，他們的情緒會浮動，此刻，卻深沉了。他們聽見、幾隻海鷗的音籟。海邊空靜極了，似乎什麼音響也沒有，只有他們的呼吸聲，和心底波浪聲，以及帳內的神奇熱氣。星光月光無限曖昧，只有燭光畫出帳蓬的三角穹廬。金色燭燄中，繡花的白色大枕頭，紅色的葡萄酒瓶，銀色的高腳酒盃，這一切更顯出色彩的力量。

他們面對面坐在蓆子上，傾聽夜暗與海水海風。燭光不斷撩著他們的視線，他們卻不想開口。兩三天來，他們從未這樣噤默過。自從相識以來，他們也從未這樣沉默過。這是「最後的沉默」。通過它，他們中間最偉大的一個沉默將死去。他不斷看她，但不是清晰的看，是朦朧的看，他並不想用視線確實捉住她的眼、鼻、嘴、髮，他只想抓住它們的輪廓。其實，也不想抓輪廓，只想抓氣氛、色彩、和情緒的綜合。

像兩座高峯之間的深谷，從這座高峯到那個高峯，未上昇前，必須經過最深的下降。她這時簡直是痴痴的，不說、不動、幾乎也不敢看。他強烈眸瞳像是一個可怕的觸覺體，只要看他一眼，她的最深處就會被重擊一次。她過去所有鋒芒與奔放的氣魄，都失去了，遮掩她的一切華幕，連最後一角華光也消失了，她終於袒裸出女人的最基本面目。坐在他對面，她甚至不敢靠近他，她的眼睛有意低垂下去。有時，偶然抬起來，怯怯瞧他一眼，怯怯中似蘊藏一點恐怖的因素。她從未這樣怕過他。有生以來，直到此刻，她才第一次了解生命那個可怖而殘酷的因子。她雖然靜坐著，雙手疊在膝上，但那雙低垂的大眼睛卻始終無法靜止，它們不斷以一種微微撩亂的速度，向四下游移望著，落在那大幅猩紅氈子上時，特別感到刺激。她現在臉孔美艷極了，一片酒後大紅淹沒了她。一副火紅紅的臉，一雙黑紅紅的眼，一片猩紅紅的嘴。那種無限纏綿的臉色，餳澀的眼角，迷人的紅色唇彎，………

她這時是一片「映山紅」，開滿了帳蓬。一片銷魂而魔魅的猩紅色，像一條彩色波斯織錦，華麗的鋪在朦朧月光與燭光中。她臉龐的霞光，她的豐腴胴體，以及她白大理石似的裸臂，第一次在他心頭喚起這麼多奇異渴望。他過去似乎不認識她，這會兒才完整的認識了。這認識越來越深，愈來愈強。穿過她銀白色的連衣裙，銀白色的皮膚，他看出她裡面的另一個人。那個人和一般生物一樣，也需要平凡和單純。望著望著，他止不住一陣抖顫。

他抓住她的手。她輕輕擺脫了。她餳澀的星眸望了他一下，這眼色是那樣奇妙的纏綿，配著她口角的溫柔紅色渦紋，他覺得要溶解了。

慢慢慢慢的，終於，她從深谷底爬出來了，那震駭她的神秘黑暗一幕過去了，她漸漸勇敢起來。她抬起火紅而黮黑的大眼睛，慢慢慢慢望著他。漸漸的，這紅與黑組成的視線凝定了，她竟大膽的定定矔視他，帶著燃燒意味。徐徐徐徐的，她伸出白花花的赤裸手臂，深情的抓住他的手，沉默的握著，握著握著，忽然越握越緊，像要把他握碎。

一剎那間，他們陡然明亮了。月光燭光仍舊晦暗，但他們卻明亮了，極奇異的明亮了！她極嫵媚而魔魅的笑了。她深色大眼睛流火樣閃了閃，又誘惑又蠱祟的望著他。她猩色的嘴唇更猩紅了，像大朵大朵美人蕉，要纏住他，要把一片紅色流到他血裡。血液充泛著雙頰，她整個臉似是黑夜小火山，燦爛輝煌。她黑黑彎彎的波浪髮鬈微微飄舞，大朵大朵的黑暗芳香從髮上噴出來。她脂粉的香氣佔領了他的感官。她胸脯急促抖顫著，像海面，一座大海就要從裡面傾倒出來。剛才那片深谷過去了，她終於昇上新的高峯。這時，他全身也火冒冒的，酒精的力量開始正式發酵了。

突然間，像天崩地塌，月光奇異的明亮起來。

二

啊！這是個原人的夜。史前的夜。這個夜不是夜，只是無數個擁抱的化身，無數朵紅吻的結晶。空中激蕩擁抱的音浪，空氣裡瀰溢嘴唇的熱味。狂捲的華鬘。燐亂的眼花。鬃鬣在空中舞。燎火在深淵底戳幌。一棵棵熱帶植物繁茂了、膨脹了，抖著青色大葉子、金色大葉子、紅色大葉子、紅海在熱射！鎂火在燔燒！電荷在猋走！大片大片的彩色綢子從天空飄起來，千千萬萬個撐的美麗！撐的華艷！五綵大蚌殼瑰奇的展著、拍著、合著。一個化學方程式：「硫磺和蚌殼加熱再曝太陽，會豪放華光。」一切火化了。電化了。色化了。火能電能色能纏織成一團。纏織中有彪巨的形象，有雪的陽面與陰面，有飛湍有流泉，有花有草有魚。彩色的蝴蝶魚。變態的電魚。一腹能產三十萬的鱈魚。航程二千里的鰹魚。鰻鱺是銀色的。緣木魚是兩棲的。刺鬣魚是有硬棘的。龍落子是彈性的。空氣魚化了！月光飛舞著！流霞熠爚著！一個燒點著了。兩個燒點著了。三個四個五個燒點著了。月光燒成一片火明！夜燒成一片火明！大海燒成一片火明，火明中千千萬萬細胞在爬、在纏、在撞、在爭、在鬥，她膠住他！他漆住她！到處是膠！到處是漆！膠膠漆漆，膠漆成一片。

這是一個用硫磺火藥做大氣的天地。這個天地裡，情感瀑布樣奔流。他們是繞著恆星的偉大星球，在無限永恆中旋轉光和熱。宇宙變成個動物，死了千萬年，今夜驟然復活了。千千萬萬條熱帶的白藤。千千萬萬朵鐵錘鐵砧下的火花。千千萬萬片嘴唇。千千萬萬個擁抱。生命燦放出最深沈的擁抱基能！精神無窮Rumba的迴旋！Jazz的急轉！雷殛式的閃擊！熱海的浪動！森林的喘息！狂飛的大星！狂彼的紅力！靈在亮。毒熱在亮。情感在亮。月光在亮。海在亮。人在亮。時間化爲大朵大朵的蓮花。空間變成數不清的鳥鳴鳥囀。深堇色的眸子游泳於無限夕陽紅中。無限結晶了他們！歡樂結晶了他們！金色的一剎！紅色的一剎！紫色的一剎！青色的一剎！棕色的一剎！黃昏時耶路撒冷千千萬萬燕子在迴翔！泥盆紀的封印木在繁殖！無數金蜂美麗的摟抱花朵，沉醉的吸取花粉。夜與月光重新組織了他們的視覺，凝結了他們的眼睛。蠟燭燃燒起來了。整個大草原燃燒起來了。整個世界燃燒起來了。他們身上有大火氣味、海的氣味、太陽的氣味、月光的氣味、古埃及的氣味、玫瑰花的氣味。

啊！這些偉大的海藏！偉大的海嘯！天鵝座和獅子座的大盤旋！一切荒唐得像古代巨神！空中有氣爆。大地有轟醉。生命蠻狙極了。生命熇熱極了。生命也甜馨極了。千般的精緻。萬般的光艷。溶岩流熬煎著一切，也在酥解一切。大地染上「洪水熱」，到處波濤滾滾，波蕩波激，波波不停。酵母菌到處醞孕發散。猋忽的狂風！神異的碰力！最偉大的光能與熱能！千千萬萬棵南美乳樹，輕輕一擊，白色漿液山泉樣流瀉，淙淙琤琤，淋淋漓漓。流火在疾走，焦點在擴大，一切燐化了！氧化了！這是一個雄壯的火葬！一片熱霧瀰蓋一切！啊！你偉大的猩唇！你偉大的胸膛！你偉大的溶熱！你偉大的巫力！星月狂！大海蠻！成萬個獸吻！成萬個洪醉！千萬個喘息！千萬個地獄！千萬個天堂！一個羅馬大帝國在翻轉！一花園爬山虎在抖顫！無窮無盡的蔦蘿！千萬隻白鴿子在繽翻！致命的一剎！整個海溶解了！死海出現了！深幽的淵默！窨星星的呼吸！紅色死了！月光死了！死海死了！

啊！樂曲！樂曲！樂曲又嗚奏了。音色又華麗的響了。新的節奏。新的旋律。無量數的舞曲。吉卜賽的舞曲。波希米的舞曲！印度的蛇舞曲。暹羅的鼓舞曲。血凝人乾的舞曲。骨銷髮朽的舞曲。艷冶死人的舞曲。奏吧！奏吧！奏吧！奏吧！奏吧！……

啊，你千錘萬鍊的上帝！你睥睨萬象的宇宙！來看啊！來看啊！來看我們啊！來看我們啊！是你們，萬能不朽的萬王之王，創造出大海和歡樂！創造出月光與黑夜！創造出花朵及大地！創造出萬萬千千無量數光和熱！看啊！看這個蠻獷海夜像迸裂的大星球，在你們四周旋舞。歡樂的大風暴在你們四周猛旋狂颺！到處是強壯海浪的盤旋起伏！到處是原始洪潮的奔騰咆哮！蠻猺的月光女巫樣獰野撲舞。噴火山在你們耳邊吼。地球在黃道上旋滾。恆星座在不朽裡燃燒。大氣狂狉！大地狐魅！世界袒袒裸裸，像伊甸園裡一個簇新的赤裸女體！萬萬千千歡樂今夜在世界各處燒！全部人生在今夜總解放！獅子在洞窟裡瘋狂！鱷魚在沼澤地口吐芳香！沙鼊的殘屍往海底沉！搖籃鳥的眼睛凸突出頭外！老虎在森林黑暗中喘息！蜻蛉在咬尾巴！蝮蛇發出強烈的臭氣！花手巾魚在展耀彩鰭！雌螳螂在吃雄螳螂！雄蜘蛛在跳舞！山豹在巖壁下呻吟！蚊子在腳上掛氣球！蚯蚓的環帶排出多量的黏液！億兆種抖顫在山海城鄉裡響。全部生物進化史今夜盤獻出最偉大最豪華的展覽。啊！你不死的上帝！你偉大的宇宙！看啊！看你們創造出的歡樂千千萬萬個在飛在舞在燒在滾！啊！你萬能不朽的上帝！你萬能不朽的宇宙！你們快下跪！快下跪！快跪下祝福今夜這片瘋狂歡樂的永生！祈禱這個大火山歡樂的萬能不朽！

三

早上，第一陣清新的海風中，她醒來了，像大海潮退後的沙灘，她臉上還有暴浪與潮的殘跡。她張著眼，微笑著，迎受從帳幕縫裡吹入的微涼海風，讓它洗清龐兒最後的疲倦。她瞅瞅他，他正半伏在她懷裡酣睡，全身遮蓋猩紅氈子，只有一盤捲曲黑髮，半裸於外面，像一捲虬曲的葡萄藤。她望著望著，笑了。她覺得幸福。有生以來，她第一次揭開這金色一頁。

她並沒有白活。人類在一千年裡，像這樣完整而巔峯的夜、可能並沒有幾個。她怔怔瞪視猩紅巨氈，它勾繪出他起伏的形軀，像隱約駝峯。這正是黎明第一次光，離太陽上昇尚有一會，遠處該還有殘霧。帳蓬內的光、卻足夠她辨認一切。這白色蓬帳是一座白色天空，小小的，使她聯想起阿拉伯沙漠上的駱駝隊、駝鈴聲、大帳蓬，以及穿白袍的古代阿拉伯女人。黎明很靜，海也靜得像沙漠，世界還沒有發聲。除了帳蓬四壁白色，她什麼也瞧不見。她想打開帳門，好看海。又怕驚醒他。他此刻睡得眞甜；他或許正在做夢（等他醒了，她要問他），讓他舒舒睡吧！他是應該舒舒睡的。她既然給他一個初夜，就該是完全的夜。現在，慾念的混沌舞臺已經很遠了，新開始的是一片明淨，古希臘磁皿的純淨，玉蟬花的純潔。那枝燒殘的燭，只剩下一片白色燭淚，汪在古銅燭檠上。他一窺見它，就不由紅了臉，紅中帶微笑；它是昨夜的唯一證人。但她一點不後悔。她應該交出的，已交出了，應該取得的，已取得了。她享受到生命中極高貴的，極深淵的。她只有感謝。她的視線又返回他黑髮上，它們有一小捲韁到她嘴邊。她低下唇，溫柔的吻著。閉上眼。她心邊寧靜極了。這不是平凡的靜，是極偉大動蕩後的靜，一種獲得最完整歡樂後的恬謐。作爲一個人，特別一個女人，她已獲得人性可能取得的極華麗的。她已攀登歡樂最高峯，甚至又超越高峯。她再無苛求於人間了。再下去，只是歡樂的持續，可愛的持續。她絕對滿意自己了。瘋狂、驚奇、顫慄、歡醉、颶風、迷魂——這一切、她不敢再揭回來，它們像是一些不朽聖門。她感謝大地，因爲它產生她，叫她收穫昨夜。她感謝人性，因爲它那樣藝術的編織昨夜。她也感謝自己，因爲它有承受這片瘋狂歡樂的軀體與心靈。自然，她最感謝他，——一切到了他，就達到頂點。所有的花朵，都從他吻裡噴出來；所有的熱，都從他血液內射出來；所有的太陽，都從他身上開出來；所有的顏色，都從他視射中放出來。她想著，微笑又開始畫在唇邊。說不出爲什麼，今早她這樣想笑。詩意的笑、原始的笑、感激的笑，好像她存在就專爲笑似地。她太樂了。她太醉了。不知不覺，她又低下頭，輕吻唇邊黑髮。她想用手撫摸它們。但她伸不出手。它們被他握著。眞怪，他睡熟了，還握得相當緊。她看不見他的臉，不知道它是怎樣一副容顏、形態。可他一定睡得很香、很甜，他的呼吸那樣均勻，彷彿配著海的節拍、慵困的馨甜。但才閉了一會，她又醒了，她感到壓力，他是這樣沉迷的牛伏在她胸膛上。她臉孔又紅了。白晝眞討厭！她有點生氣了。深夜，人解放一切。白晝來了，像鏡子來了，人又屹立鏡前，照見自己一切。伊甸園裡，亞當夏娃本最樂，活得歡極了。可白晝來了，看見許多鱗甲羽毛動物，他們卻有點害羞了。她仰視白色蓬頂，又笑了，得意的笑。他們這個伊甸園並不大，她卻比天堂第一次破曉時的夏娃還樂。她眞想緊緊抱他、吻他，再把自己獻給他。他多可愛啊！但他卻藤蘿樣有點纏住她，她無法動彈了。他身體變成她的鐐銬。最美的鐐銬。最溫柔的囚。一點點的，黎明亮得更多了，更豐富了，她聽見海鳥的叫聲，她該不該喚醒他？不，吻醒他？白日漸漸更深刻了，世界一分分更亮了，她該不該擁抱醒他？吻醒他？這個樣子，人見了，多羞啊！自然，這麼早，還不會有人來。她低下眼，又凝望隱約畫在猩紅氈子上的身形，它們是一幅先拉斐爾時代的畫，迷住了她。正望著，出於意料的，慢慢慢慢的、這幅畫動了，均衡的線條彎皺了，紅氈下面的均勻呼吸中斷了……

她聽見喃喃聲，但不知道他在說什麼。

她臉孔又紅了，微笑了，她幸福而昏眩的閤上眼。他正吻她的胸膛。

「啊，縈！……」

他終於含糊而迷惑的發聲了。

「我是不是在夢裡？……」

他繼續喃喃。

「不。」她虔誠的低下臉，緊貼住他的頭髮。

他仍舊在那片猩紅下面喃喃：

「啊，縈！」

「蒂！」

「啊，縈！」他繼續喃喃。

「蒂，我的蒂。」

他喃喃著，漸漸的，似乎又睡著了，在她懷裡。

有個一會，他才又在那片猩紅色下面夢囈，若斷若續的。

「啊，一切好迷人啊！……」

停了一會：

「啊，縈！黑夜還沒有過去吧？……」

「不，現在正是黎明。」

他嘰咕著，似乎在詛咒什麼。許久以後，他才輕輕嘆息：

「我願意永遠是黑夜。……」

她在他髮上的臉，貼得更緊一點。

「啊，縈！」

「……」

「啊，縈，你應我啊！」

「蒂！」

「不是這個。」

「是什麼呢？」

「我最願聽的。」

她微笑著，微微紅臉，閉上眼，溫柔的低喚著：「蒂，我的丈夫！」

「啊！……」他一直握住她的手，突然鬆開來。他緊緊抱住她，不斷溫柔喚著：「啊，縈！我最親的親，我最愛的愛，我的妻！……我的妻！……」

半醒半昏眩的，在她懷裡，他又喃喃了一會。

又停了一會，最後，他的頭終於伸探到猩紅氈子外面。

他臉上充滿迷惑，像個夢魘者，兩眼恍恍惚惚的，惺忪極了、在一層夢的神韻下，顯出熄火山的痕跡。他眞像一個剛從火山巖腹撈上來的生命，一種只有在地腹層才沾染的黑暗印跡、裝飾了他，帶著才燒熄不久的灼熱。他臉色纏綿極了，彷彿是一種膠汁體。

他定定而溫柔的望入她的象牙黑大眼睛，望了一會，終於笑著道：

「我們終於醒來了。」

「應該說：歡樂終於醒來了。」她笑著說，溫存的撫摸他的頭髮，慢慢用手指梳理。

「是的，歡樂終於醒來了。」他笑著重複她的話。停了停，輕輕笑著道：「我們終算又替這個平凡世界創造了點美麗奇蹟。」

「不要說世界，應該說，替我們自己創造了點美麗奇蹟。現在，我們只爲我們自己活，不爲任何人活。我爲你活。你爲我活」繼續替他梳理頭髮。

他微笑著，怔怔瞅入她的眼睛。忽然，他微微詫異，用手輕輕撫摸她的眼角，好奇的道：

「縈，你眼角怎麼有淚痕？」

「天知道爲什麼，我剛才流了淚。」

「爲什麼？」

「不爲什麼。……我太快樂了。……」停了停，突然緊緊抱住他，臉貼他的臉：「啊，蒂，我眞不知道怎樣說我現在的快樂才好。我覺得，從昨夜起，我才算正式出生在這個世界。從今早起，我才正式開始活。以前二十幾年，完全是一片死頁，比死亡還死的死頁。」

他笑了。

她睜大那雙深色大眼睛，嫵媚的定定瞅他。

瞅著瞅著，她笑了。

「啊，縈，親的。」

她閉上眼，溫柔的湊過紅紅嘴唇。

他們吻了許久，吻著，笑著。

「蒂，我們該起來了。……太陽要昇起來了。……人們快出現了。」

「我眞捨不得起來。……這是一片永生歡樂的迷景。……多少年來，我找這個迷景，現在終算找到了。這個帳蓬內的迷景，將是我這一生的最後歸宿。……啊，我眞捨不得起來。」

過了一會，又迷迷戀戀的道：「我眞捨不得離開你。」

她笑了，輕輕用手打他一下，笑著道：

「傻子，幹嗎說得這麼怪叔本華的。我不永遠是你的？你什麼時候要我，我都會給你。任何一秒鐘，你都有權利要我的一切。你幹嗎還扮黎明跳下朱麗葉陽臺的羅米歐，怪暗淡的？」

他也笑了：「男人就是這點貪婪。即使朱麗葉眞變成他的永恆新娘，羅米歐每天也要演一次爬陽臺的活劇，才舒服。——或許只有這樣，才算戀愛吧！」

「不許你說喪氣話了。這是我們新婚的第一個早晨，應該快快活活。……啊，人們要來了，讓我們正式結束黑夜，開始白晝吧！……起來吧！起來看海吧！……瞧，太陽也起來了，海一定很美。像蒙娜麗莎一樣美。」

「好吧，起來吧！我們應該起來看海。看太陽從海裡昇起來。不！看我的縈從海裡昇起來。像蒙娜麗莎一樣美。」

四

這幾天，在海濱，他們並不是活在大地上，也不是活在海邊，而是活在滲透海藍的夢中。

直可以說，他們不是活，而是夢。對於這雙亞當夏娃，活就是夢，夢就是活。這些浸透海水的日子裡，他們從不思想，只是幻想，更正確點說，他們純粹使用夢感夢覺。

在海邊，他們的靈魂如海赤裸，情緒似一灣明淨海水。海就是他們的伊甸，唯一那條蛇是「愛情」。在他們心頭發發發音，叫他們做這樣、做那樣。牠是他們的上帝。

陽光把血液曬得特別活潑。海風把感覺吹得異樣新鮮。他們接受海水每一條紋暗示，重新組織思惟與官能。每一頁白晝，他們用視覺與嘴唇寫一篇新童話。每一朵黑夜，他們用臂膀與胸膛寫一首新詩。睜開眼來，千萬隻幻想像千萬白鴿子繞著他們飛。閉上眼，各色各樣夢像各色各樣晚霞，擁抱他們。

只要不是睡在旅館內，早晨醒來，第一件事、就是「下海」。海水與陽光把他們連睡眠也沒有洗去的疲倦洗乾淨。他們歡快的游泳著、追逐著，終於回到岸邊，相互用水澆潑。敗北者常是她，但結果總是他被她按到水裡捶打。

從海裡歸來，就忙著早餐，他穿著濕淋淋游泳褲，帶了點錢，幾乎以美國黑人短跑選手的速度，衝進最近食店內，買回新鮮烤吐司、煎雞蛋，幾塊蛋糕，一大搪瓷罐鮮牛奶。一回到帳蓬門口，他就把大紙袋扔在地上，帶了煎蛋、牛奶，卻到附近沙灘上，靜靜躺著，嬰孩似的，等她把麵包拿來，滿滿塗上奶油和菓子醬，一片片餵他，並用筷子餵他煎蛋、用羹匙餵他牛奶。

「你什麼時候才不是小孩子呢？」有一次，她一面餵他，一面嘆息。

「當你不愛我的時候。」他嚼著麵包與煎蛋，笑著說。又補了一句：「今早是最後一次了。」

她看看腕錶：「好，現在是七點二十五分。記著，從七點三十分起，我不愛你了。」

他不理她，卻大張著嘴，等她餵。

約莫餵完了三片，她看看錶，故作冷靜的說道：

「好，現在是七點三十分了。」

他突然坐起來，一把抱住她，又和她同滾到沙灘上，拚命吻她，大笑著道：

「讓我給你補充幾句。七點三十分以前，瞿縈是用一千瓦特的感情來愛印蒂。從七點三十分起，瞿縈是用一萬瓦特的熱度來愛印蒂，對不對？」

如果宿旅舍，有時，早上海水浴罷，他們沿海灘走一段長路，到一片牧場，喝最新鮮的牛奶，看工人在一些荷蘭花牛邊擠奶。回去時，他們從一家花圃買一大抱掖縣品種的月季花。（她說：在金色朝陽光照射的棕色海灘散步，必須穿白色袍子，懷裡是滿滿一大抱紅色花朵。）黃昏，他們漫步於滲著濃濃海水氣息的瀝青路，臂挽臂，閑踱在一排排銀杏樹或法國梧桐樹下，翕吸滲著混合海水味的樹香樹味，玩味那一片片海灣形的黑色樹影。之後，他們走進海邊咖啡館，喝一杯葡萄酒，和一瓶冰啤酒，佐以冰淇淋，靠窗口吹涼涼海風，聽海濱一些青年男女合唱，看三三五五穿彩色游泳衣的少女在沙灘上散步，一些孩子在夕陽紅光中拾著蛤蜊，貝殼。初夜，帶著晚餐後的薄醉，他們上露天花園舞場跳舞。除了華爾滋，他們再不站起來。除了冰凍橘子汁，再不喝別的。臨回去了，這才以一陣狂熱的爵士舞結束。有時，下午偶爾從野味店買回一隻小野雞，拔下幾支彩色羽毛，把最瑰麗最長的一枝、高高插在帳篷頂上，其餘的和帳內玫瑰花、貝殼，放在一起。夜裡，他們昇起篝火，風不斷把火吹得旺旺的，他們用購來的薄木材，一片片加上，有麻栗柴、榆柴和松柴。用生鐵火剪挾著那隻待烤的野雉，烤得又香又熱了，才剝乾淨燒得焦糊的毛羽，笑著蘸醬油吃。不用說，外面一層帶焦糊味，煙火氣，他們只吃內裡的肉，卻是香噴噴的。頭頸和臟腑全扔掉。一面吃，一面喝白蘭地，一面看月下猩紅火光，聽柴塊的清脆爆烈聲。他們這是眞正體驗太古原始人生活。他們有意選一些厚樹皮的松柴，投入火內，燃燒時，氣息特別香，火也特別亮。小半隻野雉解決了，有時添兩隻蘋果或梨。接著，他們到海灣划船，看火光繼續燃燒。不久，火就全熄了，他們回帳蓬，喝一杯葡萄酒，嚼殘剩下的雉胸和腿子肉。四近無人時，就取出臥具，睡在月光裡。——一個長長擁抱是他們最後的晚禱。

他們說：這是原始爪哇人的蜜月。

他們的情，像海，從早到晚，有好幾種色調：

清晨，情是透明的、輕鬆的、愉悅的、調皮的、夢幻的，世界像才從夢裡醒來。他們叫這是藍色的情。海在早上是藍的。

正午，情是飽滿的、強烈的、豐富的，有一種出奇的熱。生命像滾轉於高峯頂上。他們叫這是綠色的情。海在正午是綠的。

黃昏，情是神秘的、纏綿的，有點醉紅，像落日。生命這時特別富於音樂味。他們叫這是金紅的情。海在黃昏是金紅的。

夜晚，情是深沉的、潛伏的，和正午一樣強，但形式相反，前者向外，後者往內。世界這時在沉思。他們叫這是紫黑的情。海在夜裡是紫黑的。

他們的情隨海彩海色而變。他們以海的色素作惟一的「愛情色度表」。

海開始藍了。他們以一個擁抱呈獻給藍。

海由藍而綠了，他們以一個擁抱紀念藍與綠的轉換。

海金紅了。綠與金紅間，第三個紀念擁抱。

海紫黑了。愛情踏入最後一個色素。最末一次儀式擁抱。

他們的視覺，除了對望，就是望海，注視海水轉變，特別是藍快變綠，綠將轉金，金要換紫時。

一個聲音會輕輕響起來：

「現在，紫色的時辰來了。紫色的情來了。」

他們站起來，跑到海邊，把一束紫色馬蘭花投入海內。這是有一次，他們到田野間散步時採來的。

海不像活在海裡，是活在他們血液裡。

明艷的海，刺激他們最高度色感。他們不僅看見彼此肉體的色澤，也互見情緒的顏色。

他常常抱住她，輕輕耳語道：

「縈！縈！你的金色情緒來了。你的金色世紀來了。」

她笑著問他：「是的，我心靈的金色時代來了，你希望我做什麼呢？」

他笑著道：

「給我一杯金色酒！」

她打開一瓶橘金酒，倒了杯給他。

他搖頭。「不，不是這個。」

「是什麼呢？」

「你想想。」

她咕咕笑起來，一口氣喝乾半杯，接著，把那滿溢橘金酒氣味的紅唇遞給他，他湊過去，沉醉於一片橘金香氣中。

「要不要再來一杯？」她抬起頭，笑著問：

「要！」他沉迷的笑著答。

於是第二杯、第三杯，……

海紫了。他打開紫色葡萄酒，滿注兩杯，高高舉起來，大聲叫著：

「來，慶祝海的紫色時代。我們今天『最後的顏色』。『最後的時辰』。」

他們碰杯。

她笑著道：

「這不是我們的愛情，這是畢迦索的畫，有那麼多的『時代』。畢迦索的畫有『青色時代』，『紅色時代』，『黑人時代』。我們的早晨相當他的『青色時代』，黃昏可算是他的『紅色時代』，可是，『黑人時代』呢？」

他笑起來，瞧著帳蓬外面紫黑色大海：

「現在不正是他的『黑人時代』麼?你嫌它『黑人』得不夠麼?來!給你一個眞正『黑人』的。」

他把她拖過來,緊緊抱著,抱得她喘不過氣。

他們買了一些酒,並不一定都喝,多半是一種裝飾。有了那麼多花花綵綵酒瓶,帳蓬內似乎就滿溢那麼多沉醉氣氛,醒酣的因素。他們歡喜喝一種玫瑰酒,並不因爲酒味,而是因爲它的美麗名字,美麗紅色。他在她髮際插一朵紅色玫瑰花,遞她一杯紅色玫瑰酒,鬢邊接著是一朵紅吻,這是她梳洗罷他最愛呈獻的三部曲。葡萄酒名字美、顏色美、味道美、且不兇,是他們的主要飲料。有時,啓開一瓶酒,不一定爲醉,而是它的各種聲音。拔瓶塞聲、酒液注入玻璃盃聲、酒瓶碰酒瓶聲、酒盃碰酒盃聲,酒由瓶入盃時突然奔瀉的顏色,酒盃內泛溢的泡沫,酒的顏色、酒的香味、酒的象徵意義,這一切都叫他們沉迷。他最愛聽酒從瓶內傾入酒盃聲,汩汩的,幽咽如溪流。他說,海邊幽靜中,特別是夜裡,聽見這汩汩聲,一個人性靈似乎特別明淨,有水晶味,且帶了點迷。當她取出一瓶葡萄酒,開始倒入盃中時,汩汩聲中,他最愛躺在她腳下,沉迷的讀歌德的一首詩:

太陽光從海裡
射到我身上,
我想起你的光亮,
……

欣賞了酒的一些音籟後,終點才是一個——醉。

他們稱每一餐爲「海宴」。這個「海宴」，他們有時設計如下：

有一餐，他們專吃水果，各色各樣的水果。

有一餐，他們專吃糖果，吃各式各樣的糖及甜蛋糕。

有一餐，他們專喝飲料：咖啡、可可、紅茶、牛奶、菓子露、可口可樂。

有一餐，他們專吃冰，各式各樣的冰，菠蘿汁冰、赤豆刨冰、橘子汁刨冰、菓子露刨冰，……。

有一餐，他們專喝各式各樣的酒。這多半是晚上。喝醉了，他們躺在沙灘上，吹海風，讓風吹醒酒意，月光照明酒意。

但不管那一餐，總不缺少一點甜食。他們相約：甜是他們的「主題食」。

五

白天，他們泛舟、曬太陽、游泳，沿海邊撿貝殼。在咖啡色海灘上，一些彩貝曼美發光，如小小摺扇。他們最喜歡的，是一些半透明的紅色貝，桃花蛤、櫻蛤、紅蛤，色澤綺艷，花紋燦爛。他們都在南洋生活過，熱帶海濱有極綺麗的海菊貝、月貝、榧螺、丁蠣，這兒卻沒有。這裡，倒找到一些螺旋貝，顏色沒有熱帶的富麗，卻也鮮緻。除了貝殼，沙灘上還散綴少數海盤車，紫色，有人手形的五臂，是被巨浪衝上來的。他們一一拾了，帶回來。有時候，他們爬到岩岸礁石上，去找牡蠣與海膽，後者是紫色的，刺蝟樣多紫色刺，拔去刺，就像阿拉伯人的帽子，圓而可愛。他們一一拾起來，裝飾帳蓬。

出發尋海貝時，他們並不當它是一種海產物，卻當做一種神秘象徵。有時，她會故意笑著約定：

「蒂，今天你找到多少顆紅色櫻桃貝，我就給你多少櫻桃吻！」

他笑著道：「要是找到一萬顆呢？」

「就給你一萬個吻。」

結果，他只找到三個。這一天，她當眞只給他三個吻。他不依。她笑著道：

「當眞，蒂！這幾天你不吻夠了我？不厭倦嗎？人有假期，吻也有假期。今天，是我們紅唇假日。三個短吻正好是點綴，像大海飄三片白帆，帆如塡滿海，海就不美了。」

「你既拿白帆形容吻，三角帆是長的，你卻給我短吻，公平嗎？」

「三角帆近看長，遠觀短，人家遠看我們吻，雖長亦短。」

他笑著，依了她。從這點拘束，他感到甜。他抱她，眞不吻她，只是抱得緊些，在傻傻望她。

午夜十二點零一秒，她被他吻醒了。成幾十個吻和著笑灑向她。——他們沉醉了。

覓倦了貝殼，他們在沙灘上躺下來，看海，曬太陽。他有著印度人的棕色皮膚。他笑她：

「你這片白大理石胴體應該變成棕色雲母才好。在咖啡色海灘上，應該有一條咖啡色身子。」

「最野蠻的顏色是最原始樸素的顏色。」

「我們靈魂裡，有著太多的原始咖啡彩色了，讓肉體仍是一片白大理石吧。——這叫做文明擁抱野蠻。」她低首自顧。「這幾天游泳，曬太陽，我的肌膚全紅了，這以後，也要轉為淡咖啡色了，陪陪你，好讓你的色澤不寂寞。」

「假如你是文明擁抱野蠻，那麼我是野蠻擁抱文明囉！」他回到原話題。

「男人總該野蠻點，這才能刺激女人。要不，女人儘可以和女人談戀愛了。」

她咕咕笑。

他也笑起來。

「你看見後期印象派大師果根畫上的泰什蒂蠻女嗎？」

「算了！我們這些天的生活，你還覺『泰什蒂』得不夠嗎？我們不早已超過那個島的風格嗎？你還嫌我這個蠻女角色演得不徹底嗎？」

他笑起來：「我們的生活不只是後期印象派，簡直是野獸派，比馬蒂斯還馬蒂斯的野獸派。」

曬了一會太陽，通體熱了，他們就跳下海游泳。他們最愛在藍水裡追逐鰈魚、鯡魚，和香魚。他們更愛仰泳，躺在海面，讓一些小魚咬腳，那些咬勁，極像嬰兒咬母親乳頭。他笑著，在藍色海面上輕吟：「看藍天、躺大海、曬太陽、抱愛人、被魚咬，——這是生命五重奏。」

她聽了，笑了。

假如泛舟，他愛讓白色三角帆飄得遠遠的，到大海中間吻她。他說，這時候，她的紅嘴又柔軟、又豐滿，像一朵紅百合花的開展，混合陽光的暖味，天氣的熱味，和海水的鹹味。

它是藍色海面一朵紅百合。上面一溜藍天，下面一片藍海，中間一彎紅嘴，場景怪美！

「那麼，你是從藍天上飛下來，找這片紅嘴呢？還是從藍海底冒上來找它？」她躺在他懷裡，笑著問。

「我是不上不下，從中間地帶出來。你相信麼，我是從你紅嘴裡出來找紅嘴？這些日子，在帳蓬裡，千千萬萬片紅嘴把我纏昏了，我反而看不到它的眞形。現在，我逃出重圍，要在藍天藍海之間看看它的眞形。」停了停，笑著道：「在這樣藍天大海間，只要一個長吻就夠了。再多，就不美。因爲，這裡一切都是一元化，只有在帳蓬內，一切才多元化，對不對？」

她笑了，輕輕推開他。

他們抬起頭，從藍色海面觀賞T島。

在金色陽光燦耀下，T島不是島，像淺海底一片絕對婳艷的珊瑚世界，彩色的世界。淺海底，滿佈彩色珊瑚蟲的珊瑚，隨時會由黃變橙、又變紅，像放映五彩影片。同樣，在斑爛的金銅色日光下，T島的彩色，也隨日光的色彩而轉換，或淡，或深，或明，或暗。藍色的大海，棕色的海灘，綠色的樹叢，緋麗的山崗上，閃鑠一座座秀麗建築，北歐式的、日本式的，大多紅屋頂，鵝黃牆壁，絢爛如圖案畫。它們裝飾綠色T島，直像一片片熱帶五彩棢螺展覽，綺紋玲瓏，精緻瑰奇。海濱浴場上，矗著一座座木屋，紅色的、綠色的、黃色的。一些穿彩色游泳衣的少女，從彩色木屋內進進出出。這一片片女性色彩，有時輕掠可可色海灘，有時浮顯藍色大海面，有時消失於紅色木屋內，有時又從黃色木屋裡飛出來，有時又撲入遠遠綠色洋槐樹叢中，有時又停在青色草地，彷彿一些熱帶彩色大蝴蝶，翩飛熱帶彩色花朵間。

他們狂喝這一片片彩色，像喝各色酒。有好一會，他們就這樣欣賞島上彩色，血液裡充滿蝴蝶情緒。

他們帳蓬裡，堆著各種貝殼、花朵、水果、糖果、酒瓶與海膽、海盤車、野雉羽毛、淡水古甕、畫集，以及許多吻和抱的記憶。除了美與歡樂，他們再不談別的。他們不斷製造歡樂，也留下歡樂記號。一個深夜，她吻他的胸膛，在它中央印了一片紅色唇膏，他始終不洗，即使被海水衝去，他立刻要她重新印上。她頭髮裡雜他的一綹黑髮，她也絕不梳去。那個最歡樂的初夜，他們所穿的白色睡衣，常被掛在帳蓬壁上，作爲那一夜的記憶裝飾。有一片沙灘，它曾給過他們美的背景，他們帶回一掇沙，灑在枕邊。

他們活得原始極了。沒有一種原始幻想，他們不設法滿足。臨睡前，他們有意拚命幻想，預製今夜夢的輪廓。清晨，枕上臉偎臉，每人詳述昨夜的夢，看和預製的合不合拍。他們從花圃帶了幾片大芭蕉葉歸來，白天炎熱，他們就躺臥涼涼芭蕉綠葉上，打開一架小型留聲機，播出夏威夷島的吉他樂曲。他不忘記插一朵黃色玫瑰花在她髮際，想像他們是熱帶島上的土男土女。游泳回來，有時，她像一個東方女奴，跪在他身邊，用柔軟的乾毛巾替他渾身揩拭，揩完了，她會笑著用那條白色大毛巾包住他的頭，把他裝扮成一個非洲土男或印度貴族。

較幽靜的午後，她穿白色游泳衣，披長長黑髮，苗條的横呈綠色大芭蕉葉上，怔怔望著他。他跪在她旁邊，在一本精緻手冊上，用簡單詩行，記錄下這時她在他心裡所喚起的靈感。他睡著做夢且喃喃囈語時，她也會取出一張白色繪圖紙，用鉛筆素描下他的夢態。他午睡醒來，她不忘記把那剛剛吃過濃濃蜂蜜的滿滿嘴唇遞給他。有時，她嚼了一些玫瑰花瓣，連花瓣帶紅唇一起獻給他。她睡醒了呢，常常是一杯冰凍波蘿汁已送到嘴邊。她睡著了，有時，他會把各色各樣花朵灑在她身上、臉上、髮上，她白色游泳衣與白色胴體映襯一片彩色。假如她被這些花朵驚醒，他就獻一朵玫瑰花在她嘴邊，讓她呼吸，讓她吻。

爲了安排這種物質與靈一致的生活，好高度享受蜜月，不用說，旅舍那個青年侍者，對他們作出辛勤服役。他們給予他豐厚酬報。當他們不在時，他就看守帳篷。

這些日子，他們不只享受海，更多是享受他們自己。這個「自己」，本沒有高度幻彩，只由於海和月光的塗抹，這才有了光輝絢彩。他們的感官，先是沉浸於陽光、海水、與月光，然後，又從光與水中昇華，返回情感最純粹的型式，形成感官最自我的本能反射。

深夜。無比華艷的月夜。四處無一人時，她赤裸於月光下，凝立海邊，像一尊希臘雕像。他用那隻古式大甕汲滿海水，慢慢淋洗她。淋完了，他跪在她面前，以一種瓷器式的情感欣賞她，長久沉迷於一個深邃凝望裡。她的裸體羔羊樣溫柔開展，有著水晶玉的純淨。一片片海水在她身上透明閃光，混和著月光。

她輕輕抖顫，溫柔的道：

「用你的吻拭乾我。除了你的嘴唇，我再沒有拭淨織物。」

他站起來，用吻把她全身拭乾。

有時，他打開一瓶香檳酒，滿滿傾注她的裸體。跪下去，呼吸這白雲母石體積上的濃烈酒香，然後，熱吻她全身，啜乾那些混合她胴體味的酒液。他說，這是最酒性的酒——眞正的酒。

另外一個月夜，她最沉迷的那個夜。一場海水浴後，她像拜占庭神廟巫女，用膏油塗遍裸體，是一層薄薄的芳香奶油，塗完了，外面再加一層濃濃蜂蜜。他像一尊石膏女像，豐滿而純淨，佇立月光中，閉著眼，微笑著對他道：

「來吧！讓我的胴體給你一場眞正的野宴。」

他沉迷的半跪在她面前，從她的頭髮直吻到裸腳，把所有油膏與蜜汁都啜吮淨盡。

不錯，這是一次豐盛的野宴，但它只是另一場更豐滿的新野宴的開始。

夜裡，他歡喜把大量玫瑰花舖在帳篷內，讓她潔白的躺在大紅背景上。一些葡萄酒瓶打開了。小小空間滿溢玫瑰花香、葡萄酒香、與月光。他跪在她身邊，熱情的注視她，熱烈的道：

「今夜，我用玫瑰花做你的牀，葡萄酒做你的空氣，讓我再用一千個紅吻編一條猩紅氈子，蓋遍你鮮花身體。你應該睡在月光、葡萄酒香，玫瑰花與我的紅吻中。」

於是，他當眞用一片新紅蓋遍她的白。

假如是那些塗了酒液、乳香、與蜂蜜的夜晚，一次長久擁抱中，他會沉醉在這個胴體酒窟與蜂蜜巢裡，連夢也嘗著酒味和蜜味。一片精緻而原始的和諧瀰溢帳內。只有大海靜靜呼吸從他們夢中瀉出來的香氣與蜜味。

六

夜裡，有時，他們長久在海灘散步，到處月光。海灘亮亮亮亮，長長長長，沙上只有他們彎彎曲曲足印。深夜，少有人出來。所有月光是他們的。整個海是他們口袋內的財產，他們互挽腰，走在月光中。她穿一襲白色長袍，他著白色敞領襯衫，白色長褲。月光閃爍海面，天空形成彎曲的穹窿，似一柄巨大的青色圓傘。世界透明，海透明，沙灘透明，他們透明，愛情也透明。海風幽幽吹來，夾著海水熱氣。白天海吸收許多熱，夜裡彷彿慢慢放散著。海夜似乎是暖和的。他們並排漫步，沒有足履聲，長長影子映畫沙上。沙灘若無盡頭，只要他們願意，可以走到一個不能想像的遠方。也只有在這樣廣闊空間小步，身前身後毫無阻隔，人才有廣大感，以及眞正散步感；她髮邊插了一朵白色月季花，一路似飄散香氣；她倚住他，像攲住一棵高高棕櫚樹。他摟著她，像抱一大束帶葉的花簇，又像抱一個空靈體。現在，宇宙眞靜，他們走入這片靜。天地眞美，他們走進這片美，海不時起伏，巨大夜明犀似的白色胸脯抖顫著，表現出山地胴體的弧線和柔美，卻又罩了層月光刺繡，不管哪一秒，海絕不同樣深淺。這剎那又剎那的變化，他們不能看到，卻感到，因爲，他們自己情緒也正極微妙的不斷變幻起伏，剎那又剎那的。海浪是成群結隊的。印蒂過去獨自看海，總覺得它們很孤獨，一種群的孤獨，隊伍中的孤獨。今夜，他攬住她曼腰時，卻不這樣感覺了，群還是群，隊伍究竟是隊伍。月光中，海像一片琺瑯質體，完全漂白了，花花白白的。它又像一片破碎了的巨大透明石膏，塊塊片片，呈魚鱗狀，閃著銀色織繡。海眞大。人行走海邊，也大了，情感更大了。大的海加上大而白的月光，萬象都昇華了、漂白了，闊大了。他們是走在這座「偉大」旁邊，也走在「偉大」內層。他們的熱烈血液被海風吹靜了，周身滲透海涼。走著走著，不約而同的，頭偎在一起，髮聯在一起，又相互望望，微笑了。這一陣對望，含蘊無窮大的空間，它絕不是室內對看，或街上互視，一個「無限」背景伸展四周。他們像兩座星球上的生命，偶然，某一刹那，在一個神妙空間邂逅了、結合了。望著望著，他們覺得自己化爲一種無限的結晶、一種象徵。他們互相摟得更緊了。眼睛也越加光亮了。

長久散步後，他溫存的問她：「縈！你累不累？」

她搖搖頭。「你挽著我，我怪舒服的。我走得像坐船，毫不費力。」

他瞧瞧她，略略沉思道：

「我們散步多久了？」

「快兩個鐘頭了吧。」

「我們一直沒有說過話？」

「嗯。」

「華麗的靜默。這是停在一朵月季花蕊上的蝴蝶翅的靜默。」

「我們互挽著，我們的身體早在相互交談了。」

「身體？」

「嗯。」

「你和我在一起，我覺得身體每一個細胞都在和你不斷交談，從每一根頭髮、到每一線腳踵紋絡，我思想早和你沆瀣一氣了。」

他怔了怔，似乎想起許多事。他輕輕嘆息道：

「在這樣的深夜，這個世界，也有別人能像我們這樣幸福麼？」

「怕——很少。上帝的選民並不多。他們也未必有我們的靈性。」

海越來越亮。海水運動更溫柔了。一片片銀白色的光，彷彿不是從天降下，而是自海底而上。那雪白的光，像一片神秘大氣，由地球腹部吹旋上來，無窮的蒸騰與擴展。海本是一塊扁平的球皮，由於這片大氣的擴大，它才慢慢膨脹如皮球。這銀色大地不斷鼓脹、上昇，海也不斷膨脹、上昇，宛若千萬層交疊的花園，白色的、青色的，一圈湧上來，又消失；第二圈再湧上來，湧得更高，又消失；接著是第三圈，第四圈，——以至於無盡的圈。一圈一盤幻影，一盤奇形。海悄悄漫上去，似要與天空相平，把那輪白月也溶到海裡。一大片浮雲掠過，月光半掩，一派強陰影舖呈海面，無數的碎裂波影像散亂的枝葉，簇簇的欻動。海變成凸凸凹凹明明暗暗的雕花板，由無量數破碎的渦形所湊成。漸漸漸漸的，浮雲夢樣消失，月光又閃了，海面強陰影慢慢轉爲弱陰影，又徐徐褪去。海再度奇亮。在人視覺裡，它分外深刻凸出。

「瞧啊！海越來越亮了。夜也越來越亮了。我們坐下吧！我們坐著看海吧！」他首先坐下來：「來，坐在我膝上。」

她微微帶了點彆扭，笑著道：

「瞧，我是這樣一個高大女人，你卻老要我做小孩子。」

他不理她，輕輕把她拖到身邊，笑著道：

「一個高而美的女子，靠在男子懷裡，特別顯得莊嚴而美。」停了停。「你在我懷裡，像一棵透明而苗條的白色樹在我懷裡，我整個人都因你而亮而溫柔。」

她笑了笑，當眞坐在他膝上，頭貼住他的肩。她長長的身子，像菩提樹似的，在他胸前閃耀。

他們全神貫注，看夜海。

海眞華艷。他們望著望著，被這片華艷呑沒了。無限的皿形開擴著，到處顯出弧的力量、抛物線的神奇。從皿形與弧裡，叢叢光芒抖顫出來，刻劃許多銀凸和銀凹。海風吹過處，波浪輕輕掀起環形迴谷。遠處有流動線條，像岩石上的脈絡巨大化。海天交接處，似有銀色的瓔珞，雜一部份玳瑁色。天穹暗展圓青。月光流動在海水上，花花色色的、燦燦爛爛的。海的豪華感飽和到極度。沒有衝流，沒有「高潮間隙」，海面呈奇異的靜。從靜裡，海華麗一片片旋滴著，擴舞在他們眼底。這靜特別刺激他們的聽覺。穿過它，他們可以玩賞綜合海貌，彷彿聽見海棲動物正吸取海中石灰質製造貝殼，敏感到刺鬣魚接受淺海底的同化作用，而由紅紫色與褐色變成紅色。海眞是一派靈，一片感光板，它有高度的敏感，極神異的光色觸鬚。任一朵光一團色投下來，它立刻表現一種強烈感應。人眼睛追隨它，如追逐流星閃電，追不上。目前，一刻刻的，它更亮了，以全部情感顯示對月光的感應，放溢微妙的光輝。

「這樣的夜，假如我再少有一立方公分理性，我眞要瘋死了。每逢這樣的夜，我就毫無辦法。我的敵人要制服我，只要佈置一個這樣的夜就行。這時候，我的抵抗力最弱。你記得嗎？我們第一次在海上月夜相遇？——假如是白晝，我理也不會理你。可是——」

「在這樣的夜裡，一個最平凡人在海邊，也會帶點神性。」

沉默一會，她忽然活潑的笑著，喚著：

「啊！蒂！我們躺下來吧！讓我們躺在月光裡。這樣，天空、海水、月光、風颸，都化成一片，輕輕裹著我們。」

他不說什麼，卻鬆開雙手。

他們並排躺在海灘上，好久不開口。

面對夜天星斗，他終於喃喃：

「一個人躺在這樣地方，才覺得宇宙眞偉大。生命眞不可思議。」

「你應該加一句：男女（關係）眞偉大，眞不可思議。」

他笑了，頭靠緊她的頭。他們緊握著手。

「大家不許說話，讓我們直接在天空下睡一會。」她笑著說。

他們閉上眼。

不知道多少時候了，她輕叫道：

「啊，夜露落下來了。」看看腕錶：「啊，快十二點了。……夜這樣深。……。……我們眞是瘋子。」

「瞧啊！月亮正吻子午線。……它正對準我們的臉。」

「我們眞該在月光裡睡一夜。你贊不贊成？」

「我怕你身體招不住，會受寒。」

「回去拿一條氈子就行。」

「過去你有過露宿經驗嗎？」

「在南洋時，在熱帶夜裡，我最愛睡在月光下，身前身後堆著玫瑰花。」

「眞忘記了，我們應該去多買點花。我們的帳篷，需要更多的花。」

「那是明天的事，離現在還早得很哪！——我們現在是拿每一秒當時間單位，不折不扣的『度日如年』。」她婷婷站起來，一手拖起他，笑著道：「快回去拿氈子，就靠我們的帳篷睡。要不，萬一那個侍者不在，我們的『洞房』被人搬空了，都不知道哪！」

「搬空了，我們就這樣赤腳回去，沿途托缽，你挨門唱小曲，我敲板子，做吉卜賽人。」

他們大笑起來。

他們終於回到帳篷內。那位侍者向他們告別。

她笑著道：

「天知道，人家說什麼洞房花燭。我們這個鬼洞房，花既不多，燭也沒有。」

「你忘記了。是洞房花燭夜。『花』『燭』不多，那不要緊，只要『夜』長就行。——最主要的是夜嘛！」

「魔鬼，你又胡說了。」她笑著打了他肩膀一下。

「你剛才也說錯了：燭是有的。」他笑著補充兩句。

「白燭不算，要紅燭才行。」

「明天都給你買來。」

「得了。得了。你眞要爲我佈置一個洞房嗎？」她突然大聲笑起來。「這是一個沒有洞房花燭的結婚。一個海邊婚禮。我們的唯一的介紹人、證婚人、主婚人、全是海。」聲調更豐富活潑了。「哦，我想起了，昨天夜裡，月亮照了我們一夜，這是最好的花和燭。那時候，你其實不該點什麼燭的。」

她笑著，望望天空，調皮的看著她道。

「今夜，我們不會點什麼燭了。」

她嫵媚的笑起來，神秘的望著帳外月光。

七

海裸。海亮。一大片魔術般的海亮，從海灣直閃到天盡頭。月光像無數白鴿子，從天空飛下來，到處展現銀色華翅。邐邐灑灑的海灣，長頸鹿般長長延伸，半誘惑半邪味的。幾艘銀灰色艦舶，是一尊尊古代杯形龍，燁煒浮雕於月光中，身上不時衝起一條條閃電，一閃一閃的，是信號燈。三角白帆飄漾雪色海面，像幾片白綢子，掛懸穹空。臨海燈塔、燃燒著一朵紅火，是這無限蒼白宇宙中的一粒紅寶石，又孤獨，又倨傲。天海暗藍，沒有卷雲或積雲，到處是單一層雲，藍得像巴西藍寶石。銀河在亮。杜鵑座的星團熗熠著。英仙座的星團爍爍著。千千萬萬顆星團閃著太空的神秘。半島上，紅頂黃牆的建築彌撒在月光中。房舍附近，針葉松叢也彌撒在月光中。島市燈火輝煌，似一爿大寶石店的玻璃窗景，它在海亮那一邊，彷彿不是光，而是另一星球上的信號。今夜，海平靜得很，是絕對透明的光，無影的光。一片透明由一個海灣亮到一個海灣，從一個浪凸亮到一個浪凹，連一些高地丘岡與粗糙巖岸也是皎燦的，如鋪滿皚雪。天際線處，似矗著一片片銀牆，天與海都溶入牆內，隱隱繚繞著青青薄霧。這是一個最夏季的月夜，最月夜的月夜，一個七色孔雀尾編織的華夜。全宇宙也像孔雀般搖著喬艷的翅膀與尾，使每一個立方吋空間全飽和著彩色與光點。

他們在海灣內泛舟，有許久了。海風柔和。他們停下槳，掛起三角帆，讓船緩緩順海流飄。他們斜躺在白帆下。艙內鋪著猩紅毛氈。船上到處是花朵，最多的是玫瑰花與月季。幾隻葡萄酒瓶安置船舷邊，雜著幾種其他的酒與水果。一卷詩集睡在他們腳下。一本果根畫冊靠著木槳。兩盞玻璃杯兀立船板上，一盞還殘剩下半杯金色橘金酒。一口古甕內裝滿淡水。他們像剛從花之星球上下降的，全身溶於花瓣中。從花圃裡特別買來幾百朵紅色玫瑰花，他們用花瓣貼成兩襲紅衣。除了這花之衣，他們再不穿別的。月亮照在玫瑰花的紅色舞衣上，變成紅色的月光。

海風透涼的。他們緊靠著。他們划了好一會，有點倦，需要休息。他不斷注視她。在月光下、大海上；她象牙黑大眼睛和猩紅嘴，似乎特別明亮，彷彿海面突然湧起兩片黑流和紅流，電閃樣亮過她的面部。

「你累不累？」

「不。」

「冷不冷？」

「這片海涼怪舒服的。」

「那麼，在這樣純潔的月光下，我們該去掉那層不信賴的遮蓋了。讓我們眞正全部浸浴在月光裡吧！讓我們眞正回到亞當夏娃吧！」

他低下頭，開始用吻脫去她身上的花之舞衣。這是一頓無比豐盛的花之野宴。那花之衣原來是這樣編成的；先抹上一層乳油，再塗上厚厚的蜜味而帶黏液性的梨膏，然後再加上幾百朵花瓣。

當他從肩到腳，享受完這場花之野宴後，她同樣也開始享受他的。享受完了，他們縱情狂笑。

三十分鐘後，他們雙雙又斜躺船艙內，絕對浸浴於月光中。

這是亞當的聲音：「現在，月光與我們之間，連最後一瓣薄膜都沒有了。我們的唯一衣服是月光、海風、海色、天空投影。」

「不。」夏娃輕輕說。

「爲什麼？」

「你忘記了，我身上此刻還穿了你的吻。你也穿著我的。」

「哦，我眞忘記了。還有這一件衣服。來，來，把最後這一件解除吧！讓我用海水給你沖洗一下。」

「不，不，我歡喜這件衣服。」

「那麼多梨膏殘跡在你身上，你不覺怪黏的？」

「這樣也好。我不正好黏你？你也不正好黏我？我們不正好黏在一起？」

「哈哈哈哈！」

他們笑起來。

他笑著道：

「還有更黏的節目在後哪！這會兒，還是讓我先解除這最後的『吻之衫』吧！」

「那麼，不必舀水沖洗了，乾脆跳下海吧！」

「你不怕？」

「在你身邊，淹死也美。」

「我們現在離海岸相當遠了。」

「今夜海眞平靜。來，我們跳下去吧！」

「不，先收了帆，這樣，船走得慢一點。」

五分鐘後，他們跳下海，隨船首部游泳著，泅累了，就輕抓住船舷。

「海裡怪暖和的。」她大聲笑著說。

「當心，緊靠住船。」

「這樣的夜，淹死眞美。」

「這個世界，現在還捨不得捐棄我們這兩條寶貝生命哪！」

「蒂，我們緊摟著，一同沉入海底吧！你敢不敢？」她游到他身畔，一手勾住他的身子。

「不許你說瘋話。」

「我們眞該沉下去！沉下去！這樣沉，多美。」她迅捷吻著他的臉，接著是一個熱烈的擁抱。

他突然叫起來：

「啊！船離開我們四尺遠了，快游過去！」

一陣激烈拍水聲，水面似乎漫起一大堆鯨魚泡沫。波浪峻急的瀰漫開來。

不到一分鐘，他們終於又趕上船，抓住船舷。

他從船首部爬上去，又把她拉上來，不斷喘息。他氣咻咻的道：

「剛才眞險！只差一點！夜裡海流速度比較快，要是一兩分鐘追不上，可能就完蛋了。看著只有四五尺遠，就和四五千里一樣難征服。」

他從古甕內傾出些淡水，慢慢沖洗她，替她沖去身上的鹹液，接著，取過一條白色大毛巾，替她慢慢拭乾，然後，又拿起那條大紅毛氈，把她緊緊裹上，再用毛巾慢慢拭乾她濕濕頭髮。他倒了杯白蘭地給他。

「來，喝點酒，暖暖血液。」

她抬起頭，一口氣喝乾半杯，接著，高擎那片殘牘的白色，湊向他唇邊，笑著看他一飲而盡。

「拍通」一聲，她大笑著把杯子扔到海裡。

「你瘋了！」

她大笑道：「在海上喝酒的人，不許把杯子帶回去的。可惜這裡沒有大理石地，否則，每喝完一杯，我一定要把杯子砸在地上，聽聽那爆烈響聲。」

「今夜你眞瘋了。剛才你在這樣深的海裡抱吻我，眞危險。」

「讓我告訴你一個秘密，剛才我很想緊摟住你，不讓你動，和你一起沉下去。」她嫵媚的望著他，笑著說。

他定定凝視她好一會，慢慢的道：

「你可眞怕。你這不像在扮演鄧南遮的小說？」

「不，他所描寫的，是絕望的死。我們這個，卻是歡樂的死。」

「哦，不行！不行！你太可怕了！今夜，你簡直想謀殺我。」

「親愛的，別生氣了。瞧你渾身濕淋淋的，快拭乾了，到我氈子裡來。你這樣會著涼的。」

三分鐘後，他鑽進毛氈內，她怔怔盯著他，望著望著，她突然噗嗤一聲，大笑起來。她一隻手緊緊摟住他，笑著道：

「蒂，你眞以爲，我剛才要和你一同沉海麼？……那是說了玩的。……瞧你這副嚴肅樣子。你眞受了我騙了。……上帝知道，我此刻會不會捨得把你這條寶貝生命送入海底的。……沉沒了我們不要緊，沉沒了我們身上那一大堆還沒有出世的幸福，多殘忍！要沉，也得等幸福開完花！……哦！親愛的！親愛的！別生氣！讓我好好給你一個——甜，好不好？」

他望著她，漸漸漸漸的，笑了。

漸漸漸漸的，一幅奇異火景閃耀船上。

……………

這片狂狙畫景，在任何其他時辰，將會透骨的猙獰怕人，像創世紀挪亞黑暗大洪水，但此刻，它嬌艷得像一片紅熱的永恆。那成千成百的玫瑰花瓣，是在永恆裡飛舞，靜靜落下。任何巉巖削壁，都熔入這片紅熱中。所有黲黷混濁、全化爲一片火明。

鋼流輠旋。岩石碎裂。萬萬千千紅熱大魂蟒纏住他們。太陽在永恆星座上紅明熾燒。他們的情也在永恆星座上燁燁燔燒。

歡樂完了，她在他懷裡沉迷的喃喃：

「時間即使是永恆冰塊，現在也變成永恆玫瑰。」

「是的，我們必須把時間變成一片芳香、紅熱、沉甜與美。無量數的時間，應該就是無量數的詩與夢幻。」

他沉溺的囈語。他們又擁抱在一起。

大海靜著，月光亮著。時辰此時也在擁抱自己，吻自己。

他捧著她明亮的臉，熱烈的凝視著：

「現在，在月光與海光中，你臉上有不朽的燃燒。我看見一個五光十色的宇宙走到你臉上，深紅裡。」

「海在光亮中凝望我。你也在凝望我。」她幻醉的喃喃。

「這麼多慾望，像孔雀尾巴招展在我身上，在我眼睛裡，你不怕？」

「最高度的慾望，是最高度的勇敢，最強烈的不斷前進。怕慾望，就是怕生命擴大，膨脹，和更新更多的變。」

她沉迷於月光中、他慾望化身的眼睛火珠裡。楞楞了一會，她突然閉上眼，透明得像雲母一樣，迷戀的道：

「肉是最高的幻美的果實，正像菓子是花的最好結晶。單看花，不嚐菓實，不完整。從視覺幻美的欣賞，到味覺的菓肉，是花菓的完整美學。必須有花也有菓，有靈也有肉，否則，生命只是一場殘疾。空靈和肉感的最高和諧，也正是美的最高和諧。啊！親！吻我的胸膛吧！再吻我一次吧！」

他低下頭，沉沒於一片裸白雪景。

再抬起頭時，一種強烈的光輝閃灼他臉上，混合一片片花紅的眩暈。他忘情的恍惚的道：

「宇宙間最美的形象，莫過人體。一個少女的身體，以無比的線條描畫最高的和諧、最高的聖潔。這裡，一切是奇蹟的、新鮮的，坦白得像天空雲彩。正因爲它是坦白的，一個少女胴體才是一切宗教中心的核心宗教。要從這裡捕捉至善至美，必須經過鬥爭，而鬥爭的終點必然是一片和諧。你見過美麗的哈爾茲山的胴體畫片麼？它是大自然最美的裸體，但也正是一片擴大了的少女胴體，絕對的溫柔、空靈，每一條弧線與每一個圓面，都象徵一種不可捉摸的神秘、美艷。一片飽滿的少女胸膛的美，只有大海的圓運動能比。但海的圓運動是動，這卻是一個以靜止爲形式的圓運動，一種比花朵更花朵的花朵。這些美麗的線條、只有在充滿嵐色的雨後青色山脈上，才能偶然發現。人所以感覺它比山和海的弧線更美，主因是：這是由純粹官能昇華的美感，由肉化成一片靈空，而大自然的弧線只是從空靈到空靈。後者比前者更純，前者比後者更深刻。人究是人，他只要最最深刻的，最最撼動他的。」停了停，他的頭又沉沒在她懷裡，溺迷的喃喃道：「啊！縈，在你這裡，有著曼陀羅式的鑾艷，艷而靜。我從沒有這麼想沉默過。啊！你的美圓全了我，也美麗了我。」

「答應我，長長長長的沉在我身上，長長長長的。」她的頭低下來，用臉撫摸他的頭髮。

「在萬象印跡中，最美的是吻的印跡。這彎彎一小片紅色印跡，是宇宙無量數印跡中最淡的，也是最深的。在永恆時間歷程中，這片吻跡比任何火跡還堅固、不朽！啊，蒂，在永恆時間橋上，也有人像我們這樣吻過麼？也有人像我們一樣，把這片深沉肉感看做永恆空靈和聖潔麼？」

「親親，不要問我了。我的一切聲音都變成你的聲音了。」

她突然緊緊勾住他的脖子，誠懇而迷惑的問：

「啊，蒂！你究竟愛我多久？」

「這個時辰，為什麼還問這個？」

「我渴想問。」

「比永恆更久。」

「眞？」

「眞。」

她微微抖顫而醒醉的道：

「啊！蒂！我常有一種恐懼，最歡樂時的恐懼：怕過度歡樂不但不會拉近你，反會驅走你。啊！蒂，我從沒有像今夜這樣迷你。大海滲透我。你混在大海裡滲透我。現在，我才眞懂得生命，生命的深度高度。我現在才懂得，生命的惟一報酬，就是感覺。動物只要有感覺、能感覺、敢感覺，這就是生命的最高報酬了。有感覺，才有感覺的轉換，以及新感覺。我們所要求於生命的，僅僅是感覺，就夠了。這裡，一切都有了。啊！蒂，有時我眞恨你！恨你！

因爲你教我享受一種最迷人的工具，也是最可怕的工具；感覺。多少年來，我尋找生命的最高音符，最後音符，終於找到了，它就是高度敏銳的感覺。它是這樣一座複雜的迷宮，人必須經過千百個轉折，最後才能到達它的核心迷窟。這個迷窟，今夜，伴隨大海、月光、和你的擁抱，它出現在我面前了。啊，蒂！我從沒有由肉體接觸中感到這麼豐富的意義，這麼多的光輝。全世界似乎只是一片黑暗冰山，只有我們的擁抱才是眞光眞火。」

「縈！你太激動了。安靜點。靜靜躺在我懷裡。」

「你知道嗎？這個夜不叫夜，它叫激動。這個天空不叫天空，它叫激動。這個海浪不叫海浪，它叫激動。我現在似乎沉到眞正海底，有被大海淹死的感覺。——這是一個最幸福最沉醉的淹死。」

他沉思了一下，有點昏眩的道：

「你的話使我想起一篇小說的好材料。」

「什麼故事？」

「一個中年人，歷盡人生滄桑，卻從未眞正愛過。他在海上旅行。從一個港口，上來一個白衣女尼，年青、美麗、熱情，畢生關在一座修道院，從未與男子接觸過。他們奇蹟式的相愛了，在海上度過七個銷魂的白天和黑夜，有陽光、月光、閃電、與暴風雨輪流做他們的背景。船到達另一個海港時，女尼下去了。男的在船甲板上坐了一夜。天快亮時，他跳入海底。」

「爲什麼？」

「因爲他自覺已咀嚼了生命的最高精華。再活下去，一切都是糟粕。」他微微沉思著，「他死得很平靜，一點悲傷和激動也沒有。因爲，他已獲得生命中最高的、最後的、與最精彩的。一生中，一個人只要有這樣一次獲得，他就可以輕輕把餘生扔到垃圾堆裡。這裡面，毫沒有羅曼蒂克的感傷意味。」

她喃喃道：「這種死不是死，是一種創造。不過，這個男主角對生命太會打算盤了，胃口也太精緻了，容易使人誤會太波特爾型或太世紀末了。假如我是那個女尼，我既不跳海，也不回修道院，卻從此把自己關在一個深山古屋，不再看第二個男子，拿我所有餘生，來回憶那七個海日海夜，直到最後一天。」

「不，這裡面一點『世紀末』也沒有，他死得很平靜、很滿足。生命把他帶到大地上，他找尋著，終於獲得生命最高及最核心的部份，然後再把其餘部分扔掉，這一切，只是一種自然主義。記著，人只要得到最高和最核心的部分，他永遠再不會悲哀了。」

她怔怔望著他，好一會兒，有點痴痴的道：

「啊，蒂！你不怕最高最後的歡樂麼？『最後』是一個可怕的字。不許再說了。應該說『最初』。永遠是最初。」

「可是，『最後』這兩個字是這樣誘惑我啊！」

「不許說『最後』了。來！抬起頭，數天空星斗吧！這些星星有多少萬萬年了，它們不永遠是最初最新的嗎？」

「你是說大自然。大自然是偉大的。可是，人——」

「啊，蒂！你的唇瓣爲什麼在抖顫？……啊！蒂！吻我！……不，不是我的嘴！……瞧！月亮突然奇亮了。靠我心靈邊上的這條弧線在月光裡閃耀，哦，不，不是閃耀，它是在笑，快用吻捉住這個笑，要不，它立刻逝去了。啊！這片月明是那樣突然——」

月亮更亮了。特別強烈的光亮，有一種奇異深沉的靜的魔力。這靜隨光滲透海面。海面有聲，也似無聲。一些顏色美麗的魚、偶然游過海面，像一些彩色夢幻從海底飄上來。鮭魚是華麗的。香魚是活潑的。秋刀魚是跳躍的。一些龍落子纏著硅藻和鞭藻。海面閃亮著發光細菌，似顫震著無數透明鱗翅及鞘翅。粼粼浪毯，流不到天涯。一切嬝燦旖旎。海似是個瓷器，供在「永恆」窗前。一片月華照明它。一陣陣月痕深，月浪殘。月內月外一片空明。一派馥芳似由月中瀰溢。岸上的一切，彷彿都變成水邊暹羅大理石王宮，縹縹緲緲於琥珀色晶光中，牽纏了一半條淡淡青色霧帶。海面一些凹雕凸雕、全帶佛像味，一闋大佛曲似要從海底昇上來。夜是一支銀色牧笛，吹奏明淨的音色。一隻白色海鷗從這片音色中美麗的掠過了。

八

三角帆仍掠海面飄駛，他們仍斜臥白帆下，躺在大紅毛氈裡，月光和大海的擁抱中。

「起來吧！我們划划船吧！向海岸邊划去。」他喃喃。

「不，就這樣躺著，很好。讓船把我們帶到它所要帶的地方！」她喃喃。

「你以爲今夜我們還能很快回去嗎？剛才這一陣順風飄，早把我們飄到離帳篷方向六七里外了。起碼要慢划一小時，才能回到岸邊。」

「他凝視大海。那也好，我們乾脆順流而下，下去幾十里，在船上過一夜，明早再回來。」

「那怎麼行？我們又不熟悉海性，海路，在船上過夜，誰知道有沒有風險。今夜我們眞算把自己獻給海了。」

「別抱怨了，喝酒吧！」

她又打開一瓶葡萄酒，注滿兩杯。

一陣輕脆碰杯聲。

喝完一杯酒，他從腳邊拿起那冊雪萊詩集。

「要不要唸點詩。」

「夠了。從船四周湧出來的詩句太多了，那些波浪不是最好的詩句？」

「那麼，我們在月光下，看看果根的泰什蒂島畫景吧！」他拿起那冊畫。

她搖頭。「不了！」略有所思。「說不出爲什麼，今夜我突然討厭這種東西。我們不該把這本畫帶來的。」

她從大紅毛氈裡坐起來，拿起身邊那本畫冊，突然扔到海裡。

「你瘋了！」他伸出手，要去阻攔，已來不及了。

她微微氣憤的道：

「今夜，我突然討厭果根，因爲我了悟一個眞理：他所畫的是非理性的原始的原始，而我們現在所生活的，卻是經過最高理智沖洗後的原始。」她喃喃自語：

「我覺得，今夜我們所享受的歡樂，絕不是純情感衝動，而是最高理想的結晶。」

他輕輕推她一下，微笑道：

「不要太哲學了。縈，你聞聞，空氣裡有胸膛的氣味。」

她微笑：「不，這是歡樂的氣味。」

他沉迷的喃喃：

「是的，歡樂的氣味。這些波浪都是歡樂的化身。啊，滿船的歡樂。滿海的歡樂。」

她伸出手，拿起槳，大聲喚著道：

「來，讓我們再划船吧！讓一陣激烈運動、再叫我們血液活潑起來。」

他也拿起槳。

「對，我們設法把船划得靠岸近一點。船幾乎快出海灣了。」

他們又開始划船，舞著兩片銀槳。一片片銀色泡沫濺出來，宛如一片片鯊魚噴沫。划了一會，船已貼岸了，開始低低耳語：

「你還記得，南海上我們那七個海夜嗎？今夜，我們的感情終算找到最後的『放射形式』了。」

「但還不夠風暴。」她暗色大眼睛閃著光亮。

「和平比風暴好。你的胴體與紅唇，只有和平時，我才能深味它們、咀味它們。風暴太兇，人的感覺有點麻痺了。」

「麻痺也無妨。人應該更風暴的。等一下，你瞧吧！我可能會給你更風暴的。」她火簇簇的凝望他，臉色充滿沉思。

「不要談風暴了。……瞧，月亮開始月暈了。……單一的雲層有變化了。……天空投影複雜了。……海色有點變了。……海味也有點變了。……謝謝這仲夏夜風，它對我們仍是這樣溫柔。」

「蒂，給我一杯葡萄酒。」

酒杯又碰響起來。

這杯酒才喝完，海似乎變了，宇宙也變了。

海眩暈了。海在旋轉。暈色月明傾斜分散於海面，到處漂浮深色入射光線。海面的斑光澤、微光質、金屬光質，以溶成一片淡霧。單色的海面打破了。浪凹深處淺處氤氳起什麼。絹織繡屏的天空也有了胚結、閉褶、和額突。海際線的一些乳腺割斷了，一些坡面軸迸裂著。波漣上無數透明細胞透明帶似也分裂著。幾片暗雲黑玻晶樣掠過，藍孔雀石的雲海被橫斷了。偶然一道金色電光從天空掠過，閃得快極了，剎那間，滿天發出奇蹟色的紅光。一些電燐光從遠處閃起來，蒼白而冷蜮。幾隻白色海鷗在翔舞，展開白翼如瓣瓣蓮花。海螢與螢水蚤亮著。長長海灣越來越像古代梁龍的長頸長尾了。船在海灣岸邊飄，是漂在一個妖嬈擁抱裡。這是一個豪華的仲夏夜，一個巴比倫夜，一汪沉醉了的海，一天昏眩的月光，海的白花花赤體抖動著，搖顫著。天的圓傘也在抖動、舞擺。一切異樣不安。海似乎要像大鯨魚樣、張開銀色大嘴，一口把他們吞沒。

這個海夜兇極了，要湧上來，隨海湧上來，隨月漫出來，一下子把他們淹死。夜曾是這樣輝煌，海曾是這樣斋艷，月光曾是這樣夢幻，他們無法看、無法說、無法聽、無法抱、無法吻。時辰太美。生命太美。任何一個音符、一個嘆息、一投足、一牽手、一舉手，都會驚駭了時辰與生命。他們只有痴痴對望，視線畫戟樣深透對方心靈海底。她埃及碧玉般的眸子在抖震、爍幌。他印度赭石般的眸子在顫慄、悸怖。四隻眸子膨脹著、膨脹著，脹成四顆雄麗火珠，以原始地殼樣飛旋、翱舞。望著望著，他們突然怕起來。這兩副眼睛好像是一種相互謀殺。一切好奇啊！好深啊！好沉啊！他們全部玻晶化了，可以互見胴體內的髓褶髓襞，互聽任何一角聽膜的顫動，一個聽點聽胞的微震。海流動，夜流動，熱情流動，美麗在流動。海旺熱得像一片五月榴火，燃燒起來了。眩暈的天，也在燃燒了。最深的美、也在自體燃燒了。他瞅見她的情熱在發光放亮。她看見他的情感光輪般輮旋。他們是大地上偉大的同斜褶曲，一片紛歧錯雜漾現出天然的和諧。他們必須望，必須靜。他們望著、靜著，彷彿是永恆的化身。啊！靜的眼睛再不夠了。靜的血液再不夠了。靜的光影再不夠了。海是這樣兇。月光是這樣兇。空間是這樣兇。他們必須動。必須溶合。必須擁抱。這不是他擁抱她，是永恆擁抱永恆。是不死的愛擁抱不死的愛。他膠住她。她漆住他。哈爾茲山的美麗胴體終於變成羅丹那幅不朽雕刻：「亞當與夏娃」。他們像赤道的海流，熱騰騰勃湧著，像非洲原始莽叢，原始的夢囈著。啊！那暈色晶的眸子！紅風信子石的眸子！紅晶蠟石的猩唇！這一切維蘇威熔岩樣噴射著、輅旋著。他們最深處的核構在天旋地轉，他們最性靈的性靈在翱翔翩舞。他們是一個畸形孿生體，業已相互嵌入生長，互結生長。她蔓進他裡面，他菀結她。他們此刻不只用眼看，也用皮膚看。無量數皮膚毛孔是無量數眼睛，千千萬萬眼睛在互視、互親、互接、互觸。一大片白色體和一大片褐色體，早溶成六月天大樹膠汁。無限的膠汁。無限的酣醉。如瘋如狂的膠汁懵醉中，他們的頭臉似新疆聖赫勒壁畫上的菩薩頭，無比巨大，無匹超脫，無限光輝神聖而美。那兩撇紅唇邊的抖顫的表情，是無量數的火花，比一座花園還豐富、燦爛。大海已重新組織他們。月光已重新形成他們。夜已叫他們「新性再生」。所有生物性都解體了。他們化爲一片月明，一片海明，一片夜明。啊！臉！偉大的臉！聖赫勒石窟的臉！月明海明中的臉！他們整個人不再是人，而是兩張臉。手足胸膛全消失了。只剩下那兩張最能表現情緒的臉。它們亮著、亮著，漸漸的，整個臉沒有了，只乘下眼睛和紅唇。又漸漸的，紅唇沒有了，只剩下四隻眼睛，像四枝火柱，屹立於透明光中。又漸漸漸漸的，眼睛終於也沒有了，只剩下大海的激盪，月光的洶湧，空間的永恆光閃。一切只是一片光明。船、帆、與他們，都是一片夢亮，幻覺的漂浮在海上。不，他們不在海上了。他們活在黃道上，參加那永恆星球的追逐戲了。他們正追逐金星、火星、水星、木星、……

一些火花光片從星球群中散出來！

「啊！蒂！我的歡！我的樂！我的醉！我的沉！我的我！給我啊！給我啊！給我更多更多的！給我更更的『我』！我要更多更多的！啊！我必須要更多更多的！更多更多的！」

「啊！蒂！我的星球。我的宇宙。今夜，在月亮光裡，你的臉是這樣明亮。這樣華麗。它照亮我全部的愛，全部的溫情。我不知道怎樣給你才好。啊！我的親！我的蘇丹！我的美！我的最美的美。向我拿吧！拿吧！你要多少拿多少吧！啊！拿吧！拿吧！拿吧！

「啊！蒂！在這樣無比的美景，不要再思想吧！任何思想都是侮辱。今夜，我們應該回到人類歷史以前，歸返三觭龍翼手龍時代，只該感覺、深沉的感覺，深沉的、深沉的、深深深深的。

「啊！蒂！你是我赤道的赤道！你是古代摩利斯湖裡的埃及迷宮！你是我永不敢認識的火！由於你，我才懂得感覺。現在，每分、每秒，你教我感覺。你教給我人生中最最深沉的、最最永恆的。你把永生的鐘聲敲入我靈魂最深處。由於你，我才獲得最高的感情秩序，最華美的感情旋律。啊！蒂！敲吧！敲更深更沉更永生的鐘吧！讓我在這無限震顫音符中裂成永生碎片。

「啊！蒂！享受我吧！魔鬼吧！世紀末吧！對我『魔鬼』吧！乘我還有鯨魚樣的豐滿肉體時，享受我吧！乘我還有番石榴似的胸膛時，醒醉吧！乘我還有瑪瑙紅唇時，吮吸吧！乘我還有瓷器樣的臉孔時，親我吧！乘我還有一片鮮紅如朝霞的心靈時，歡樂吧！眞理不是明天，不是後天，也不是昨天，眞理就是今天、今夜，是這一點、這一刻、這一分，不，眞理就是這一秒。這一刹那。啊！刹那！蒂！我的歡！我的愛！快捕捉這刹那眞理。

「啊！蒂！你熱壞我了！你的擁抱熱壞我了！你的心跳跳壞我了，一整個世界埋著的古老沉醉現在都醒來了。無量數的歡樂包圍我、咬我、嚙我，妖媚的咬嚙。愛情只是個殘影，歡樂才是它的眞形。吻我吧！在你的吻裡，有明媚的拉丁氣候，南地中海的氣候。你就是我的拉丁氣候，以無量數的幻美來沖洗我吧！沉浸我、改造我！啊！蒂！我的蘇丹，我的野蠻！我的美麗！你像天鵝座大星雲，在我靈魂空間深處永遠旋轉，放光！旋轉吧！放光吧！我的星座！我願被你旋碎成千千萬萬碎片，這千千萬萬碎片，又化爲千千萬萬片血，噴灑在永恆星雲空間。啊！在我生命裡，高峯終於出現了。這是我最後的高峯。啊！蒂！你是我最後的高峯，最終的軌道。最末的洞窟。我要永永藏在你的深處、黑暗處，像一隻最野蠻的野獸。啊！蒂！抱我吧！抱我吧！此刻我完完全全走進你裡面了。我像你的血，游泳於你的血裡，運行於你的思想中，脈搏裡，我再沒有我了。啊！最後的額非爾高峯終於出現了。現在，我們是世界上最對的人了！最最最最對的人了！」

火花仍在飛濺。光片仍在翔舞。星球間的生命仍在旋轉。無窮的轂旋中，終於閃出最後的火花、最亮的光片、最高的愛、夢幻、希望、花朵、不朽。

「啊！蒂！今夜，在你懷裡，我透明到極度。我自覺不是個活物，而是千千萬萬片蟬薄鞘翅——一個水晶琉璃眞空飾物。你同樣也是水晶的、琉璃的、眞空的。這大海和月光使我們空化了。全宇宙是一大片空靈赤體。啊！蒂！你的眼睛爲什麼這樣妖祟？又這樣剔空菩提樹葉似的？我願永遠這樣匍在你懷裡，看你的眼睛。聽你的胸膛。呼吸你的呼吸！咀嚼你的咀嚼。造化爲什麼不駢生我們，讓我們只有同一副感覺層、感覺板？啊！蒂！不要再看我啊！我眞不能忍受你的注視。你的眼不是眼，是大海最深浪凹的深處，波漩極了。洶湧極了。它們一陣陣向我旋過來、湧過來！它們鯊魚樣要咬我、吞我！啊！閉上眼！閉上眼，快閉上眼！讓我看看你閉上的眼，你睡著的臉。你的睡臉是印度聖畫上的赭彩。凝靜而蠻艷。我願看月光怎樣釉飾你的赭臉，大海光輝怎樣描暈你的赭臉，海底的音流怎樣昇上來，膏沐你的赭臉，爲你的睡顏伴奏。啊！蒂！今夜這個世界，有沒有第三個人像我們這樣活？全人類有史以來，有沒有過我們的今夜？這不是今夜！這是無量數大歡樂，像一隊隊千帶魚群，一尾銜著一尾；又似一座座古代王國，龜茲、庫車、焉耆，一個夜晚，從埋著的荒漠風沙底下噴出來，迸出歡樂的火花，連帶它們的豪華、輝煌、和青春。這不是歡樂。這是宇宙歡樂的最高象徵。造化創造我們，是叫我們做人類象徵的。我再不敢摸你、碰你、觸你、吻你。你的情緒是這樣紅，這樣濃！這樣強。它像千萬朵大紅罌粟花樣開在大海上、我的胸膛邊。我現在就枕著你的情緒、抱著它、匍在它上面、睡在它裡面。透過你的肧層，我看見你無數個情慾輪迴在心頭飛旋，像地球才形成時的那些海蝕輪迴、河蝕輪迴、喀爾斯特輪迴。你的熱勢一陣陣衝我、捲我，紅光艷艷，火花燐燐，你全部內層火燄在噴，在灑。在這陣大噴射中，你像一隻褐色河馬，又大、又赤、又原始、又迷人！啊！蒂！閉上眼！快熄滅你靈魂的大火！快讓你的河馬眼睛沉入黑暗中！你閉上眼，越過肧膜肧素肧層肧結，穿出黑暗，再透視我、想像我。啊！這個花蛇般抖顫的海夜。自有地球以來，有沒有第二個？上帝自己有沒有享受過這個夜？他能不能懂得它？他是否看得見這個萬能的夜？啊！蒂！從今夜起，你將永生在我血裡，像海奴生在我血裡！你那海凹樣深邃的眼膛中，旋轉著永恆的眸子，將永遠照亮我的血、我的肉、我的歡、我的醉！瘋狂吧！瘋狂吧！生命是應該瘋狂的！愛情是應該瘋狂的！歡樂是應該瘋狂的！只有在大瘋狂中，才能被大拯救！大錘鍊！大海在我們四面舞蹈。月光在四周燃燒。這個世界再沒有第三個生物了。整個宇宙只剩下六樣存在：藍天、月光、星光、大海、你和我。這是一幅人類永生迷景。星斗藍色牽牛花樣落下來，繽紛瑰麗，裝飾我們的擁抱。藍天蔭庇我們的擁抱。月光照明它。魚群呼吸它。大海擁抱我們的擁抱。啊！蒂！讓船沉下去吧！讓我們沉入海底吧！讓我們的瘋狂化成一片海底永恆吧！啊！月光來了！星光來了！大海來了！天空來了！夏風來了！鯊魚來了！石首來了！電魚來了！珊瑚來了！燐光來了！海螢來了！海鷗來了！信天翁來了！牠們都衝到我們身內了！都衝到我們擁抱裡了！都衝到我們吻裡了！啊！可怕！可怕！可怕！可怕！可怕！美麗！美麗！美麗！美麗！美麗！美麗！美麗！美麗！……」

第十章

一

印蒂到了唐鏡青寓所，走上樓，悄悄站在琴室外面，聽見一陣琴聲。他立刻發覺，又是柴可夫斯基的「寂寞的夜」。這支曲子，他過去聽過好些次，卻從沒有今天這樣動人。自從海邊歸來後，不知何故，他自己四周、彷彿開始被它的情調所渲染，一片寒帶哀涼似滲透他的感覺層。單純的音響皮殼上，有無數複雜變態。一串串微妙的游走泡子在旋裂、輻轉，閃射磁力。一個音節又一個音節，像從浪凹深處漩湧出來，硬滑石式的敲擊聽者感覺板，及內核情緒的極深一環。黃昏替這些黑色音符油暈了濃厚綿延感。他被這片斯拉夫情調迷住了。他簡直摸不清，是聆聽樂曲，還是傾聽另一個遼遠的「永恆聲音」。這片音籟，今天下午，他就一直被它包圍。他癡癡站著、聽著，琴聲屍殮布樣悲涼的飄著。偶然間，他回憶一年前。那時候，他第一次聽這支曲子，已被它的淒涼旋律所滲透，但當時只能捕捉哀愁四周的花環花飾，始終在邊沿徘徊。今天，他似第一次衝過花環花飾，直入內層，抓住它的主要深度、晶質、和閃光澤。那彷彿是個奇蹟：此刻他的音樂聽覺奇異的靈感起來。從單色的音節中，聽出從未聽出的許多許多複雜變物。這個皮殼假相式的人間，由於這片憂鬱河流的汩汩聲，第一次現得脆薄了、屈折了。

不知何時起，琴聲中斷。他抬起頭，通過房門斜開處，他看見一張奇異的臉，一張哀涼而蒼白的臉。臉兩側眼凹處，綴著兩顆大眼淚。「寂寞的夜」的演奏者放下琴，孤魂式的慢游走到窗邊，凝視投映著夕陽紅的湖水。

印蒂楞住了。他從未看見唐鏡青有這樣一副臉色。

他悄悄走進去時，唐吃了一驚。愕然苦笑道：

「哦！是你！什麼時候回來的？聽說你回南京了，瞿小姐和你同去的？」

「我回來好幾天了。」印蒂心不在焉的答，接著，帶著關切的態度，微微尖銳的道：「鏡青，我看你今天神色很嚴重的樣子，發生什麼事嗎？」

「沒有什麼。……無聊。在奏琴。……」用手指輕輕撥著琴弦，岔開話題，苦笑道：「聽說你要和瞿小姐結婚了。什麼時候請我們喝喜酒？」

「沒有的事。你從哪裡得來的同盟社消息？」印蒂微微苦笑問。

「不要瞞我了，老朋友。誰都這樣說。」停了停，漸漸恢復平靜道：「瞿小姐眞可說是十全十美。在這個可怕的世界上，上帝還能栽培出這樣一朵名貴而可愛的花，眞不容易。你可算是上帝的選民了。」沉思一下，微微笑道：「我很羡慕你，特別是你目前的情緒。」

印蒂踱往窗前，望著湖水，黃昏正把最末的夕輝拋灑到湖面，水紅而暈眩，彷彿燃燒最後的火。印蒂凝視水上落紅，半晌沒有開口，最後，才輕輕道：

「事情似乎沒有這樣簡單。」

「你們的事，還有什麼問題嗎？你們是至親，她母親又成天誇你，哪裡還有什麼問題？」聲音轉爲低沉。「正因爲你是隻幸運之舟，一帆風順，無濤無浪，順流而下，我才這樣羨慕你，甚至嫉妒你。」

印蒂揚起頭，微微笑道：「難道你眞以爲我是上帝選民麼？假如水上眞有你描畫的這樣幸運之舟，陸上早用黃金舖路了，這個世界也早成爲蜜蜂巢了。……你忘記了，在生活裡，總有些意料不到的事——或者精神狀態，在等著我們。」轉開話題。「鏡青，你不要故意用這些話做擋箭牌來搪塞，剛才你究竟在想些什麼？」

「我什麼也不想，只想拉琴。」唐轉過頭，瞅著湖水面的青山投影在夕紅中。

「『什麼也不想』？」印蒂看著唐，慢慢的，深沉的道：「可是——剛才我看見你的——眼淚！」

「哦！『眼淚。』」唐微微垂下頭，視線由遠處山影轉向湖心一隻白色孤舟。「我拉琴時，有時會流淚的。奇怪的很，天地間好像就有這麼多眼淚，只要你隨便一仰臉，他們便湊上來了！……哦，我們不談這些了。」

從窗口返回茶几邊，唐從景泰藍磁瓶內，取出一串紅色秋海棠，對它們渦形的單花看了一下，踱到窗口，輕輕把它投入湖中。他似乎喃喃自語：

「這束花快殘了。開得是時候了。讓它漂在水上，比插在瓶中好。」

「你爲什麼一起拋下去？裡面有幾朵還很新鮮哪！」印蒂微微惋惜道。

「新鮮的夾在殘花裡，也顯得殘了。新鮮的不也終要殘麼？」

他對水上花紅凝望一會。夕陽紅在漸漸淡下去。

停了停，他低低問道：

「印蒂，我問你一個問題。你是不是以爲：有時候，一個人必須放棄什麼？」

「你這個問話什麼意思？」

「我是問：人這個動物，是不是必須常常放棄些什麼？而少得到什麼？」

「這個，我不能回答。我以爲，眞正的放棄，也就是一種獲得。」

唐看著湖水面漂浮的秋海棠，以及越來越淡的夕陽紅，漸漸的，一片神秘憂鬱瀰漫他臉上。他退轉來，在室內往返徘徊，沉重腳步聲似乎給他一份安慰。來回踱了幾次，最後，又在窗邊站定，做夢似地望著天空和湖水，低低的、緩緩的道：

「天地是這樣寂寞。一支柴可夫斯基的『寂寞的夜』，實在還表現不了。什麼時候，人才眞能藉具體物象雕造出這種寂寞呢？你看見麼：夕陽光漸漸淡下去，山影漸漸深了，暗色漸漸深了，湖水漸漸朦朧了，……」喃喃輕語著：「是的，天地間有一種大寂寞，它們此刻正在響，你聽得見麼？……每一個黃昏，當太陽落下去，山與湖水朦朧時，我總聽見它。……瞧，連天邊最末殘紅也漸漸褪完了，淡完了。聽！」

印蒂不開口，怔怔矚視山影中的朦朧紅光，似乎要捕捉它最末的顏色。它像黑夜隱隱遠火，特別顯得殘酷。

「最後的太陽、最後的花朵，……。天地間總充滿這麼多『最後的』。人也就偏愛在這些『最後的』上面架橋，而終於被淹死。」唐鏡青低低喃喃。

印蒂突然回轉臉，深沉的盯著唐，微微嚴正道：

「鏡青，你今天似乎有點不大對勁。發生什麼事麼？你能不能告訴我？今晚我似乎有一個預感，預感你要發生什麼事。今晚你對哀愁彷彿特別敏感。」

唐並不正面回答，只輕輕道：

「每一個黃昏，哀愁總從湖面上飄出來，無所謂敏感不敏感，我只敏感到一樣事，人必須放棄什麼。嗯！放棄什麼。」他又沉重的重複一遍：「是的，人必須放棄什麼。這是一個命定。一個基則。生命裡本沒有不能放棄的。」

「哦，鏡青，你一定發生什麼事了。告訴我。你和景小姐怎麼了？」

「沒有什麼。……人與人之間，本沒有什麼。……在這個宇宙間，也根本沒有什麼。」他沉思著。「如果眞有什麼，遲早你會知道的。現在，請原諒我，我不想多談這個題目了。」

印蒂正想駁詰他，又終止了。他怔怔了一會。微微沉悶道：

「鏡青，我們到樓外樓喝酒去吧！一切眞沉悶得很。我想和你談談。嗯。談談。」

印蒂的提議，似乎提醒唐一件事，他輕輕做了個阻止的手勢，恢復平靜道：

「不行，今晚不能出去。晚上七點鐘，我已在樓外樓訂了一桌酒席，送來我家。我請幾個朋友吃飯，也有槐秋、天漫夫婦。你也參加吧！現在六點一刻了。他們或許快到了。請原諒。約會是一星期前決定的。我不知道你已經回來了。否則，事先會邀請你的。」

二

七點左右，客人陸續到齊了，有七位。其中四個，印蒂不認識，唐鏡青爲他一一介紹：寶豐銀行經理祁輔城，副理兼**T**大學經濟系教授商翰文，他自己化學廠裡的副經理尤光哲，秘書褚少美。另外三個是他認識的：鄭天漫夫婦，和瞿槐秋。

入席不久。印蒂立刻發覺，今天主客是商翰文，其餘的只是陪客。商年約三十左右，身材魁梧，白白胖胖，儀表軒昂，帶著濃厚洋習氣。他形相上唯一缺點，是那雙小眼睛，似與他的氣派不大和諧。據唐鏡青介紹，他是美國哈佛大學經濟學博士，回來不過兩年，在教育金融兩界都很得意。祁經理是四十多歲的瘦子，雖不脫商人本色，態度倒誠厚敦實。尤副理是個矮胖子，留八字鬍，年約三十八、九歲，歡喜說兩句俏皮話。褚秘書三十才出頭，相貌平常，舉止沉著，就是牢騷多一點。

菜肴豐富，大家酒喝得不少，但不知爲什麼，這個小小筵會，總籠罩了層薄薄陰霾。也許，這只是印蒂的敏感。他始終覺得，今晚唐的態度頗有點勉強。在唐的許多笑聲中，他聽出苦味。有兩個現象，他特別注意，一個是：唐對太太繆玉蘭和女兒娟娟，特別顯得親熱，處處不忘照顧她們，這是平常沒有的。一個是：唐對商翰文現得慇懃，把他當成貴賓，慇懃中，簡直有點世俗的虛僞與做作，這也是他平時所沒有的。印蒂微微納罕。

席上一些談話，印蒂並不十分注意。他一直在想自己的事，並且回味剛才聽琴時所浮激起的那種神秘情緒。正想著，一個聲音忽然在他耳邊響了，是洗美綉平靜而UUUUUU「印先生，瞿小姐今天爲什麼沒有來呀！」

印蒂還沒有開口，主人已經代答道：「瞿小姐，我本想請她，聽說她到上海去了。」

「前些時，她不是在上海住了很久麼？」鄭天漫問：

瞿槐秋道：「上星期，她回來了。一個要好女友明天在上海結婚，昨天她又去應酬了。」

停了停，對洗美綉凸出的腹部看了看，微笑道：「鄭太太，什麼時候請我們吃紅蛋呀？」

鄭天漫翻了翻棕褐色眼珠子，笑道：「快了！快了！再有兩個星期，要進醫院了。今天可能是她『最後的晚餐』，這以後，我不許她出來了。」

洗美綉埋怨的瞪了丈夫一眼，微嗔道：

「天漫，你倒眞會替我祝福，什麼『最後的……』。」

鄭天漫笑道：「這是給你沖喜呀，有些人病重了，連棺材都會抬進門沖喜哪！——」

洗美綉用手輕輕堵住他的嘴：

「好了！好了！這麼多客人在這裡，你越說越不像話了。」

唐鏡青笑道：「天漫是詩人，他的話富有詩意，我們都當詩來聽的。他大約很欣賞聖經上『最後的晚餐』那一段。」

洗美綉岔開話題：

「唐先生，今晚席上還少一個客人。」

「誰？」主人慢慢問。

「景小姐！」

她才說完，商翰文的眼睛便亮起來，他聲音宏亮的道：

「是呀，唐經理今晚怎麼沒有請景小姐？」

主人慢慢喝了半杯酒，平靜的道：

「聽說她這兩天身體不舒服，不能出來。」

「我大前天看見她，還是好好的，怎麼忽然病了？明天我倒要去看看她，看看她。」

祁經理也微微詫異道：「怎麼，景小姐病了麼？我要去看看她。」

唐鏡青道：「大約沒有什麼，一點小小不舒服。」

晚飯後，祁經理說另有約會，陪罪先告辭了。其餘的人，都到客廳裡，各自佔據了沙發的輕鬆一角後，席上那片拘束漸漸解除，大家變得活潑起來。很自然，談話先轉到時局。

褚秘書首先搖頭嘆氣，且帶點中年人的牢騷道：

「時局這樣，怎麼得了？長江水災十六省，災民五千萬，人爬在山頂樹頂，吃樹皮樹葉子，像原始樹居人。淹死了千千萬萬老百姓不算數，西北又在自相屠殺了。東北又鬧萬寶山事件、中村事件，西南幾省又鬧獨立，你們說怎麼得了？民族工業更不能提，日本人造絲花洋布到處飛，我們的絲業紡織業在走下坡路。就說我們這點化學工業吧，在日本化學用品傾銷下，許多中國化學用品工廠都在緊縮，吃胃呆滯，出品也少，我們的化學原料，銷路也多少受點影響，商先生，你說我們怎麼得了？」說完了，他又嘆氣，把手裡那半截快燒完的煙蒂弄熄了，扔到玻璃煙缸裡。

商翰文仰著頭，打了個飽嗝，微微振奮道：

「是呀，剛才在席上，我已向唐經理作過結論：我們這個國家，除了準備崩潰，似乎再沒有路可走。」點點頭，想了一下，似乎有了點主意。「辦法倒也有。假如說，讓美國人英國人來替我們收拾一下，或許還有救藥。」

「英國美國這兩年，自己不也在鬧經濟恐慌麼？」印蒂輕輕道。

「不管怎樣，總比我們強得多。他們害的是糖尿病和血壓高，我們卻是貧血加半身不遂。能害糖尿病和血壓高，幾乎不少是身體胖壯的富貴人。」

褚秘書道：

「我看頂可怕的還是我們東邊那位鄰居。據一個日本通在外交季報上預言，說東北的大亂子，遲早出不過今年。」

商翰文道：

「中國新修了吉海、鄭通、四洮幾條鐵道，南滿路給活活勒死，等於一條死路。從經濟利害上說，日本資本家不會善罷甘休的。日本人最小氣不過，頂看不得別人好的。你看，幣原最近不是口口聲聲喊著：要解決中日懸案麼？據說大大小小懸案，有好幾百件。眞可怕！」

尤副理吸著煙捲，噴雲吐霧的，微微抖動八字鬍，半堅決半漠不關心的道：

「這樣鬧下去，我看中國非亡不可。亡了也好，大家好換換口味。新主子不一定比舊主子壞。」悠然吸了兩口煙，慢慢的道：「無論亡給日本，或是亡給英美，最低限度，老百姓也不會比現在更吃苦。」

鄭天漫臉上漫著酒紅，突然激動的道：

「話不能這麼說。尤先生完全是失敗主義的論調。這樣的論調，只有一個毫無國家民族思想的人，才說得出。尤先生難道願意當亡國奴麼？亡國奴的『口味』好麼？」

鄭天漫的重言重語，尤副理毫不動聲色。他仍悠然吸煙，帶著商人特有的涵養，繼續噴雲吐霧，微微諷刺的笑著。

商翰文在微微激動中，仍努力保持平靜道：

「我也以爲尤副理的論調太悲觀了。」輕輕加了兩句：「自然，像美國人治理下的菲律賓，那是另一回事。」

瞿槐秋本來舉著茶杯，悠然品茗，現在，輕輕把那景德窯的帶珥白磁杯放下來。

「我同意尤副理的說法，我以爲，當亡國奴比『存』國奴好。完全的死，或完全的活，總比現在不死不活好。現在的一切，太沉悶了，悶得簡直叫人想發瘋。」

鄭天漫翻了翻棕褐色小眼珠，本想再投兩顆手榴彈，不知怎麼，靈機一轉，卻改爲較輕鬆的笑容道：

「槐秋，我看你並沒有要發瘋的樣子。今晚席上，你很冷靜的吃著溜魚丸子，吃得比誰都多呀！」

說得大家都笑起來。

洗美綉放下削梨的手，用臂彎支了他一下：「天漫，放莊重點。大家都在正正經經談時局，你——」

鄭天漫拿起一枝煙捲，劃了根火柴，紅光一閃，輕鬆的道：

「我比誰都莊重，他們都願意當亡國奴。我認爲當『存』國奴更好。你們看，日本人統治下的朝鮮人，有沒有今晚這樣好的溜丸子吃？」

商翰文笑道：

「印度人是能吃魚丸子的。菲律賓人簡直是什麼丸子都吃得到，跟美國人生活得一樣。」印蒂微微諷刺的道：「商先生忘記了，印度每年平均要餓死幾十萬人，菲律賓的工人農人，也和美國黑人差不多。」

商翰文不開口，只是微微冷笑。

洗美綉一直削著蕩山梨，一連削了好幾個，一一分給大家。分完了，她坐回丈夫身邊，一面吃梨，一面天眞的道：

「你們都說得太可怕了。照這樣看來，中國似乎沒有希望了，我們只有等國破家亡。那麼，我們活著又有什麼意思？人生又有什麼意思？做人不太痛苦了麼？」說到這裡，她停了下來，一滴梨汁正滴到她綢旗袍上。

大家這樣紛紛議論時，主人唐鏡青一直坐在一邊，默默吸煙，似乎在沉思什麼。他陰暗的臉上，加了點薄醉的酡色後，分外現得沉重而複雜起來，他把只吃了一半的梨放在一邊，扔掉第三枝煙蒂，第一次打破沉默，陰鬱的道：

「我看，日本人並不可怕，中國亡了也不可怕，有沒有溜魚丸子吃，也不可怕，可怕的是另一個東西——」

「什麼東西？」洗美綉抬起吃梨的臉，微微匆促的問。

「實在。」

「你這是什麼意思？」鄭天漫翻了翻千年神龜式的小眼珠，怔怔的問。

唐鏡青慢慢道：

「人類抓不到眞『實在』。沒有眞正的『實在』觀念，最可怕。」

褚秘書謙虛的笑道：

「唐經理這段話有點玄。我們願意聽聽唐經理的解釋。」

唐鏡青沉思的，一個字一個字慢慢道：

「希臘會亡，羅馬會亡，中國會亡，日本也會亡，英國美國也會亡。但有一個東西永不會亡：『實在』。……只要人能捉住眞實在，知道實在，即使全地球亡了、毀了，也不覺可怕，我們現在所以覺得一切很可怕，主要原因是：我們精神上先有一片可怕的空虛。日本人飛機大炮未來毀壞我們的生活觀念以前，我們的生活源泉；對實在的眞正觀念，先就已潰滅了。我們全部感覺和智慧，都在絕對無政府狀態，這是最可怕的。」

鄭天漫把吃剩的梨核輕輕放到盤子裡，淡淡道：

「你把問題牽扯到宗教和哲學裡面了。」停了停，沉吟道：「談這些又玄又空虛的問題，現在並沒有什麼用處。泡在長江大水裡的人，所要的是陸地和麵包，不是你的實在觀念。」

「泡在水裡的農人工人要麵包。即使不泡在水裡，他們還是要麵包，不要實在。但有了麵包的領導層智識份子，卻需要實在。要不然，一邊永遠有麵包，一邊永遠沒有麵包。再看看那些泡在水裡的信佛教的愚夫愚婦，他們緊緊抱著個又霉又爛又破舊的實在觀念，比那些沒有抱的又寬慰多了。就我個人說，我認爲那個抽象的實在觀念，比麵包大米飯更重要，也更實在。」

瞿槐秋沉思道：「我同意你的意見。不過，你這所要打開的，是一扇永生的門、絕對的門。這座門是很不易打開的。」

「是的，這確是一座不易打開的門。千萬年來，千千萬萬人拚命敲打這門，但誰也沒有眞正敲開過。但人類絕不因此放棄敲打。人類似乎永遠在重複一種悲劇。但人們就偏愛如此『重複』。一切光彩和意義，似乎全在千萬次『重複』中。」

印蒂沉默著，聽唐鏡青說了這許多，終於有點反抗道：

「鏡青，你提出的問題，似乎太嚴重了。今晚我們能不能輕鬆一點？」投了主人一瞥，帶點苦笑道：「我們寧願你拿溜魚丸子款待我們，不希望你拿這些又乾又硬又嚴重的『實在』來款待客人。」

唐鏡青也苦笑道：

「嚴重是嚴重。你如不設法打開這門，那就更嚴重了。你們感覺不到麼，有時候，有一種可怕的黑暗陰影壓迫我們，逼我們向這個門衝去，渴望躲入門內？」

瞿槐秋沉思道：「不只是有時候，簡直常常如此。」

「我以爲，人類今天所有問題，其中最大的，或許是實在問題。舊的實在觀念早就被毀了。新的還沒有出來。一部份人在徬徨、苦悶；一部份人不能忍受徬徨，又躲到舊觀念中，因此，反而加深了老問題。」

印蒂躊躇的道：「那麼，你究竟有沒有找到你的實在呢？」

「哪有這麼方便？正因為如此，我才覺得一切很可怕。一切時局黑暗不過是附屬刺激素，不是主要刺激素。在一切黑暗中，那種最無形卻又最命定的黑暗最可怕。」停了停，他長長嘆了口氣，慢慢的道：「生命總是在這種又暗淡又寂寞的河流上航行。」

鄭天漫微微激昂道：

「鏡青，我不贊成你這套世紀末日的蒼白觀念。我絕不以為生命是暗淡、寂寞的。宇宙到處是光是亮，你為什麼不去找？去抓？去搶？人的命運是人決定的，不是牛羊雞犬豕決定的。只要我們不蒼白、不龜縮，到處我們都可以捕捉到歡樂的火燄。在每一朵花裡，每一片樹葉裡，每一枝草裡，都有歡樂，有火燄。勒死它們的是我們的宿命觀，解放他們，卻賴我們的原始衝力，和原始眼睛。」望了望洗美綉高高隆起的旗袍腹部，眼睛裡閃爍光輝。「是的，大地上到處是歡樂和火燄，片斷的政治經濟黑暗，絕對澆不熄它們。正相反，政治黑暗正激起我們對這些火燄的更深追求。這些火燄裡，主要亮閃著詩與音樂。大地只要有藝術，就永遠有光有色。戀愛、家庭、子女、都會交響曲、田園牧歌，一切都能給我們歡、力、夢與激情。」稍頓了頓，又加重了點口氣，重複開頭那兩句話：「鏡青，我反對你這套蒼白觀念。」

洗美綉抿著嘴微笑道：「我也反對唐經理的觀念，雖然我說不出理由。」

商翰文笑著道：「算了！算了！我們今天話題都太嚴重了，我有個提議，請唐經理給我們奏一曲提琴，算是飯後餘興吧！」

大家都鼓掌贊成。

停了一會，商翰文又道：「下星期日，我們學校有一個音樂會，節目單上想排一節提琴Solo，不知唐經理能不能屈就？我本想請景小姐擔任鋼琴演奏，她身體不舒服，我不敢騷擾了。」

唐從繆玉蘭手裡接過剛取來的提琴，抬起陰暗的眼睛，望了商翰文一眼，平靜而又微微嚴正的道：

「這個，很抱歉，我恐怕不能。我最近已下了個決心，這半年內，絕不公開演奏。今晚，算是我特別破戒了。」

他不再說下去，把提琴輕輕夾到頦下。

半分鐘後，一片溫柔而淒麗的琴聲響起來。

印蒂聽見了，依然是「寂寞之夜」。

三

印蒂斜躺在籐榻上，小院落裡，像馬蒂斯畫面的東方味睡女。一點鐘前，他在寢室時，身上所留的粉香脂跡，喘息與火潮，業已慢慢退去。佔領這片退潮後海灘的，此刻是一片沉思與嘆靜。他睡在沉思中，再沒有那片赤道及猩紅，那些悸顫和狂風。耳畔只有風吹牽牛花籐聲，金魚唼喋聲，間或雜芙蓉鳥一兩聲囀叫。幾片七葉子樹、靠他腳邊飄一剎那色彩，葉緣微捲。生命在靜下去。世界在靜下去。急湍正降入平流。他感覺裡所有猛烈漩渦投影，都變爲靜靜的水平投影。一切干擾的傾斜分散，全單化成爲寧謐鏡面：鏡面的沉思。歡樂已凝固了，形成一種感覺建築，後者的尖頂終於伸入冥思的天空。他必須沉思。他很久沒有到這片天空飛翔了，彷彿有一些命定的因素逼他返回它。他曾經愛過它，但也怕它。今天下午，他又回歸它裡面。一切眞靜。陽光是靜的。樹葉子是靜的。那隻黃貓，蹀躞於陽光中的，也是靜的。籠中芙蓉鳥輕盈的拍翅，牠又利用水盂在沐浴了。

印蒂沉思著。

從無邊單色唄寂中，一種神秘的音籟幽幽顫出來，像一條懸掛空間深處的弦，被一隻虛幻的蒼白手指輕撥。這音微妙極了，也難解極了，它不是響，而是在絞扭什麼。無可言喻的，它顯示另一種時間幅度內的奇異色調，奇異形相，主要是：奇異的空曠、寂寞、與寒冽。他過去生活中，也從未湧現過這些。也許曾湧現過，他卻並未深感到。這種古怪的曠、寂、寒，對他尙是一片處女地的新鮮。其實，這不是音，也不是曠、寂、寒，而是：具體點說，一種神秘的淡淡哀愁，一種無可奈何的精緻惆悵。一年前下午，當他在她家裡、第一次看見她時，那一夜，他像馬蒂斯畫風的睡女，也躺在這張籐榻上，傾聽小院梵寂、曾從黑暗中聽到這種淡淡哀愁。不同是：當時他是因爲毫無所得、毫無希望，而現在他卻獲得一切、充滿希望。他不敢再想下去。無論如何，目前他沒有理由黯淡，也沒有事實黯淡。

這只是一種突然的黯淡，它並不來自悲哀，……

他躊躕著，深思著。

漸漸漸漸的，他似乎看見了、那個高峯，由歡樂與火燄所鑄的高峯。兩年來，他起始憧憬、嚮往，繼而向它最高點爬去，現在，終於爬到了，並且還不只是原來的高點，而是高點的高點，極峯的極峯。在這火燄風格的絕頂上，他本該經驗翡翠十彩奇蹟，很容易捕捉那瑰麗的峨嵋七色佛光，那最終的燦爛，最圓全的瑞象，但是，——巔極上雖有燦爛，也有瑰艷，卻不是預期式的清明。一切似仍恍恍惚惚、迷離朦朧。過去那段長長山路，本也有恍惚迷離，卻還有個最終的清明等待。此刻，峯巔不在腳下嗎？爲什麼一切還是渺渺惚惚、空空蕩蕩呢？

爲什麼一切總帶點恍惚朦朧呢？

更離奇的是，過去他熟悉的這片靉靆朦朧，此時竟加了點新因子，就是：一種神秘音籟，神秘哀愁。

高峯的歡樂和火燄，爲什麼不能如想像的那樣結晶化？澄明化？反而或多或少、顯得擾亂而破碎呢？

他靜靜躺著，凝望那微微枯萎的紅色牽牛花，以及它那手臂樣柔軟的蔓藤。一切似乎很沉、又很淡，牽牛花藤彷彿不是綠葉織成，而是微妙的矛盾感交織的，像一個潛海蛙人，經過長久海底沉沒，終於抱著大簇珍珠貝母上來，他又興奮，又疲倦。異寶的獲得感、以及當時的歡快，這會兒，宛若漸遮了層薄紗，在他洋溢的慶慰與滿足中，竟夾了些微微惆悵情緒。後者反襯出他靈性深處一種超然的冷靜。他似乎應該譴責這份回憶與冷靜。可是，所有的譴責擋不住一宗事實，這就是：一種無可掩飾的疲倦，剛沉過深海底以後的疲倦。有生以來，他從未經歷過這種無可抵抗的疲倦。因爲，他從未像現在這樣眞正全般獲得過什麼。從前的獲得，都附有許多條件與限制，只有這一次，是絕對無條件無限制的收穫一切。

他斜躺著，如夢如幻，躺在龍睛金魚的唼喋聲中，躺在籠內芙蓉鳥的振翅聲裡，以及粉紅牽牛花的映襯下。今天下午這份情緒，對他似還是一件陌生品。每一次她走後，他總愛這樣斜躺著，躺在歡樂的回憶和預期裡。他四周繚繞一種過度的飽足。他想在這片飫飽上再加點什麼，結果，無意中，竟觸到這樣一派淡淡神秘哀愁。也許，天地音樂中，本充滿各式各樣的琴鍵，當你彈完所有愉快的音籟，你還彈下去，非彈到最後一個音不可時，那麼，你終會觸到那黑色音符。這些天來，他原也多少有點改變，愛睡著作冷靜沉思。他一孤獨下來，就試著冥想什麼。長久以來，那個被飄送到半空的「自我」，此刻彷彿又慢慢回歸他的血肉裡。他又開始感到「我」，以及隨「我」而來的那層峭壁。

他斜躺著，抬起眼睛，凝視圓圓的高寂藍天。他試著想體味什麼、分析什麼。從他身上，似乎有什麼在慢慢消解，退出去。是那堅強的擁抱力？是隱密的潮流？他試著想加強什麼，抓緊什麼，但他的手指卻不由自主的鬆散了。他的視線從天空回到院落，那棵七葉子樹仍是高高的，但再也沒有紅花了，從葉縫裡灑下來的、是最高彈力的金色陽光。院裡的山茶、碧桃、廣玉蘭、和玫瑰，是一些沒有花朵的幽靈，脂粉褪色了的女人，只剩下回憶式的樸素枝葉。初秋的風搖撼它們。一切燦爛只剩下回憶的殘跡。他覺得彆扭，說不上悲哀，也不是陰鬱，他只覺四周有一種神妙的空虛。從反面說，這並不是惡兆，它是感覺擴大的另一種徵兆。在此刻，他感覺裡的宇宙、比過去大得多了，因而似乎才有空虛感。午後氣氛是這樣安靜。在安靜後面，總藏有一種魅力，或一種威力。它誘他也逼他咀味一種淡淡空虛。他突然感覺，自己生涯太狹窄了，官能感覺也欠豐富，似乎還有許多許多感覺範疇、他沒有衝入過，還有許多許多生活、沒有生活過。首先，他目前的感覺，過去就沒有體驗過：一種過度滿足後的疲倦，以及過度重複後的遲鈍。從前，他只猜想、人得不到什麼，必黯淡。現在，又多了份想頭，人完全得到一切，也可能有點黯淡。也許，這只是今天下午的偶然想頭。也許，這只是他的一份幻覺。他不願再想這些。他站起來，走到靠廊廡的窗臺邊，看玻璃缸內的金魚吸水。這兩尾胖金色活物，呆呆睜著藍眼睛，仰張著紅嘴，一呑一吐的唼喋著，那面態，直像頑皮孩子不斷扮鬼臉，天眞極了。他望著望著，不禁微笑了。但隨即、一個難堪思想浮起來：

「金魚只要能這樣自由低首吮水，就心滿意足了。這就算是自由了。但水呢？就這一點點麼？還有那透明玻璃缸的冷酷邊緣呢？……」

一團神秘的黑暗，突然又在他思想裡亮起來。

（奇怪！黑暗也會亮！今天下午眞有點鬼了！）

他似乎聽見，在遠遠遠的遠方，有什麼鐘在輕輕敲，……

那隻大黃貓、悄悄從臥室內跳上窗緣，又撲到他腳下，孤寂的咪叫著，聲音旋繞在院落空寂裡。它叫了幾聲，輕輕貼著他腳邊，溫柔的抓玩他的黃皮鞋。他抬起腳，輕輕把它踢開。

四

從唐鏡青那裡回來，有好幾天，印蒂不斷沉思著唐的情緒，以及他所提出的「實在」問題。今天下午，他美麗的表妹才一離開，他也立刻「離開」那片歡樂與陶醉，沉入另一種酲酣中——一種中斷了許久的冥思。所以如此，一部分，可能是由於唐所提出的那個問題，他本以爲，他目前的幸福、早已是它的一個解答。但T島歸來後，說不出爲什麼，這個答案，漸漸的，似乎不再長久吐射那份光輝璀燦了。唐的那曲「寂寞的夜」，或許是一種分量不輕的偶然沖淡劑，結合海濱歸來的其他種種感受，可能相當沖淡了原先答案的穠麗色彩。唐所提的問題，又偶然啓示他聯想起自己多年來的足跡，這樣，才偶然形成他今天大半下午的沉思，以及那種神秘的光亮的黑暗感，和那一絲絲從未出顯過的黯淡音籟。這一切，似乎是突然的，偶然的，卻又似乎是自然的，至少，他良心上是這樣感，這樣想。

事情只要一開始，一些麻煩彷彿也隨著開始了。這以後，他開始感到了，隱在自己情緒深度的那個極秘密的小皰，不知道是怎麼一回事，竟漸漸如喉結樣凸挺出來，慢慢有變成瘤的可能趨勢。他絕非蔽眼塞耳者，早已習慣「回聲測物」，從四周任一聲音光色中、捕捉它們後面的眞實底細，以及與自己的關聯。經過深刻重複反省後，慢慢的，他發覺自己的目前情緒似乎與過去脫節了。不斷深入而細緻的對比與聯繫後，再回憶十二、三年前，當初他所追求的一切時，他覺得、它們與他現在所要找的，實際上已有很大差別了。過去若干年探尋中，不管找什麼，但找尋本身原已含有一個頑強的主觀假定：假定這個世界會有些什麼，而他也一定可以找到些什麼。現在，他感到，這個肯定性的假定，本身便是個大漏洞。今後他會繼續找，但這個世界可能沒有什麼，而他可能也找不到什麼。即使他能找到什麼，這個被找尋體也絕不會像現在這樣富於片面滿足的色彩，而應該是一種更深刻更永恆的感覺實物與思惟。所以如此感覺，主要是，海邊歸來，那種不時產生的致命疲倦，使他幾乎直覺的懷疑，他目前生活中最珍貴的，恐怕倒不一定是那堅固的實在，否則，它絕不會叫他時而有煩膩感。

（天可憐見，他這種感覺、想法，是一種怎樣巨大的犯罪！）。眞理怎麼能伴隨煩膩。再往深裡分析（這是他近些天來不斷思想反芻的體驗），無論過去或現在，他所找所得的，雖然貌似生命圓全，究竟有點近似片面了、現實了、易於滿足了。它們可能是一種營造在固執上的主觀假定，橋樑上的建築，不是拆橋以後築在根本生命之流上的。這一切先驗假定與後驗滿足可能是浮薄的、帶副作用的。今後，他是不是也許必須要置身於空白荒漠，再在絕對感覺空白上、一草一木的建築？而不是先有了先驗的強烈幻想的迷宮，再籍外界對象來給它雕飾裝金？拆毀一切假定與先驗，首先來的，是不是可能便是那可怕的感覺黑暗與混沌？過去，即使他最絕望時，感覺基礎觸鬚仍是樂觀的，此刻，如果他砍斷所有這些先驗觸鬚，漸漸的，他將君臨那眞正最具威脅性的永恆。後者也許就以黑暗混沌爲實在，也許，只有通過這個僞實在，才能抓住它最核心的眞實在。

不管怎樣，他是不是受鬼使神差，可能正面對一個新的夢境？假如過去多年、他本已在夢境中，是夢境的探索，那麼，現在可能將面對的這個、是不是更大更深的夢境，探索？它的最大特點，便是那種毫無任何支持的空白感，和絕對官能滿足感。這種滿足，只在極度火燄燃燒中，它才顯得充實、自足。一旦火光漸弱，特別是，當他一孤獨時，它就暴露出一種空虛，除非他純粹活在官能與烈燄中，完全摒除理性。但對他這樣的人，這是不可能的。假如他眞有良知，有理性，那麼，此刻，他不免感到、過去十二、三年來，他所感所得，全部是一場白費。歷史或許是層層累積的，但他這個、卻是爲全然中斷的深淵所分開的兩座山峯，各自毫無啣接。假如有啣接，過去所有一切捕獲和滿足，只是一種宿命的惡意準備：專爲叫他更離奇的感到這以後的空虛的。他眞是非常歉疚，甚至痛苦，在這樣一種天堂式的海邊蜜月後，此時，竟會突然出現這些奇怪想頭。其實，也許並不奇怪。只要一天他還是有理性的人，有機會孤獨下來，有時他不可能不這樣想，不管它對不對。因爲，他自己生命的一部分，本就屬於思惟，他不可能絕緣思惟。無論如何，生活裡有時不免展現一些新的事實，而人總是被事實包圍的動物。現在，漸漸的，他似乎又開始多少體味到那種宿命的永恆、毀滅性的黑暗，以及那種永恆的魅力。這些畫面，並非與他初次覿面。過去許多年，他不是沒有邂逅過。他只是以許多社會現實作長矛，常刺破它們。而近一年來，他的全部感官都被另一些詩意畫面所封鎖，再看不見另外的陰暗畫幅。

他不禁想起父親，特別是後者過去所表白的那些片斷思想。父親陰暗的臉輪廓，黑色的袍子，在他記憶裡，慢慢顯得特別清晰起來。他好久沒有這樣清楚的看見他了。這些日子裡，這個老人的姿影，不時在他思想裡閃幌。父親身上那種黯淡，他常覺毫無理由的，現在，似有點漸漸摸清它們裡面的纖狀脈胳和葉瓣了。

大海總有礁石，舟子如從未見過一幅精密航海圖，航行時，就看不見這些暗礁。在愛情大海裡，情形也許是同樣的。而且，不僅是現實礁石，還有思想巖礁、情緒的環礁、心理的暗礁。可他對這幅海圖，不要說看，連想全沒有想過。究竟什麼時候，在他面前，竟隱隱約約出現這幅圖景的？這是個謎，或許不是。也許，早在去年這個時候，他不是嚐試過礁石滋味麼？一個人，未虜獲幸福前，會遇礁石，獲得之後，難道就絕對不可能再遇麼？神秘的是：究竟從哪一日、哪一時、哪一分，哪一秒發現的呢？……一個可厭的眞實是：一次發現，它們就不時飄現於腦際，像一些幽靈。

正在這個時候，所以忽然想起父親，就說明：以上這一眞實的堅固「實在」性了。

他渴望看見父親。他已一年多沒有回家了。他也應該省親了。他現在想和父親談談。一種需要的情緒催促他，使他慾望傾聽老人的話語和思想。在他四周所有弦音中，父親音符似乎很能和他說不出的那種神秘思想相共鳴。

幾天後，印蒂回到**N**城家中。接連好幾天，他一直留連於印修靜先生書齋內。這裡的又陰又黯又寧靜的氣氛，以及玻璃櫥裡那些美麗的死標本，使他彷彿覺得柔和，親切。

這個老年生物學家，一切並沒有變。依舊是那副陰暗的臉輪廓，慣愛怔怔下垂的沉思眼睛，帶著諷刺苦味的唇角曲線紋，只是兩鬢灰白色略多了點，疲癃的神態也稍稍明顯了些。他有點像一種不可雕料（岩石和銅還是可雕的），任何表形變化，最多只能在薄薄皮膜上淡淡畫一筆兩筆，再不能雕入他的本質。他內在心靈河床早已固定了，一切流動再激不起什麼，也衝蕩不了什麼。他的生活像一架老式自鳴鐘，在暗淡寂靜裡永遠響出一派刻板的旋律、平衡的節奏。它噴吐時間，又傾聽時間。世界忘了它，它也忘了世界。一個人只有深夜不成寐時，偶然諦聽它，才在它那發自奇異嘆寂的平衡響動中，咀味到一種古怪而又深湛的滋味。

也正是這種滋味，才使印蒂現在更想與父親接近。儘管後者與他之間，仍有一大片霧障，但這並不影響他霧裡看花，一朵又老又古板的花，平板機械得像聖誕紅，幾乎開得像一朵假花。他知道，這朵古典紅花，一直開在老人靈魂的大霧深處，平常很少向人展現，只有他，由於血緣及其他種種關係，才有特權看見它，雖然還不能深深走進它。

印蒂回來的第六晚，經過幾次長談，這朵隱在大霧深處的聖誕紅，似乎漸漸體會這位霧外觀賞者的心境，因此，他願意在後者眼裡，開得更鮮明些。於是，第一次它自動捧獻且閃耀出一大堆顏色，是它從未捧過閃過的一大簇。

「這次回來，從談話裡，我看出你似乎又在開始考慮變了。你從南洋捕捉回來的那點火，看樣子，快燒完了。正如我過去所預測，你可能在試找一種以『無』爲顏色的新火。但這以後的燃燒，不會像過去那樣光彩了，它要殘酷慘澹得多。你是我的兒子，我很替你擔心。我希望你能好好保重。」

印修靜先生抬起頭，望了望花竹茶几上那塊金字塔裂岩石，在暈黃燈光下它靜靜閃著褐紅。他陰鬱的眼睛，閃射少有過的激動。

「現在，我不知道和你說什麼才好。言語永遠是一團空虛，閃不出眞正強烈的光、色、彩，也畫不出眞正的形象。我願向你先說一點個人心理經驗。這個經驗，我似乎從未向第二個人說過。」

漸漸的，生物學家沉入回憶，他陰暗的臉廓透了些紅光。

「那是一個陰暗下午，我坐在玄武湖邊，望著湖水，人非常明靜。我在沉思。我的心靈從未這樣澄明而安寧，卻又微微帶點惆悵。但這惆悵似乎很透明，不是黯然的。是的，我的心情從未有這樣滿足過。這時候，我彷彿變成一個極簡單的旁觀者、欣賞者。我像一尊雕像，屹立宇宙大自然的運行中，諦聽大自然的交響樂。隨著季節和場合，曲調也紛歧錯雜，各各不同，但它們都同樣感動我。大自然對我永遠是一個音樂會，永遠開不完的音樂會。只要我一走到山間、湖畔，我就可以聽見它們。這一切音樂會中，都有一種奇異的情調，大自然的情調，它們很感人。特別是，這種情調的轉換，對我有一種誘惑。理由是，我從未能像這個下午這樣欣賞它們。從前，我只爲它們的轉換而發愁。這個下午，我才突然體味到這一切轉換的可愛。假如沒有它們，天地又怎樣可怕呢？

「這個下午，我一直坐在湖邊，我的情感滿滿的，帶著一種參加音樂會的心情。秋天實在是可愛的季節、哲學家的季節。這時，我們感到一種深沉卻並不太冷酷的滋味，它值得細細咀嚼。

「在湖邊，有那麼一剎，離開世界的慾望非常強。那時，假如叫我做樵夫，我絕不會不滿足。只要有一間草舍或木屋，偶然能買一壺酒或一壺茶，我就很快樂了。我願意半天砍柴，半天在森林中沉思。——我認爲，這是生命的最高享受。也只有沉在這一享受裡，人才自覺飛到百萬年前或百萬年後。

「這個下午，我的心情是特殊的。那種離世心情，又酸、又甜、又親切、卻又安靜。……也許那只是由於一個偶然的際會，一種偶然的靈思或靈感，才發生這種心理狀態，現在，我卻無法把握這種又明淨又哀涼的情緒了。」

說到這裡，印修靜先生從身上取出黑色煙斗，火光一閃，大團大團的藍色煙霧，從他嘴邊噴出來。他安靜的銜著煙斗，冥思的眼睛，慢慢轉到大玻璃櫥內那些蝴蝶標本上。他看了一會，才又把視線射到兒子臉上。

「說到究極，人出現在這個宇宙大空間，只像蝴蝶飛在大沙漠上。不，地球本身飛旋在這片偉大空間，就是一隻奇異大蝴蝶飛翔在大沙漠上，又美麗、又寂寞。牠自己並不一定要飛翔，可就這麼飛翔了。牠不知道將飛到何時？也不知道這片大沙漠何時呑蝕牠？人只是這蝴蝶翅上的一點美麗色彩、綺麗線條，閃耀於沙漠無邊靜寂。沒有人知道這點色彩和線條的命運。色彩或線條自己也不知道自己。有一點可確定的是：蝴蝶的命運，也就是牠的色彩線條的命運。但色彩與線條卻不知道，它們拚命飛衝著，想造成色彩的獨立、線條的獨立，——一直到最後大風沙捲來。

「一切光輝燦爛，從凱撒盔甲到女人紅唇，那只是沙漠上的一粒色彩、一纖線條。一切豪華都麗，只是黑色屍衣上的金紋斑縷。眞正持久活著的，是永恆黑暗，永恆大風沙。生命不是築在大理石上，是建在狂風飛沙上。沙已夠脆弱了，拿狂風中的飛沙做基礎，最後的命運、更可以想見。我們所能聽到的艷麗音樂，只是飛沙的碰擊。我們所感到的溫情，僅是飛沙相互撞擊擁抱時的那一刹嫵媚、溫暖。在旋沙走石中，也有人學鴕鳥，把頭拚命鑽入沙底，閉眼做夢，不願見沙外一切。但是，頭偶一伸到沙外時，那寂寞與淒涼更可怕。

「過去，我累次和你重複說過：由於年齡，你所抓住的，只是表象，你還不能深入永恆。現在聽你口氣，你似乎可能想嘗試突破表象。但這並不是一件易事。

「從前我遊華山，一下火車，在車站上遠遠望它，只覺渺小平凡。及至跑了半個鐘頭，走到山腳下，也仍覺它簡單無奇，毫無雄壯感。可是，過玉泉院，往山裡走個幾里，穿越許多亂石澗水後，這才發現，華山青峯比我在外面看見的多得多。愈往前走，發覺山峯愈來愈多，也越來越漂亮。爬了二十里陡峭山路，到達青柯坪，人已經氣喘吁吁了，道士告訴我，從現在起，我可以開始看到眞正華山了；但要徹底看清它，還得再爬二十里山路，而且是最危險最峻急的，像千尺潼、百尺峽、老君犁溝、上天梯、蒼龍嶺，……。這以後，我又吃了許多苦，淌了許多汗，喘了許多氣，才漸漸漸漸的，越來越強的，開始感到華山的眞魔力、眞雄大，……

「我這一段遊華山的經驗，可以供任何愛遊新鮮風景的旅客參考，特別是企圖遊『永恆』風景的朋友。

「突破表象，是一大痛苦。因爲，表象總是那樣迷人、可愛，它是活著的最大酬報。至於永恆，卻不會這樣輕鬆嫵媚了。人究竟是動物，動物總愛離自己原始慾望最近的東西。綿羊對於虎，母獅對於單身雄獅，冰淇淋對於夏季旅人，這一切對象，對於捕捉者的動物意識，都是最接近的，因此是最可愛的，最難擺脫的。在這些可愛的以外，另外還有一些極遙遠極抽象的，誰都不感興趣了。人究竟是個現實動物，這也就是說，動物的動物。五千年歷史在人臉上塗的那層金，其實薄得很。

「有那樣一天，那個致命一擊終於來了，你感覺迷宮裡的表象，突然被一種巨力打碎了。你開始發覺，即使表象像山峯般堅固、大海樣無邊，也脆弱有限得很，不堪一擊。

「動物的特點，即在對於表象的迷戀。愈是較低級的動物，迷戀越深。自有文化歷史以來，眞能突破表象的人，不過是極少數。釋迦是突破的，孔子是突破的，耶穌是突破的。我們無法要求一般人都如此。但站在生物立場說，與表象鬥爭，以及突破表象，或許是生物進化的另一個標誌。既然少數人已發覺這個鬥爭對象，多數人遲早會慢慢跟上來的。」

印修靜先生不再說下去，他重新裝了一斗板煙，開始吸起來。他陰暗的臉輪廓、在一大片煙霧嬝舞中，漸漸模糊了。

印蒂傾聽著，一直保持沉默。他覺得，傾聽本身，似已包含許多聲音。生物學家的話，一陣陣洶湧過來，在他身內激起衆多音籟。他一面耽聆父親，一面也諦聽自己。也許，他現在才開始有點明白，他身內身外所有音響中，他聽得最清楚的，倒可能是那個永恆而暗慘的聲音。不管生物學家千千萬萬意見，終極不過逼他聽這最末的聲音而已。

印蒂正想說什麼，生物學家從嘴裡取下煙斗，微笑道（這種微笑，今晚在他臉上還是第一次）：

「蒂兒，我們不談這些玄學了，談點實際事吧。」稍爲躊躇一下。「聽說你就準備結婚了，和你縈表妹？」

印蒂楞了楞，有點愕然道：「爸，您從哪裡聽到這消息的？」

「聽你母親的口氣。……她是從你姨媽那裡聽來的。……她沒有很肯定的說。……但她很希望你們這樣。」

印蒂躊躇著，沉思的慢慢說了一句：「這件事也許還早得很。」

印修靜先生吸著煙，顯得昂奮起來，微笑道：

「我看並不早。你們在一起玩了一年多了。據姨媽給你母親信說，從今年起，你們玩得很好。你姨媽非常疼你，蘊如也極喜歡縈縈，巴不得你們早在一起生活。你知道，我從不干預你個人私事，但在這件事上，我和你母親意見一致。因爲你們兩個都有獨特的個性，在一般人眼裡，可能都多少有點像怪人。兩個怪人能這樣合得來，這就說明是一種極理想的婚姻。」

「眞是這樣麼？」

「我想是這樣。」

「不過……」

「『不過』什麼？」

印蒂抬起那雙又強烈又深邃的大眼睛，定定瞧著父親。

「您剛才不對我說：假如一個感覺迷宮裡的表象，突然被一種外在巨力打碎了，他會發覺，即使表象像山峯一樣堅固，實際也是脆弱的？」

「什麼？」生物學家愕然凝視兒子。「你怎麼把那句話聯繫到這上面？」

「你過去不是說過，宇宙是一個整體，有什麼感覺『南極』和『北極』，不能相『聯繫』呢？」

「這個，……」他本來陰重的臉孔，格外陰暗了。

「您是不是覺得我的想法很奇怪，很突然。但按照自然科學的邏輯，宇宙間從不存在眞正的奇怪和突然，萬事萬物自有其本然邏輯性。」頓了頓，微微笑了。「爸，我們還是暫不談這個吧！」聲音轉爲誠懇。「您知道，我非常願意尊重您的意見，到時候，我會非常認眞考慮這件事的。」

印修靜先生臉色轉陰鬱爲明朗，慢慢道，蒂兒，我和你母親眞正的關心這件事，這不只是你個人幸福，也關係到我與蘊如晚年的生活。我希望你認眞考慮這件事。」接著微笑道：

「說來說去，蒂兒，你到哪兒能輕易找到這樣一個高貴的女孩子？又善良，又聰慧，又這樣美麗，又是這樣愛你？而我們又是表親，親上加親？」頓了頓。「我相信你是個絕頂聰敏的人，絕不會不重視一生最大的幸福，而這個幸福已出現在你身邊。」重新吸了一會板煙。「好吧，我們不談這些了。不管怎樣，結婚總是好事。一個老婆，一堆孩子，有時會把一個人的許多毛病醫好。單身漢最容易傳染各種時疫。結婚是一帖免疫藥。」有點詼諧的望著兒子：

印蒂苦笑起來，輕輕道：「我倒從沒有想到：結婚是一種藥，能夠治病。」

這一晚談話，就到此爲止。印蒂本決定，以後兩晚，再繼續這種長談；但翌日上午，一封快信推翻他的計劃。這是鄭天漫的信，內容很簡單，他太太在醫院做產，患產後熱，病勢極嚴重，希望他回去幫點忙，以防萬一不測。由於先天不足，一個男嬰，出生第二天就死了。

看完信，當天下午，他就匆匆踏上火車。

五

他們七個人，在黃昏中守著她。這是一個又平坦又蟠屈的黃昏，一個使此一守候顯得分外殘酷的黃昏。他們不是守她，是守一個「過去」，一片業已冰凍的陳跡，一堆燒完的火燼。在黃昏的薄暗泡流中，鄭天漫跪在白色鐵床邊，雙手掩住臉，低低啜泣，淚水淹濕了一部分白色墊褥。他身子抽搐著，像一隻重傷青蛙的腿。印蒂兀立他後面，幾乎以一雙盤古氏式的古怪眼睛，凝望床上白色毯子裡的靜靜人體，以及他前面跪者的抽搐背影。瞿縈偎著他，悄悄流淚。瞿槐秋站在床尾，蒼白的臉上蒙了層灰寂，彷彿是披拂一片巨大灰色影像。唐鏡青佇倚白色窗邊，沉鬱的瞅視窗外冬青樹叢，眼神裡滿溢一種朦朧與迷茫，好像端相一片大霧。兩個年青女護士，一手插進白色罩衣口袋內，以一副悲憫的眸子，看著床上，以及鄭天漫的蛙式背影。他們都裹入深深沉默中，沉默的守著這個黃昏，這張無聲的白色床。床上，正躺著一個無聲的死，一種古老的重複——是洗美綉。

死亡，以陰風颳著，尖銳的割削死者，死好像不是從外面世界來，而是從她軀體核心處湧顯。她最裡層原藏了許多死亡，平日被一道閘門關住了，現在，全奔流出來，又化爲一片滲透性的氣氛，向外漫延。這是生命被嘲笑的時刻，也是被玩弄的時刻。死在玩弄她，像一個熟手玩高爾夫球，很自然的要求入窟，輕輕一擊，帶著無窮的熟練、份量。死亡湧出了，深刻的湧來了，以它的黑晶晶的雕影、鯨魚式的饑餓、野狼式的饕餮。從一個神秘洞窟內，死的痲瘋式的手指伸出來，慢慢把她眼皮闔上，使她軀體內滋胚層慢慢冰化，血液漸漸凍結。那些鮮紅滾熱的紅血球，桀悍洶湧的游走胞子，曾那樣飽滿的撞著、擊著，此刻，如蠶蛾蛻成蛹，漸漸變成一片凍結了的翔舞。她那個軀體喞筒，裡面活葉業已毀壞，再抽不進什麼，也放不出什麼，一切活氣全空了。這個喞筒本是借來的，債主此時索回了。她胚殼內再沒有奔流與舞踴。所有的只是大祭壇的黑色和靜。這個陰沉的玩笑是開定了。那個叫做「人」的動物，已變爲野獸派畫筆下的靜物了。在這個動物的精神金字塔的峯部，曾百寶箱樣藏著無數美麗記憶與思想，這一會，箱子空了，記憶與思想也遺棄了她。不，記憶死了，思想也死了，活著的只是「死亡」。死在她身上開始新生，設計重新改裝她。改裝她的眼與嘴、血與肉。這是一個最玩弄的改裝。

她嬌小玲瓏的身子，像一條鱷魚，微微佝僂，橫陳死榻上，覆蓋了一幅白色罩布。那張溫柔的小臉孔，似屹立荒漠上的埃及獅身人面像，混合著一種半人半動物的古怪趣味。兩隻小眼睛死死鎖緊，是兩扇千年鐵門，眶子凹陷，四周眼骨峭削出來。她的頭髮有著火赤練的捲曲。她的皮膚是蠟的。她的臉是平的，她的唇是紫的。巨大的洞窟顏色就要渲染她、塗抹她。死正在靜靜替她全身塗膏油，一層層的，慢慢的塗著、抹著。一個女人，昨天還發光發聲，今天卻像海底沙漠樣沉默了，連最末一顆風沙激動也沒有。海底沙漠是絕對的沙漠。在這裡，一切生命停止，只沉澱著偶然的鯊魚牙骨和鯨魚耳骨。任何魚游入這一地域，命運只是一堆白骨。這是一個絕對靜止的黑暗空間。她此刻正是一條魚，跌入這片空間，再也逃不出。宇宙的大黑暗穿戴她。無窮的休止音簪插她。她再不笑了，不再轉或動了。她完全碑化了。她是一座最古最古的碑，上面開始雕刻原始的骷髏白骨像。

黃昏張大死魚的眼睛，歪曲的凝視他們。這個黃昏不是從時間裡湧出的，也不是從空間層溢顯的，它來自一個大毀滅的深處，帶著時空所不能描畫的殘酷味。黃昏中，遠遠遠遠的，響起幾聲淒厲號角，一陣寒冷而抖顫的金音，……

這似乎是宇宙間第一個死。一切是無比奇異。正是這種奇異，使人產生渴望。渴望知道更多的、更深的。以及它後面的全般眞景。「向我們再露一點吧！再顯一點吧！」這是一陣隱秘的呼籲。目前，這片黑暗奇蹟是一帖蠱藥，迫人喝下，逗人更深更沉迷的追求，去了麼？她去了麼？就這樣去了麼？萬死的創造者阿歷山大就這樣去了？披著高傲羅馬盔甲的凱撒就這樣去了？蝴蝶就這樣去了？鬱金香就這樣去了？火和溫柔就這樣去了？一痕月靜，一圈魚戲，一炷馥芬，一彎蛾綠，一片繽紛浮沫，一陣輕煙縷畫，都這樣靜靜去了？永遠沒有歸來？（但時間會不會去？空間會不會去？）但這正是一個永沒有歸來的王國。在這個王國裡，永遠只是歸去。歸去。卻沒有歸來。大片歸去連著歸去，歸來的只是那永恆的黑影，刻毒的魔笑和毀滅。

就這樣，那曾經支持她的，現在不再支持。一架活動機器，由於一個殘酷工頭扭捩開關，現在靜止了。死，終於來了，屹立他們面前。他們看不見這位來客的面目，對它卻又很熟悉。這是黃昏。一個死之黃昏。一切分外靜。這不是聽覺靜，是視覺靜。因爲，一切複雜形象都漸統一爲一片昏黑，與暮色打成一片，在這種單純形象中，靜顯得更靜了。只有在這種靜裡，人才眞能聽見靈魂的聲音。於是，印蒂彷彿聽見，那些偉大的痛苦，像偉大星球，永恆運轉在無限中、寂寞中。這些痛苦，混合著黑暗，正剝蝕洗美綉的肉體、她的靈魂。這裡面，任何詩不存在，只有猙獰的原始壁刻，原始人在黑暗中雕鐫於石窟內的，是一些巨大苦痛的雕像化，冷與沉是它們基本調子。

這是一座沒有花的花園；從沒有紅綠與果子的花園。這裡，只有死亡的黑色噴水池，殘酷的噴散死亡的黑水。也有樹，卻是蝮蛇骨做的，蝮蛇樣奇異的拳曲著、矗立著。果子是蠍子皮的顏色，不斷自動溢著黑色毒漿。洗美綉將鱷魚樣躺在蛇樹下、噴泉池邊，嚼著毒果、喝著黑泉。這一會，她整個人變成一種皮殼假像，她所有動作，將是「假像動作」，假像的笑，假像的爬，比僵屍更僵屍的擬態。她身上將不再有天藍與杏紅，她的臉將是黑的、唇也是黑的、手指也是黑的。她像剛從地底層最深處爬出來，她就是一座千年煤礦。在她身上，有一千個噤閉、一萬個黑夜。

這是黃昏，殘忍的黃昏，在漸漸鏽黑的黃昏。他們守著，守著這個死。他們命定是要守的，正像他們的祖先。那些祖先們，曾在森林裡、洞窟內、沼澤中，這樣守過，睜著比他們現在更複雜可怖的眼睛。其實，這不是死，這是河流中一個水位標、一段歷程。水位只能這樣高，歷程只能有這樣距離。在這上面，在這前面，便是另外一個黑暗世界，一個彩色深淵。躺臥在床上的人，正向這個深淵投去。河流遺棄了她，河流的高度與長度也遺棄了她。她只有投入深淵，向另一個宇宙去找尋、掙扎。這個宇宙卻從此塗掉了她。

他們守著、凝望著。……

不知何時起，印蒂兩手突然放在跪者的雙肩上，接著是一陣低暗的聲音，有點像牧師禱告：「主保佑她。她已經去了。你讓她靜靜去吧。不要再難過了。……」

六

洗美綉的死、似乎是一座深凹的窨窟。大家本來在地面生活，現在毫沒由來的，彷佛突然被推入一座黝黑窨窟底。沒有人能洞透此窟。而窟底以還有成千成萬的窟。它們黶黶翳翳，黯黯黮黮，膠黏無量數青色的夜、黑色的夜、灰色的夜，彷佛是生命中永不可測透的一層。生活常態本是樂曲上的「摹仿句」，不斷作單調重複再摹仿了，暫時似陷入洞窟的黑夜。此刻，這片重複的軸輪第一次出了軌，人的生態與情感無法再重複再摹仿了，暫時的似陷入洞窟的黑夜。當新的「摹仿句」未出現前，人只能在臨時洞窟暗夜中掙扎、思維。同樣，那一直螺旋式突出的生命，目前好像凹陷下去。凹陷中，也有些凸出，但那只是些不連貫的斷層。他們此刻所遭遇的特殊靜寂，是阿爾卑斯山頂冰河世界的靜寂，是凍結了一切的靜寂。人們希望遠處再顯此山特有的美麗彩虹，卻毫無跡象。只有它這些慘澹的夜，冷淡的冰河，似不斷埋陷他們。他們曾經瞭解過的，太古時代那種死的雰圍、背景、似又復活了，使人又一次回憶歷史的永恆暗景，和那些從未徹底解決過的永生的糾紛課題。

冼美綉出殯十天後，爲了安慰鄭天漫，讓他散散心，大家邀他遊虎跑。恰巧林鬱這時也由上海來了，正好加入。鄭天漫先是不答應，經不住大家死拖活拉，終於被拖出來了。饒這樣，他還是顏色憔悴，形容枯槁，喪神落魄的。失去一個最愛的人以後，他那種沉痛感受，絕不是局外人能理解的。

這幾個人中，平日對虎跑最感興趣的，是林鬱。他說，這是一個眞正的東方，一個樸素無華而又深沉豐富的東方。那幾椽沉思的瓦屋，親切而低矮的簷溜，燕尾式的青色寶瓦，明靜的窗，古舊而莊嚴的圓柱，昇天的高大楓樹，一池無聲的泉水，織滿樹影日影的幽寂院落，一切沖淡而沉思，好像世界從未在這裡投聲投影，又彷彿世界曾在這裡投了太多的聲、太多的影，過份飽和後，反而聲消影滅了。特別是，這片飾鏤適度陰影的院子，靜得那樣深，哲學得那樣邃，彷彿一下子突破人類的普遍時間動感，而回到永恆靜感。時間在這兒凝凍，變成冰河陰影中的冰塊。當午後疏斜日影一步步的、緩緩的，由庭院樹影中爬上迴廊楹柱，越過軒窗，昇上青色寶瓦時，一個人半躺在樹影裡籐椅上，目光追隨秋季的陽光，會感到生命中最絕緣的部份，以及宇宙的冰凍化、靜化。這時，人只有一個願望，隨日影的褪去而褪去。

「一個人坐在這裡喝茶，永遠會覺得天下太平。」林鬱嘆了口氣，輕輕說。他一手舉起白色磁茶碗，一手向上挪開白色碗蓋，慢慢喝著。

「這一片淡淡日影和靜靜樹葉影，使人好像走入老年，同時，又使人想破壞什麼。」唐鏡青慢慢說，從地上拾起一片桂葉，慢慢撕碎了。

瞿槐秋苦笑道：「這片桂葉、是一片以青春裝飾的老年。」

林鬱糾正他，深深呼吸了一口氣：「不，對我這樣帶點遲暮氣息的人說來，這片空間，是一個桂花裝飾的老年空間。你們聞聞，這院裡的桂花香。」

停了停，他微微又帶了點惡意的道：

「有時候，我眞有點討厭這片桂花香。花是這樣精緻，樹幹卻那樣醜。」望著院落中桂樹葉簇，輕輕嘆了口氣：「詩是這樣精緻，生活有時卻這樣醜，正似桂樹幹。」

鄭天漫望了林鬱一眼，繼續拚命抽煙，棕褐色眼珠四周混著血絲，臉色蒼白而瘦削。他一直沉默。

林鬱看他一眼，陰鬱的低沉的道：

「天漫，我完全理解你的心情。我知道，從現在起，一片新的情緒將出現在你靈魂中。可能，你會覺得，生活越令人失望，越來越荒謬了。生活的樂曲，原只應有ABCDEFG調，現在竟出現O調S調，甚至WXY調了。」

他悻悻說著，點起第二枝煙。

鄭天漫依然沉默。

唐鏡青低低道：

「天漫，過去的已經過去了。逝水再不能回流。爲了繼續應付這個可愛也可怕的世界，我希望你能慢慢恢復過去那種火山岩漿式的精神，雖然這種恢復是相當困難的。生活總是常常叫人不愉快的。這裡我們大部份朋友，或多或少，或許早就一直就沾染上你此刻的心理情調，雖然製造這種情調的原因不同。朋友，還是想開點吧！」

林鬱也勸慰他道：

「即使在最幸福的太陽光裡，最幸福的果子，不也有陽面？有陰面？天漫，我們懷著最大的誠意，勸你還是看開一點。」

鄭天漫依舊不響，臉上顯出一副怪誕神色。這十天來，他的聲音動作，一直帶點怪誕，彷彿原來並不是人類的一種動物，臨時硬要扮演人的角色。這樣，他的神態舉止，就有點顯得古怪了。他的沉默，不過是這種怪誕的一部分。

林鬱望了望鄭天漫右臂的黑紗，用手輕輕拍了拍他的肩膀，誠懇的道。

「看在我們這些好朋友面上，天漫，別再難過了。還是讓我們欣賞桂花香吧！你總會發現，生活中，有痛苦與醜惡，可也有一些美麗的事物，總像桂花香一樣，旖旎的飄起來，雖然它們又漸漸消失，但過一段時候，它們又飄出來。」

鄭天漫依舊啞默，像一塊古代巖石。

瞿槐秋把唐鏡青剛才撕碎的幾片殘碎桂葉，一一從桌上揀起來，放在茶杯裡，微笑道：

「這是我發明的茶，桂葉茶。西洋詩人戴桂冠。中國詩人喝桂茶。」停了停，視線轉向對面印蒂。「蒂表哥，你今天怎麼也像天漫一樣，老不開口？」

印蒂輕輕道：「我在喝茶。」

唐鏡青沉思著，慢慢道：

「還是喝茶好。」楞了一下。「從宇宙最高觀點看，可能，有些人也許過度誇張他們的悲哀了，有點像鑽石大王拿四十克拉鑽石當鈕釦。如果我們一向認爲，創造主常常是殘忍的，人活著，主要是爲了受苦，那麼，我們對某些嚴重情形，可能就會想得更遠些了。我很抱歉，我不能不這樣說。」

瞿槐秋嘆了口氣，苦笑道：

「有時候，誇張一下，心情倒可以舒服些。除了不值錢的嘴，我們又還有什麼名貴出口可以排洩悲哀？」

「槐秋，你說得太可憐了。今天下午，這座茶室似乎變成一座墓園了，那一樹桂花，是墓前一些花圈，算了，我們應該調劑一下了。」

林鬱喊茶役過來，要了一個空茶碗，飾滿泉水，慢幽幽道：

「早聽說，虎跑泉水很特別，茶碗裡、水可以堆得比碗高半寸，今天我倒要試試看。」

有好幾分鐘，大家都靜下來，看林鬱在茶碗裡慢慢堆水。林鬱拿了三個兩角銀幣，很愼重的輕輕投下去，碗裡的水，當眞慢慢增高了，約比茶碗高一個銅板厚，卻不漫溢。於是，他又慢慢往碗裡再投三個小銀幣，水繼續昇高，直至高兩個銅板厚，水仍不外溢。一隻手忽然伸過來，故意撞了下茶碗，碗內推得高高的水，立刻漫出來，跟著瞿槐秋的苦笑聲：

「林鬱，你搞什麼鬼。像耍猴兒戲似地。這一套小玩意，我們早就看膩了，你還賣弄。還是讓我們肚子裡塡點東西，實惠得多。茶房！沖五碗藕粉來。」

林鬱聳聳肩，做了個失望手勢。

「槐秋，你眞是！究竟不愧虎跑名泉，你瞧，剛才水堆出杯子有一分高了。我不是堆水，是拿這個卜卦，假如能堆二分高了，明年我們各人的運氣一定會好轉。」

瞿槐秋苦笑道：「你放心，明年我們的運氣，一定要比今年還壞。」

接著，他輕輕嘆息，低暗的道：

「在海上，有那麼多的水，卻沒有一滴可喝。我們現在的生活，像船駛入大海，到處都是飲料，卻沒有一滴可喝。我想，我們離古代傳統的旋律，似乎越來越近了。這一刻、這一分、這一秒，我們可以隱隱聽見魏晉末世的聲音：阮籍的酒杯、嵇康的琴、何晏的藥、劉伶的鍤，……。」

「不過，我們這裡，有一個人是例外。」唐鏡青微笑著說。

「誰？」

「印蒂！」他呶呶嘴。「你看，他始終不開口，悠然喝茶。在我們中間，他算是唯一的伊甸園裡的人物了。」他瞧著印蒂。「天漫呢，今天是因爲太傷感而沉默。印蒂呢，是因爲太幸福而沉默。」

印蒂放下茶碗，淡淡苦笑，慢慢道：「『太幸福』？……」

「瞿小姐今天怎麼沒有來？」唐問。

「她到一位女友家去了。」瞿槐秋說。

印蒂對那株高大楓樹凝望著，沉思的、慢慢的自言自語：

「一個人在河這邊看河那邊大森林，總會發迷。但眞走到森林內層了，樹的美麗也許會漸漸沖淡，而它四周的陰影反而慢慢增大，『滲透』這這兩個字，有時實在具有想不到兩面性。」

說到這裡，茶房捧著大托盤來了。林鬱活潑的道：

「不談這些玄學了。塡肚子要緊。你那個森林再迷人，也沒有藕粉迷人。」

大家不再開口，靜靜吃藕粉。

五分鐘後，唐鏡青推開藕粉，點起一枝煙捲，慢慢吸著，似乎是獨語：

「我眞有點害怕，現實是如此粗獷，我們生命中最黃金最敏感的那層情緒薄膜、可能就要磨破了。再不，磨得更粗，幾乎再無感應力了。」他抬頭看看天空。「不知道爲什麼，在生活裡，總有那許多陰霾成份等著你，像孟子提過的那個宋人守株待兔，而我們全是定期自動走到他面前的兔子。這一切，和我現在見到的藍天景緻似乎正相反。」

瞿槐秋一面用匙羹刮著碗內殘餘的藕粉，一面苦笑道：

「什麼破呀、粗呀，我們只是渾吃等死罷了。」

林鬱抬頭仰視藍天，卻沉鬱的輕輕朗誦他的一首即興詩：

陰鬱而黑暗的氣氛，

在我們四周氤氳，

像印度弄蛇者的笛聲。
悲哀的蛇舞動著，
牠是我們的生命，
牠是我們的命運深深。
啊，主，可哪裡是我們的眞正幼發拉底河深深？（註）

一直很少說話的印蒂，突然站起來，大聲道：

「去，去！到酒杯裡找我們的幼發拉底！」

到現在爲止，一直沉默不語的鄭天漫，也突然說出他第一句話——唯一的話：

「我也去！」

七

印蒂和鄭天漫從茶房那裡借了兩個酒瓶，走到山門口時，他們發現一對服裝華麗的男女。印蒂眼尖，很快便認出是商翰文與景藍。他許久沒有見到她了，覺得她發生很大變化。她好像久病新癒，臉色蒼白而瘦削，那雙匈牙利風情的眼睛，竟是意態懶懶的，一副無精打采的神氣。眸瞳裡面似乎壓抑了許多東西。這張原本充滿處女天眞純潔的臉，現在第一次塗抹了如此濃厚的人間顏色，而且是人間很深的部分。她的姿態，也不再像過去那樣輕盈活潑了，彷彿負擔了一個無形的沉重枷鎖。她正和商翰文慢慢踏上坡台石級，一抬頭，瞥見印蒂兩人，她怔住了。

「景小姐，哪裡去？」

「哦！印先生！鄭先生！」她愣住了一下，隨即淡淡笑道：「沒有什麼。隨便走走！」停了停，似乎想起一件事：「哦，鄭先生，眞對不起。那天出殯，我身體非常不舒服，沒有參加。……」

「沒有什麼。你到醫院探望過她一次，我已經很感激了。」鄭天漫眼圈紅起來。「前些天聽說你病了，現在好了沒有？」

「一點點不舒服。謝謝。現在好多了。」

印蒂插入道：

「鏡青他們都在裡面喝茶，你和商先生先進去吧！我和天漫買點酒菜，馬上就來。」

景小姐突然沉吟起來：

「唐先生也在這裡？」若有所思，終於躊躇道：「我們過會兒來吧！」

商翰文道：「我們先到大殿上看看，過一會來看你們。」

與商、景兩人分手後，鄭天漫不經意的道：

「景小姐和這姓商的幾時認識的？我們怎麼不知道？」

「我也不清楚。」沉吟著。「天漫，我們回去時，假如他們兩個還沒有到，我看，我們也不必向鏡青提這件事了。」他在回憶那天黃昏聽見的「寂寞之夜」，以及由此而駢連的種種。

「也好。」鄭天漫同意。

兩人下山，在附近一家小店裡，買了三瓶花雕，和花生米、鹽青豆、五香豆腐乾。兩人各捧了滿滿一大抱，返回茶座時，印蒂立刻發覺：商景兩個並沒有來。按時間說，他們早該到了。他不開口，只向鄭天漫施了個眼色，後者也會意，兩人眞的沉默了。

唐與瞿，正在聆聽林鬱的長篇大論，見他們回來，立刻興頭起來了。

「喝酒！喝酒！」

「茶房！茶房！」

林鬱中斷佈道，吩咐茶房帶筷子、盤子、和酒杯來。

十分鐘後，大家沉沒於一場樸素的小小酒宴裡。

「林鬱，你剛才似乎發揮宏論，被我們打斷了，請你繼續說下去吧！」印蒂喝了口酒，微微紅著臉道。

「沒有什麼，我只是發發牢騷！」

槐秋也在一旁催促道：「說下去！說下去！」

林鬱默默喝了一杯酒，吃了幾顆花生米，苦笑道：「好、好，我說下去。」

停了停，他沉思的回憶著剛才的話題，以及中斷的部份，接著，陰鬱的道：

「……是的，人並不能做什麼。人所能做的。只是殘忍，殘忍的騙人、玩弄別人、蹂躪別人。同時，也殘忍的騙自己、玩弄自己、蹂躪自己。歸根結柢，誰也不知道自己在做什麼。每個人站在臺上，都把自己雕塑成一座阿波羅，要千千萬萬人拍巴掌叫好。回到臺下，立刻又還原成一堆爛泥污土。千千萬萬人永遠是千千萬萬人。少數特權階級永遠是少數特權階級。

吃小米飯嚼菜根的永遠是千千萬萬人。吃大魚大肉而又自以爲在拯救千千萬萬人的，永遠是少數人。不少智識分子已害了一種不可救藥的撒謊症。從沒有人能眞誠的檢討自己、反省自己。只要扛起任何一面大旗，馬上就平地昇天，自以爲是救主，從不把旗子翻過來看清楚，上面究竟寫的是什麼，旗子裡面，準備包的是砒霜、是嗎啡、還是金丹？某些智識分子群中，目前正普遍流行著鴉片主義和販毒政策。滿坑滿谷，到處販賣鴉片嗎啡的麻醉藥。誰不吸毒的，各式各樣帽子立刻加給你。最可怕的一頂帽子，就是『逃避現實』。假如『現實』目前已被鴉片嗎啡壟斷了，那麼，『逃避現實』，其實就是『逃避毒品』。在這個可怕的毒藥世界中，假如要有大拯救，先得有大逃避。逃避開，好冷靜的看看、冷靜的想想。首先，我們應該有獨立的觀點，獨立判斷，絕不能趕時髦，學時髦其實只是扮演牯牛，讓別人牽著鼻子走。」

……也許，我還要做些什麼，再衝到火裡，再跳到水裡。但這只是我的矛盾。我內心其實只想逃避、逃避！」

林鬱說完了，開始默默喝酒。他似乎不是喝酒，而是在酒杯裡繼續他的談話、他的思想。

瞿槐秋陰沉的道：

「林鬱的牢騷，我相當同感。我們這個世界，早已是一個中毒的世界。世界已經有毒了，人再不會健全。」喝了口酒，慢慢道：「船的龍骨先爛，因爲它常近水。人們的情感先爛，因爲它常被世界侵蝕、被時間咬蛀。我們這些船，先從感情龍骨爛起，然後再到思想的船舷、意志的船艙。龍骨要爛，人要爛，世界要爛，幸福跟著自然會爛！」

「我再加一句，連上帝也要爛。」唐鏡青慢慢說。

「有沒有不爛的呢？」林鬱問。

「只有實在。」唐鏡青輕輕說。

「實在？」

「是的，實在，最高的實在。它是一種超於腐爛以上的。」唐鏡青慢慢撫摸著酒杯子：「可是，直到今天，誰也抓不住它。基督徒所抓住的，仍是一個易爛的實在，和龍骨一樣不經久。正因爲如此，所以，我們命定要演悲劇。越是想獲得幸福的人，越容易演悲劇。因爲，永恆的幸福，代表一種永恆的實在，但我們現實生活中，到處存在著反對這類實在的力量，而且是不可抗拒的力量，永恆的實在怎能可能存在呢？」

「你所謂實在，是不是指一種長青樹？」瞿槐秋問。

「嗯，永恆長青。」

瞿槐秋頭仰在椅背上，喃喃道：

「哦，長青的實在，長青的人，長青的美，該多好！可是，我們卻黃定了、萎定了的。」

他舉起酒杯。「來！來！爲我們命定的黃乾一杯！」

「乾一杯！」

「乾一杯！」

大家都激發的舉起酒杯，鄭天漫也默默擎杯，只有印蒂例外。

「印蒂，你爲什麼不舉起杯子？」林鬱推推他。

「你說的太可怕了。我不能忍受。」印蒂陰沉的道。終於，他慢慢舉起杯子。

「我不爲那命定的黃乾一杯。我卻爲幸福的綠色乾一杯，縱使它可能即將變色爲黃。」

他一飲而盡。

大家仰起臉，喝完酒。

「天漫，直到現在，爲什麼你不說一句話？」槐秋望著鄭。

鄭天漫獨自爲自己斟了一杯，沉鬱的道：

「如果你們是我的眞正好友，應該容許我今天沉默到底。我很羨慕你們，因爲你們能開口說話，不管怎樣，這總是一種幸福。」他說完了，立刻又默默乾了一杯。

大家喝著酒，一種難堪情緒，不油而然湧上來。每個人都有蒼茫感，好像在深秋暮色蒼茫的大平原上趕路，終點不知在那裡，昏暗的暮色卻已先來了。正因爲是在昏暗中，人的脾氣也壞得多，帶了點頹唐。眼前所浮顯的，一切只是「滲塡假相」，它們滲透著、塡滿著，卻永遠是浮薄的、淆雜的。瓦簷瓦脊上的陽光、漸漸淡了。院落中那棵高大楓樹，一半已蒙上暗陰，樹梢頭塗著紅色夕暉。遊人陸續歸去，座子大半空起來。池子裡泉水卻更靜了。樹的葉影在院落磚砌上搖顫，有點冷意。但他們還不想回去。這片即將到來的暮色，似乎正是他們此刻最需要的顏色。他們手裡的酒杯，有點太亮了，只有在黃昏中，它們才眞動人。人需要最暗的日影，酒杯也需要。

這五個人中，平素一向色調暗澹的林鬱和槐秋，這時倒顯得比較明亮了。因爲，另三個人，由於各自不同理由——秘密的或公開的理由，今天下午，特別表現出一派灰色，對於這些，林瞿兩個，半理解半不理解。但他們一時也不想深解。生活本身常常就是不可理解，人們有時變幻無常，並不足怪。

瞿槐秋喝著酒，喃喃道：

「這一切朦朧蒼茫，淡淡的日影，靜靜的泉水，是誰給我們安排的呢？」

「這是一種無安排的安排，你找不到任何一個安排者，卻又隨時隨地被安排。倒霉也就倒在這裡。」唐鏡青慢慢說。「一句話，悲劇是一個常數，幸福是一個偶數。」聲音低下來，充滿憂鬱。「拿我說，現在，我就隨時隨刻等待這一常數。」

「可是，這一大堆日子，怎麼打發掉呢？我忽然發覺，這一堆日子變成一大堆黃鱔，又黏、又滑、又髒、又瘦、又長，我簡直無法對付。」瞿槐秋說。

林鬱深深喝了半杯酒，點起一枝煙，噴吐一枝煙，慢慢道：

「日子總是日子。黃鱔也好，黑鱔也好，你反正要應付。你討厭一個吃羊肉的，你可以不應付他。你憎惡一個賣大力丸的，你可以不應付他。但你無法不應付日子。黃鱔可以炒了吃呀！」

他飲完杯中殘酒，繼續抽煙道：

「說來說去，時間究竟是可貴的，因爲，一個人被命定了，只能佔有多少時間，好像一個孩子被大人規定了，只能用多少錢。這些錢，用一個，少一個。日子像籠子裡許多鳥，我們不是由於佛家的仁慈，而是由於不得已，才必須每天放一隻。而放出的每一隻，便永遠不再回來。有時候，我們眞該擁抱這些鳥而痛哭，哭它們不得不違背人意的飛走。但是——」

他又斟了一杯酒，慢慢喝了一口，慢慢道：「更好是微笑著送牠們離去。一個蒼涼而淒寂的笑！」抽了一會煙，又喝了一口酒，陰暗的道：「生命在我只是一個幻術，它的眞實則是空虛與欺騙。我們生活的意義，就是欣賞這種騙術的手法和它的輝煌，而沉醉於這一剎那的感情眞實上。比如說，我要到成都陳麻婆店吃陳麻婆豆腐，明知耳聞不如目見，去了，一定會失望，但我儘可不管這些，我只沉醉在受騙前的希望中。雖明知這一希望虛妄，但沉醉於受騙時的感情，究竟是眞實的。歸根結柢，一切快樂和沉醉總是一種主觀。」

他一口氣喝乾酒，沉思了一會，慢慢道：

「現在，我終於明白了，我們一切所做所爲，什麼希望、快樂、沉醉，只爲完成一件工作：抵抗死的陰影！」仰首望楓樹頂上的夕暉。「現代都市的一切豪華繁麗，只是一種武器，爲了解除死的陰影。人越被裝飾得堂皇熱鬧，人便多想生，少想死了。都市所以要否定農村的簡陋，正因爲在赤裸而單調的農村原野上，死的陰影太大了。古代人，特別是原始人，比現代人怕死，就是因爲原始生活太單調，生的內容太薄弱，沒有複雜色彩和聲音，死的陰影便顯得特別巨大了，也可怕了。古代埃及人特別怕死，要造木乃伊，因爲他們是居住荒漠上，終年赤裸裸面對死，毫無遮蓋。因此，他們要建築金字塔文化，拿它當一種裝飾簾幕，使死變得較美麗些！哦！這一切其實都是噩夢！」

當林鬱發長篇議論時，印蒂一直不響，現在，他卻第一次打破沉默道：

「我看，我們不必再發牢騷了。現在，我有個提議：爲即將逝去的最後夕陽光，大家乾一杯。」

「贊成，贊成。」

「是的，最後的夕陽光！」

「最後的夕陽光！最後的酒！」

鄭天漫擎起杯子，第一次想正式開口說話，他低低道：

「我希望，我能化爲這片美麗的夕陽光，不久沉入地底，——她永睡的地方。……」

他再說不下去了，突然大聲哭泣起來。那杯酒原封不動，又被放到桌上。

大家手忙腳亂的，忙著安慰他。

印蒂跟著也說了幾句安慰話。接著一仰頭，他喝乾杯中酒。一個思想旋即浮起來。他看看腕錶，心深處似乎在無聲的喃喃：

「景小姐她們肯定不會來了！」

他對唐鏡青的沉鬱臉色投了一瞥。他彷彿明白了一些事，儘管這些天他還未徹底弄明白自己的事。

八

從虎跑回來的一星期後，一清早，印蒂就到姨媽家裡。這天是瞿縈誕辰。瞿太太說，女兒在外多年，去年那個小生日，太簡陋了，這回一定要舖張點，決定晚上請三桌酒，邀一些親友，熱鬧熱鬧，囑印蒂早點過去玩，順便也照料照料。

這些日子，正如我們在前面敘述的，印蒂一直有點不太自在，究竟爲什麼不自在？他一時也弄不最清楚。空中那些神秘的音籟、鐘聲、那些黑色的音符，灰色的空虛，唐鏡青的「寂寞之夜」與實在，生物學家的「表象」與「永恆」，洗美綉的最後形相，虎跑的桂樹光影、靜靜的泉水、雋永的茶，以及最末的夕陽光，這些，或許全與這個不自在多少有點瓜葛，卻還不是根因。根因如果有，即使他還最不明白，至少也抓住它一點模糊的端緒，這就是：他感覺自己似乎正在經歷一種新細胞形成時的分裂運動，有絲分裂，或無絲分裂。說明豁點，自從T島歸來後，那個原本非常統一的完整的「自我」，彷彿漸漸有變成兩撅的趨勢。何時出現此一「漸漸」的？爲什麼？他毫不瞭然。待他多多少少眞正的正式瞭然此一現象時，後者似乎早已存在了：「自我」有可能向兩撅狀態演變，這似乎很奇怪，當它們轉化爲事實時，卻不奇怪了。因爲，任一種事實存在時，必然先具備一些條件，當它或許會暴露在陽光下、而他多少已看出一點時，已不需要奇怪出現，如果它是深深隱藏著，潛伏於外界空間、或他自己靈魂內核空間極深處，他從未自覺發現過，那麼，當它所造成的事實驟然出現後，他會開始覺得奇怪。

按他大半年來生活說，他不可能有眞正的冷靜，但海濱歸來後，這種冷靜——過去若干年曾占有過他心靈的，竟然偷偷再度出顯了，這就說明：上述那種兩撅化，在他精神結構裡本有一定基礎，此刻，它或明或暗的被他意識到，其實並不奇怪。

正是在這種有點分裂的狀態和兩撅演化下，今天他來祝賀表妹生日，天然的，他似乎不太可能按照原來願望，毫無保留的放縱自己情感與歡樂。

這天在姨媽家裡，雖然有談有笑，心靈最深處，卻似乎長了個秘密瘤腫，鬱結了一團淤血，使他隱約的感到拘束，不能像燦爛的春花怒放。他不敢回憶，去年今天，她初回家不很久，他是懷著怎樣一份激動心情，來參加這個盛會。那時候，這片熱鬧氣氛中，彷彿有一股高高在上的魔力，主宰一切，也誘惑一切。現在「高高在上」的似乎沒有了，至少，魔力一部分被沖淡了。那些巨大的誘惑不再璀燦如雨虹了。一切好像恢復常軌了。他想在四周空間發現那片奇異的魅力，色彩，卻不易捕捉住「奇異」，倒覺得儘是一些正常的魅力與色彩。他幫他們佈置壽堂，擺設香燭，堆疊糕菓、簪插鮮化、手腳活動著，心裡卻相當安靜。

儘管如此，但熱戀中的情人，不管一方怎樣開始發生一點點心理變化，但只要良知與正義感還在，那片一直燃燒的火燄，（儘管某一部分開始轉弱），還是直透靈魂深處。要麼，不與她在一起，只要一看見她，一走近她，身不由己的，他眸子會發亮，心臟仍會加劇跳動，血液仍會洶湧。她那雙象牙黑的大眼睛，只要輕輕一瞪，他就幾乎無條件的、自動忘記那些神秘的音籟、鐘聲、黑暗、空虛，一切又一切。他又一次回到他「原來的他」——她的魔力籠罩下的他。他覺得，必須這樣。這就是良知。說來說去，他是一個很道德的君子。

他的內在開始有點複雜的情緒，瞿縈絲毫並未看出。她被愉快的火燄整個佔有了。生命對於她，即使是一枝最平凡的小草，一塊最庸俗的石頭，現在也顯得光芒萬丈。而一樹一木一磚一瓦，一街一屋一鷄一鴨，也無不表現奇蹟式的閃亮。這片光亮，原是創造主最初分配的，只因人過於追求它們所未有的，反而將本有的冷淡了。她目前的情緒，就是要用愛情的原始眼睛，邁過時間在萬物身上所塗抹的醜彩陰影，以及惡俗的脂粉，直入它們最原始的刹那，那剛被上帝創造的一刹那姿態。眞正，在一個眞正幸福的戀人眸子裡，世界上哪一種存在不放射同樣幸福的光輝呢？正因爲她經歷過若干年的漂泊流浪，她更能眞正了解目前所獲得的幸福。藉這片「幸福」作飛橋，她要向天國飛去，去採擷那永不消逝的璀璨花朵。

這一對表兄妹的瓜葛，瞿太太本來就鼓勵，現在，發覺他們親密得遠過她的預期，自然心滿意足。其實，她還遠不知道他們的眞實情感場景哪！這些日子裡，印蒂一直利用他過去秘密工作時的機警與靈敏，佈置他們的幽會。赴T島度蜜月時，一個說到上海女友家裡作客，一個說到海邊旅行，就是個例子。正由於這種高度「地下」風格，他們雖然已在一起度過那麼多歡樂的黑夜，外面卻絲毫不露形跡。在姨母家裡，他也盡可能約束自己感情，讓一切表現得比較樸素自然。饒這樣，他們所彈出的感情最低音，給瞿太太的印象，也夠深刻了。退一萬步說，即使她眞洞透底蘊，他們也不在乎，反正，按她想法，他們的正式結合，只是時間問題。

午飯時分，瞿太太決定不邀外人參加。她從天香樓叫了一桌菜，專爲自己家裡幾個人喝酒，吃麵。

「人多有人多的好處，熱熱鬧鬧，猜拳行令，大家興緻也就更豪了。你看，《紅樓夢》上所描寫的那些酒席、筵會，眞叫人恨不得飛到書裡面，搶個座位。」瞿太太喝了口陳年花雕，微笑道，「不過，眞正欣賞妙境，還是人少好。最多不過四五人。這樣，才能斯斯文文，安安靜靜，細細心心的吃、喝、談、笑。人一多，免不了怪喊怪叫，窮兇極惡了。來，蒂，我和你乾一杯，祝你來日榮華富貴，一帆風順，討個好太太，早日成家。」

印蒂苦笑著，站起來，和姨媽乾了一杯。接著，給表妹斟了一杯，又給大家斟滿，平靜的道：

「我們大家給縈妹乾一杯，祝她永遠像彩虹一樣美麗，像青松一樣健康。」

「不，應該祝她嫁個好郎君。」瞿槐秋笑著加一句。

瞿縈聽了這些，臉色絲毫不緋紅，卻嬌媚的喝乾酒，微笑道：

「蒂哥！今天我既是壽翁，少不得要批評批評。媽和哥哥的祝詞太庸俗了。那些字眼多難聽啊！你們調派我，我可一點不臉紅。我和蒂哥反正在相愛，這是比太陽更明白的事。你們的調侃，我只覺得幸福。蒂哥的祝詞，比較像樣些，可還不夠最新鮮。你讀過那麼多詩，哥哥也念過不少文學書，又是住在西湖邊，難道連一句美麗新穎的祝詞都想不出麼？」

「你希望什麼祝詞呢？」瞿槐秋笑著問。

「這怎麼能我『希望』，當然得用你們那偉大腦子去想囉！」

「我首先聲明，我的腦子最小不過，用裁縫尺量量，不會超過兩三寸。這個，只有蒂表哥最內行，他很會花言巧語迷人的。要不，我的心性最高傲的妹妹，怎會在他面前服服貼貼呢？」瞿槐秋笑著說。

印蒂還未答話，瞿太太就搶著笑道：

「縈丫頭！你也太會挑剔了！一個女人，除了健康、美麗，嫁個好丈夫，還有什麼別的了不起大成就麼？祝詞像奉菜，有的人愛奉冬菇鮮筍，取其高尚雅緻、芳香精美，其實，它們一點營養也沒有。他們（包括我在內）今天奉的，都是武松過景陽崗打虎時吃的大碗牛肉，雖然形式不雅，卻富有多種維他命和蛋白質。」

「那麼，你們奉的，都算是充滿維他命的祝詞了？」瞿縈笑著道：「好！我就爲你們的多種維他命祝詞乾一杯吧！」她舉起杯子，一飲而盡。

大家都笑起來。

瞿槐秋把一盤青椒炒牛肉片推到她面前，笑著道：

「縈妹，這盤能鼓動武松上景陽崗打虎的牛肉，今天應該由你包辦。」

大家又笑起來。

「他們說的，都是實實在在的話。你如果眞能受用了，就是一輩子的清福了。」瞿太太笑著，忽然想起一件事，慢慢笑道：「什麼景陽崗打虎不打虎，我倒想起一件事了。聽說景小姐就要訂婚了？」

「怎麼，景小姐要訂婚了？」一直不開口的印蒂，抬起頭來。「和誰？」

「不知道是誰，聽說是個大學教授。」

「哦！……」印蒂不再開口。

「景小姐年紀不小了，不管她怎樣左挑右選，樹高千丈，也該葉落歸根了。」說到這裡，瞿太太突然停住了，給大家斟滿一杯酒，笑著道。

「大家先喝乾這杯酒，喝完了，我有話說。」

大家笑著喝完了，抬起臉來看她。她臉上充滿慈祥與愉快，眼望著印蒂與女兒，微微沉思的，低低道：

「這一杯是爲你們兩個喝的。」

女兒頭低下來，眼睛裡卻閃爍光輝。

印蒂有點像苦笑，神色稍稍不安。

瞿太太繼續說下去：

「是的，這杯酒是爲你們倆喝的。女兒，你剛才說得那樣坦白、直率，我一點不怪你放肆，失了大家閨秀體統，你這是一片眞心、眞情。做人就該眞。也許你們說我有點醉了。但我今天一點沒有醉。（對女兒）我不算是個保守的母親。（對印蒂）我也算是個開明的姨媽。我一直鼓勵你們兩個相親相愛，永遠要好下去。你們全看得出來，我疼印蒂，跟疼自己女兒一樣。我對自己兒子槐秋，也沒有這麼疼呢！」聲音激動起來。「我很喜歡，你們能這樣在一起、這樣要好。從小你們就在一起，並且很好，我希望你們永遠好下去。今天我先爲你們未來的幸福預祝。我這番話，雖然說得簡單，卻算是一個正式的『官方聲明』。我這個母親和姨媽，究竟不是一般的母親和姨媽，被什麼『四維』、『八德』綑綁得緊緊的。你們可以滿意了吧？」

瞿縈和瞿槐秋都笑了，印蒂也在微笑。

瞿槐秋興奮的站起來。

「我也爲我的表哥和妹妹兩人的未來幸福乾一杯！」他舉杯一飲而盡。

瞿太太制止道：

「好了，好了，他們兩個的事，只說到這裡爲止。再說下去，縈丫頭又要批評我們不文雅了。別的詳細節目，改一天再說。」

瞿縈睜著那雙象牙黑的大眼睛，凝望花廳外面院子裡的那隻荷盆，那正是他倆第一次重逢她所倚立的空間。此刻，她眼神裡，洋溢著一片純靜的夢幻，和激動的火燄。

印蒂不開口，默默的，一連喝了兩杯酒。

午飯後，印蒂與瞿縈雙雙走到她那幢小洋房的小客廳裡。爲了方便，花廳內那架鋼琴，已移到這兒了。他點了一枝煙，慢慢抽著，視線沉鬱的投向藍色煙霧。

「縈，給我彈彈琴吧！」

「彈什麼？」

「『夏季最後的玫瑰。』」

她嫵媚的望了他一眼，坐到鋼琴前面，揭開琴蓋，輕盈的彈著。

他站起來，走到窗口，通過敞開的玻璃窗，欣賞花園內的寧謐，和花樹的靜態。掛在尤加利樹下的鳥籠中，有百靈鳥與畫眉的瀏亮聲音。桂花的香氣，從園子裡瀰溢出來。那隻美麗的黑花貓繞著桂樹，似乎走在香氣裡。他輕輕噴吐藍色煙環，吸完一支，接著是第二支。琴聲注入他的聽覺，帶著一種迷眩的顏色。

一曲彈完，她媚笑著，回過頭來。

「蒂，還奏什麼？」

他並不回頭，半噴吐著藍煙：「『蝴蝶夫人』的One Fine Day。」

琴聲又輕盈的響了。才彈了幾句，聲音忽然停了。接著是她半嗔的聲音：

「蒂，你忘記了，今天是我的好日子。爲什麼偏選這類曲子呢？」

「那麼，彈你所愛的曲子吧！」

她另外選了幾支愉快的歌劇抒情歌曲，像「茶花女」的「飲酒歌」及弗祿多的「瑪莎」歌劇中的「你是如此純潔」之類。彈了一會，她站起來，走到他身邊，溫柔的偎著他，安靜的道：

「蒂，我在注意你，你已經抽了第四支煙了。今天下午，你的煙量比往常增加了。」

他微微苦笑道：「今天不是你的好日子麼？我應該多抽幾支煙的。」

她走過去，從攀上窗臺的長春籐上，摘下一片綠葉，輕輕在手上玩著。她輕輕喚道：

「蒂！」

他回過臉望她。

「蒂！」

「什麼？」

她不開口，倚著窗臺，半閉上眼，沉默著，似乎有點迷暈，好一會，她才睜大眼睛，把手上那片綠葉插入他白嗶嘰上衣左角斜口袋裡，接著，輕輕嘆息道：

「一切鳥翅總有最後的森林。一切葉子總有最高的枝條。你看見遠處我們的森林，我們的枝條麼？」

「我看見。」他慢慢的沉思的說，吸著煙。

「你高興麼？」

「是的，……我高興。……」他用一種奇異的眼色，怔怔掠了她一眼，聲音微微帶了點蒼澀。

她苗條身子溫柔的倚住他的，眼睛夢幻的望著園裡的紅色海棠花，夢幻的道：

「我也沒有想到，我會有今天這份情緒、這份思想，從前在外面旅行，到處漂泊時，我只渴望永久的變化、永久的波動、以及永久的神秘。現在，才開始明白，一個人最寶貴的，還是永久的和平、永久的白晝，任何風暴的激烈、黑夜的神秘，只該是生命的部份點綴，卻不該是它的主體；主體該是永恆的和平與光明，一種包括華麗和樸素、複雜與單純的永恆秩序、旋律。一切偉大的荒唐的幻想，應該溶入平靜而正常的河流。

「一個男子是高高的塔。幸福的結婚是一片湖水，泛濫在塔四周，使塔圓滿而美。女人和愛情也就是這種溫柔的泛濫。你直立在裡面，不再感覺四周單純、空虛。她永遠沉浸你，在你四周閃耀、延展，這樣，你莊嚴的姿態中，添上無限嫵媚。」

他扔掉煙蒂頭，從上口袋裡取出那片春籐綠葉，放在鼻邊輕輕嗅著，卻不開口。

她繼續說下去：

「愛情以結婚爲中心，像月亮在白道上走，以地球爲中心。每逢走到快與地球近了，數著日子，眞是一天天近了，有一種快樂。一切必須以這個頂點快樂爲核心，才能噴出無量數小快樂泡沫。這些泡沫，這個核心，是生命的最必要部份。哦，蒂，你高興我終於永遠在你身邊吧！」

「我高興。」他繼續在鼻下呼吸那片綠葉。

她瞪大眼睛，怔怔望了他一會，突然微微神經質的道：

「蒂，今天下午，你的臉色怎麼有點不頂開朗，有什麼心事似地？你是不是在想我們的婚事，想這想那的？」

他點點頭。

「你怎麼想呢？」

「這在我還是一個奇蹟的經驗。」

「你是說，它能給你奇異的幸福，還是——」

「自然是——奇異的——幸福囉！」他微微笑著，臉孔從綠葉上面抬起來：「讓我們暫不必多預想它吧！預想多了，會影響將來實際享受的份量！縈，再給我彈一曲『夏季最後的玫瑰』。聽完這支曲子，我要去看鏡青，拖他來吃晚飯。」

琴聲不久響起來。

他輕輕把手裡綠葉扔到窗外，點起第五枝煙。

×　×　×

一點鐘後，印蒂叩擊唐鏡青的門環。他看見繆玉蘭。她告訴他：唐在樓上書齋。他走上樓，踱入書齋，一個人沒有。到琴室看看，唐也不在。正躊躇著，他忽然聽見寢室隔壁盥洗間有呻吟聲，推開門，他大吃一驚，發見地板上倒著一個人，正是提琴家。

「鏡青，鏡青，你怎麼了？你怎麼了？」

「………………………」

「鏡青，鏡青，你怎麼了？你怎麼了？」

「…………………………………………」

他走過去，打算扶唐起來，他聽見他的呻吟聲：

「不，不，就讓我這樣，舒服點。」

「你究竟怎麼了？你究竟怎麼了？」

「剛才頭發昏，跌倒了。」

「我扶你起來，到房間裡去。」

「不，不，就這樣，……等一等再扶我。……給我開開燈。……這昏暗眞受不了。……」

「現在天並沒有黑。」

「我覺得黑的很！」

印蒂這才發現，唐是一陣眼睛發黑，這才暈倒在地上。他低下身，不由分說，把他扶起來，半攙半抱的，慢慢的，把他送到寢室床上，讓他躺下。

「鏡青，我就去喊你太太。」

「不，不，不要找她來！……否則，我會瘋的。……我現在絕對不要看見她！……」

印蒂坐在床邊，低聲問：「鏡青，你究竟發生什麼事了？」

唐低低喃喃，像是夢囈：

「景小姐剛剛來過。……」

「來過，怎樣？」

「她……她……她……訂婚了……。」

印蒂不禁發了傻。一條閃電偶然亮起來。「是不是和商翰文？」

「嗯。」

眼淚如豪雨，從唐眼睛裡灑出來，一片軟弱嗚咽語聲，卻強烈的震擊著印蒂耳膜：

「啊，印蒂，……我是完了，……完了。……我毀了她，……也毀了自己。……完了，……完了，……什麼也沒有了。……今後我所有的，只是毀滅，……毀滅。……啊，完了……完了，……這個大毀滅是我自己一手造成的。是我把姓商的介紹給他的。……完了，完了，……」

印蒂不開口，從這片淚聲語聲中，一片奇異的天空似乎突然出現於他思想裡。他認識很清楚，這是一個又永恆又定命的天空！他不禁渾身顫慄起來。

註：據聖經記載，幼發拉底河爲伊甸河流的發源。

第十一章

一

她在睡。她苗條的身子橫陳彩色地氈上。她的臉斜對著窗外青青遠山。通過法國式落地大玻璃窗，窗外的山脈、湖水、楊柳、甚至桂花香，都簇擁到她身上。一整個秋天下午的明淨季候、似全湧現於她臉龐。她是幽麗秋季的化身。身內那座火山暫時隨她睡著了，她只讓熔岩兜內心轉，不讓別人看到。現在，她有一種靜止的熱，熱得不再透出半絲熱氣。只當他深深注視她時，經過熟悉的摸索，才從她明媚的睡臉亮光中，發現一股潛在的閃爍；透過肉體簾幕的燦爛。他半跪她身邊，凝望她。這是她吩咐的；要在他溫柔的視覺下靜睡、悄悄做夢。這個湖濱華麗大飯店，近來有時已成為他們的臨時公寓。他們不時在這兒消磨一個下午，或一個黑夜。站在透明大玻璃窗前，他可以看見全部湖景，而這些綠水、黛山、叢樹、長堤、花木、遊艇，也就成為他們生活組織的一部份。一個悠長午睡醒來，她常常披上那件長長白袍子，拉著他，走下那長長白色石階，踱到湖邊，似夢似醒的，開始泛舟。今天下午，她睡得特別甜，許久沒有甦醒，他守著她、望著她，已經變成一種義務，再不感昏眩或沉醉。他並沒有全遵她囑咐，一直凝視她，有時卻活起來，視線卻轉向湖上。湖上的秋季情調，似比她的臉龐更吸引他。他瞅著綠水青山，心卻漸漸沉下去，彷彿遭遇什麼事故。說不出爲什麼，這個下午，他有點不安。他對湖山花樹望著、望著。突然間，隱隱的，他又彷彿聽見那個神秘聲音了。好些天來，綽綽約約的，它就追蹤他、跟住他、召喚他。他似乎不大容易擺脫它。是這樣神秘複雜，而又極富誘惑性，絕不像這個世界的聲音。它是另一個世界的音籟。這種聲音，人只要聽見一次，就永遠聽見了。正像十一年前，他第一次聽見它一樣。那時候，它召喚他，引誘他拋棄一切，全心全意跟它去；此刻，它好像也作同樣的勾引。在他目前生活中，這一切怎麼發生的？它怎麼會突然出現的？他弄不清楚。可是，它也不是這個星球的記號。它是另一個星球的符號。它巫女樣向他舞蹈、衝撲，且不斷對他招手、呼喚、要他跟它去。它絕不同於過去若干年的那些召喚聲，它們是輝煌的，它卻是相當黑暗的、陰險的。它宛若告訴他，這個世界給他已太多太多了，而他所得的也太多太多了，他可以離去了。假如他再留下來，他所能做的，只是千萬次嚼蠟的重複，而且，還要重複厭倦、重複失望。「跟我去吧！在我那裡，有異樣的花菓，異樣的島嶼和芳香。在我那裡，再沒有輪軸式的厭倦的重複。永恆歡樂與和平凍結一切。」他終於站起來，逃脫似地走到窗前，眺望遠處西湖。湖發散青光，在晴暈不定的雲彩下，開始反映許多陰影。他睇視著。從湖面上，漸漸的，一幅巨像突然浮起來。它實在不是巨像，而是一片黑髮女臉，並且是一個熟人的臉。他怔怔盯視，終於看清了；是洗美綉的臉。緊跟住她，一陣死之陰風也從湖上吹過來。他打了個寒噤，離開窗子，在室內來回踱。她仍睡著，甜蜜的睡著，玉白臉上籠罩迷魅的夢態。他看得很清楚，這是一幅美麗的臉，一副美麗的苗條胴體。可他感到淡淡哀愁。一種又玄秘又飄忽的哀愁。過去他很少感到它，歡樂以後絕對毫無理由的哀愁。但近來，每次沉入赤道歡樂大太陽裡面後，時不時的，這片北極的哀愁月光，總會淡淡射到他身上，彷彿峻急狂潮以後的緩慢退潮。從前，只當孤獨的黃昏、寂寞的暗夜、春落花、秋落葉時，他才偶被它所襲，現在，它似由偶然寄客變成常客，似生根於他精神邸第。很容易的，他會看見它的眼睛、臉、手臂、身體。它好像是一種與原始時空同住的結合體，哪裡有時間，哪裡有它；哪裡有空間，哪裡有它。今天這個下午，這一刻、這一分、這一秒，它影綽綽的、婆娑舞蹈於他四周，舞影是淡淡的。正因爲是淡淡的，才那樣頑固的纏住他。假如它再濃一些，他或許可以抵抗了。淡淡形影，若有若無，可有可無，曖昧朦朧中，反烘出一片眞深度。他正想抵抗時，它無了；他散漫不介意時，它有了。這是一種神異的煙雲霧紗，然而卻似乎是永生的。它輕悄無聲，卻似乎是永生眞正聲音的一籟。它是千萬個暴雷凝結後的輕淡，輕淡後面，掩藏了萬千生命慘酷死跡和黑劇。藉這片樸素輕淡的形式，永生開始向他嚮了，不時叩擊他了。一個巨大深淵黑黑暗暗的似展露在他思想中。他又步到窗前，眺望樓下幽靜的庭園，園裡一株玉蘭樹正飄下幾片黃葉，彷彿是幾葉凋落了的思想，一隻瘦小白蝴蝶漫飛於樹下。天空明與暗交錯，晴中有霾，霾中有晴。有薄薄陽光，始終埋隱雲層裡，像暗淡中埋了一簇簇珠寶。天氣很暖和。只偶然吹過一兩瓣涼風。遠遠的，街市騷音浮動著，但這裡一切卻安靜而慵懶。他貼著窗格子。望山望湖，看雲看樹，總覺這片安靜裡還少些什麼。過去幾個月裡，他和她共同享受這種安靜時，他的感覺似乎是圓形的，是一種球體，今天，他卻貫穿這個球，窺見球外別的，而他的感覺也由球形變成三角形了。這種三角形感來得很神秘，但一來以後，如堤破口，一些衝流都要湧過來。此刻，這片凝寂中的缺口處，湧顯出一些異樣東西。他傾聽這缺口，諦聽這些異樣東西。下面大廳內，茶舞音樂響了。華爾滋一朵兩朵飄上來，像玫瑰花。可他再不感到這闋圓舞曲的綺麗，只覺華麗後面的哀涼。眞怪，任何優美後面，似乎總藏了些哀涼。僅僅爲了掩蓋後者，前者這才分外熱烈的表現自己。正像薔薇花拚命發紅，只爲了掩蓋對萎落的恐懼。然而，掩蓋不了的還是蓋不了。圓舞曲又響了，從它深處溢出的永生音符又響了，一剎那間，他思想裡閃過一個標題：「浮世的歡樂」！「浮世」兩字，特別「浮」那個字，使他有點顫慄了。他回顧四周，這精緻的落地大玻璃窗，白色剔空挑花窗帷，美國黃楊木跳舞地板，柚木沙發，織錦彩色椅墊，刺繡藍色檯布，藍色絹織傘燈，這一切裔艷裝飾、是不是也只爲了掩蓋什麼？他來到這片華艷裡，是不是也只爲了掩蓋什麼？他或許本無心掩蓋，而只是跟潛意識走，但當這一切瑰麗變得脆弱時，它後面被掩蓋的，卻衝出來了。「一切華麗後面，或許都藏了些可怕的。不是看不看見的存在，而是願不願看敢不敢看的存在。」華爾滋又飄來了，一朵、兩朵、三朵。玉蘭樹葉子又落了，一片、兩片、三片。那隻小小白蝴蝶還是沿樹孤獨飛繞。天上雲彩乍明暗，陽光閃閃綽綽，綠色湖上籠了層暗影。他轉過頭，她仍在睡。她的睡顏是那樣美，他不忍驚醒她。他走過去，坐在她身畔，沉迷的瞅著她。當他眼裡唯一存在體只有她時，他的情緒似乎又轉了個季候。當他一沉入她的青春與美麗中時，一種突然的慾望，使他想更深更深的凝望她，極沉迷的凝視她。

或許由於他眼睛的壓力，她在夢中被望醒了。她睜開眼，微笑的回看他，溫柔的抓住他的手，輕輕道：

「蒂，你在想什麼？」

「我什麼也不想。」

「眞？」

「嗯。」

「你也不想我？」

「我只體味。」

「體味什麼？」

「你的頭髮、你的眼睛、你的呼吸、你的氣味。這一刹，我眞想就此離開這個世界。再留下去，好像對不住上帝，他已經把人間最高最深的給我了。」他忽然緊緊抱住她，沉迷道：

「榮，告訴我，你會永遠這樣貼緊我吧！」

「即使我將來變成一片虛無，也要永遠纏繞在你髮上、身上。」

「不要將來，只要現在。」

「現在我不把一切都給了你麼？你還要什麼？」

他放鬆她，輕輕嘆了口氣，沉溺的喃喃道：

「哦，榮，我知道，我已經從你拿得太多太多了，但有時又覺得拿得太少太少，彷彿才開始拿。我眞不知道怎樣想怎樣感才好。人性的精神機構、對我好像不再有用了。任何思想和感覺，現在已變成一座隔牆花園，無法走進去。你說，我們該怎樣說。怎樣想？怎樣感？

怎樣做？讓我們緊抱著沉到海底吧！只有這樣，才或許——」

她兩手放在他肩上，大眼睛怔怔瞪著他，瞪了一會，突然又嫵媚又長江大河的道：

「蒂！我眞生你氣了。在最甜最樂的時候，近來你常說這些。多怪！我們就這樣天堂式的活下去，不極美？極全？每個早晨，我們從幸福的湫流站起來，經過旃檀香與葡萄汁式的又濃又甜的白晝，黑夜再返回湫流。你笑裡永遠有我的笑，我感覺永遠有你的感覺。我們像心理學中那一團情意結，永恆相纏相結，相映相襯。隨著時光，我會做你最好的主婦，給你佈置一個最鮮明的家，鮮明得像摩洛哥顏色，後期印象派和野獸派大師當做靈感源泉的。我會給你預備最香的酒、最紅的花、最鮮的菓子、最明靜的溫情、最強烈的瘋狂。你可以頭枕在我臂彎裡，過最紅熟的夜。你可以臉匍在我膝上，睡最美麗的午睡。你可以拿我情感當長堤，散步也好、奔馳也好、騎馬也好。你可以拿我智慧當鑽石，裝飾你自尊的皇冕也好，鑲作你趣味的鈕釦也好。一個春天，我會把所有笑臉向你展開，如千花萬朵；一個夏天，我有一個似乎經常被泉水衝洗的大理石樣涼涼的身子；一個秋天，我將爲你彈琴和歌唱，一個冬天，我會噴放最赤道的熱情。告訴我，你還要我什麼？你還要我什麼？你要我什麼，我給你什麼；你要我怎樣。我就怎樣。這樣，你滿意不？滿意不？」

他不開口，緊緊擁抱她，臉孔暈眩的埋入她的黑髮叢。接著，他躺在她旁邊，臉貼住她的，似乎想藉她熱烈的體溫，再提燃一片夢、一堆溫情、一炷新鮮。

他在她身邊睡著了。她卻醒著，睜眼凝望他。

「這點夢，實在美、實在甜。但它只存在於我剛醒未醒的那一剎。那當兒，一方面我已離開夢，所以能欣賞它；一方面又沒有全醒，一部份感覺還沉在夢裡，所以能感覺它。在眞正夢境，我的眞實感和清醒時一樣。只在夢快斷當兒，仗著夢與眞之間的那點恍惚，才眞能體驗夢味。」

不知何時起，印蒂醒了，睡眼惺忪，掙扎著，帶著無限沉迷與追憶。他困惑的眼神看著四周空虛，似乎掙扎著，要抓回那朵夢，重新咀咬它。經過一番捕捉，終於發覺，再也抓不回什麼，他不禁以迷惑的情緒，輕輕嘆息道：

「是那樣迷人的一個夢，逝去了眞可惜。」閤上眼，沉悶著，捉住她的手，有點憂鬱的道：「人生唯一一點代價，不就是這點夢麼？是的，一點夢。一點朦朧。一點恍惚。這只有在深深沉迷中才能體味到。一個人深深咀嚼它時，必須深深孤獨，帶著模糊的慵困。那必須是一個春殘夢斷的下午，墜落的紅色慢慢飛舞，陽光透過白色窗玻璃，疏疏斜斜灑進來，慵困的射到床上，床依然保持睡態，枕頭與被褥零亂散放。室內一切都棼棼亂亂，有著臨睡的夜態。微微有一兩聲鳥雀聲，最好是斑鳩。這時候，他獨自斜躺在長榻上、或地氈上，眩暈的沉入夢的回憶中，慢慢的，一步步的，追蹤它的足跡，直到忘記一切，昏昏睡著了。懶懶陽光靜靜披覆他身上。……這種夢美是朦朧的、神秘的，微微帶著酒醉後的疲倦，卻又沒有酒醉後的激動。它的特點，是那種精緻的恍惚與遲懶。一個人眞不知怎樣才好。生命是這樣美麗，卻又這樣令人有點疲倦。」

當他呢喃時，她傾聽著，不插一句。聽完了，她略略憂鬱的凝望他，低低道：

「這種美可能總是有點叫人惆悵的。」

「是的，這種美叫人只想孤獨，並且厭倦一切。生命是這樣朦朧而神秘，我們既無法看透它的眞形態，一切如罩在大霧蒼茫裡，我們怎麼不厭倦呢？」

她凝視他，望著望著，抖顫起來。她忽然緊緊抱住他，有點被恐駭的道：

「蒂，今天下午你的神態，眞有點叫我怕。這一刹那，另外一個我所不知的世界，似乎就要把你搶走了。」

他輕輕拍著她，低低道：

「不要怕，剛從夢中醒來，在一刹那極度靜寂中，一點點神秘的憂鬱，不知從哪裡偶然掠過來，偶然輕輕搖撼我，又甜蜜、又哀涼。」

她貓樣蜷伏在他懷裡，閉著眼睛，沉醉的道：

「不許再說了。吻我！」

他不開口，微微憂鬱的吻吻她的嘴唇。

她突然睜開眼，似乎想起一件事。

「蒂，我想起一件事了。今早，媽和我說，這個月內，我們就可以著手籌備訂婚的事，年底左右，正式結婚，你覺得怎樣？」

他楞了一下，低聲道：

「也好。不過，如果能再遲一個月，更好。我必須回家一次，先和父母商量一下。既要結婚，少不得有許多事得張羅。」停了停，輕輕加了兩句：「當然，他們是絕對贊成的。」

她沉吟一下：「那也好。」接著，她又一次溫柔的閉上眼，沉入夢幻大海內，胸脯溫柔的起伏著。

有許久，印蒂一直守在她身旁，不斷凝視這個睡著做夢的少女。他凝望她黑色鬢髮，白色的臉，修長的胴體。他不是凝望，而是把他所有記憶與幻想，都嵌入她裡面最深最深處。只有這樣，他才能支持他目前的和平心緒。要不，另外一片力量彷彿就要把他攫走。他凝望著，一遍又一遍，主要的輻輳點，是她象牙樣精緻的臉。

他瞧著她，四周是綺美、謐靜、一片溫馨。瞅著瞅著，又一次，他突然感到一種神秘的惆悵，一種幾乎不能忍受的暗淡，緊接著，便是一種無可奈何的空虛。

他走到窗前，又一度凝望湖水，心底那陣惆悵空虛似仍不斷悄悄襲擊他。

他這時的心情、似乎是奇異的，他自己絕對不能理解。好像忽然間，他所有情感都多少接近有點燒完了。他全部精神狀態，不久彷彿要變成一片類似灰燼的狀態，他將成爲一個幾乎沒有精神狀態的人。可能，他的心將是一塊空白。空白下面，可能也有痕跡在掙扎，觀念在掙扎，但它們總塡不滿空白。在空白與觀念燒體之間，似乎漸漸缺少一個聯繫。天知道，這片空白，會不會是空定了，今後永不能改？他看著湖水，湖上一片暗淡，暗中有閃光。看樣子，秋雨要來了。他瞭望漸漸轉暗的湖山，隱隱約約的，宛若感到世界正在漸漸離開他，他也慢慢走出世界。整個人間像一片波浪洶湧後的退潮，從他情感裡退下去。好像或多或少，他是孤獨的。她——美麗幸福，雖然就睡在他旁邊，但他仍覺有點孤獨。他覺得自己有點像掛在海邊黑暗中的巨大漁網裡唯一的魚。

不知何時起，兩粒淚水從他眼角流下來，緩緩的，似深海底蠕動著的兩顆小珍珠。

二

在湖濱飯店消磨的這兩天，一個下午，印蒂沿著樓上廊廡散步，只見幾個人從一個房間散散落落走出來。最後一個出來的是中年人，身材魁梧，戴黑玳瑁眼鏡，穿藍布長袍。他一眼看出是熟人，連忙招呼：

「天遐！天遐！」

鄭天遐擺動胖大身子，對他點點頭，嚴肅道：

「哦，印蒂，是你。」

看樣子，鄭天遐本想下樓的，遇見印蒂，不禁躊躇起來。猶豫了一下，他終於低低道：

「也好。你進來坐坐吧！」

一打開門，印蒂吃了一驚，房內四五個人，其中三個倒是相識的，左獅、賈強山、項若虛。這場邂逅完全出於意料。說不出爲什麼，血奔上他的臉，一種古怪情緒佔有了他。他想走開，退出去，正躊躇著，鄭天遐一把抓住他，滿不在乎的道：

「印蒂，請坐吧！都是熟人，沒有什麼。」他阻止那幾個被驚駭得站起來的人。「你們不必慌，印蒂是我們老朋友，老同志，他的近況，我很了解。剛才在走廊遇見他，是我拉他進來的。」停了停：「你們也有好幾年沒見面了。」這句話是特向左、賈、項三個說的。

印蒂一眼看出：一個重要集會，顯然剛在這裡開過，大部份人都離開了，剩下這幾個，也即將散去。果然，他進門不久，那兩個陌生面孔的青年人，向他寒喧兩句，就相繼辭出，剩下的三個，彷彿仍然有點不安。

左獅一切並沒有改變，依舊是那副黝黑銅色的臉，巫覡式的神態，瘦削的兩頰，尖銳而怨恨的眼睛，但情緒卻比以前更冷靜了，也更沉重了。他站起來，帶了點矜持，和印蒂用力握了握手，莊嚴而嘎聲的道：

「怎麼樣？這兩年得意麼？」

印蒂微微苦笑道：

「像我這種人，有什麼得意不得意？反正都是這樣。」

左獅粗硬的道：「像你這種人，當然應該得意。聽說你在銀行裡做了專員，在西湖邊造了別墅，過著詩人名士的風雅生活，當然很得意囉！」

「這是一個人的起碼生活，有什麼得意不得意？」印蒂皺著眉，冷冷的說：「你們這兩年怎麼樣？一切都順手麼？老同志們還好麼？」

「老同志都很好，一點沒有變，變的只是你閣下一個。」左獅諷刺的說。

印蒂岔開話題：「聽說楊易到德國去了，在柏林大學唸書。」

左獅並不直接回答，卻微微鄙夷的哼了一聲：「哼，一個游離的小布爾喬亞，在做他鍍金的夢。」

談到這裡，賈項兩個似乎顯得不耐，同時，對鄭天遐貿然領進這位客人，也有點不滿。賈強山突然站起來，對鄭天遐大聲道：

「鄭同志，我先走一步了，這裡的象牙氣味太重，我受不了。」

項若虛也站起來，冷冷道：「我也受不了。我們一道走吧！」

兩人出去時，「砰」然一聲，門關得特別響。

鄭天遐一把按住憤然站起來的印蒂，溫和的道：

「算了。算了。他們兩個的脾氣，一向是這樣，你不必介意。」挪了挪黑玳瑁眼鏡邊邊，對左獅道：「我看，那些舊帳不必算了，我們談談新題目吧！」轉過臉，專注的盯視印蒂。

「我倒有兩句話想問你。今天我看到你，覺得你的神情和上次似乎有點不同，談吐神氣，也不像上次輕鬆樂觀了。聽天漫說，你就要結婚了，那麼，你現在該已獲得你最『圓全』最幸福的生命了，爲什麼情緒還有點嗒然。你知道，剛才我本想出去，不理你的，發現你這種有點沉悶的嗒然情緒，我才想拖你進來。假如你今天還像上次那樣興頭頭的，一片快樂，我是不大願意再和你多談的。」

印蒂淡淡道：

「也沒有什麼。也許就要結婚，也許不。我一向就是這種樣子，無所謂嗒然不嗒然，樂觀和悲觀。」

鄭天遐嚴肅的瞠視他一會，胖大臉上充滿懷疑，輕輕搖頭道：

「我看不大像。你『一向』就不是『這種樣子』。你從來就是精神抖擻的。上一次在西湖邊遇見你，即使沉迷在詩人夢幻，你還是有精有神的。今天下午，你的神情似乎顯得很疲倦。」頓了頓。「老朋友，不要瞞我，對我說實話，你這一晌在想些什麼？做些什麼？讀些什麼？打算些什麼？」

「什麼也不想、也不做、也不讀、也不打算，只是糊糊塗塗活。活到哪裡算哪裡。」

許久沒有開口的左獅，突然諷刺的笑起來：

「這倒不大像從印蒂嘴裡說出來的。」

鄭天遐凝思著，慢慢道：

「印蒂，不是我危言聳聽，我看你現在眞危險得很，已經達到精神無政府狀態了。其實，這也不是你一個人的危險。凡被革命隊伍遠遠拋在後面的游離的小布爾喬亞知識份子，都有可能出現這種危機。你的臉色有點蒼白。你似乎久已缺少眞正陽光了。」停下來，沉思著。接著，他抬起那雙率直的眼睛，誠懇的道：「我看，印蒂，你好好考慮一下，還是回到我們裡面來吧。只有我們這裡，才有眞正太陽光。」楞楞了一下。「過去的事過去了。誰也不會再計較什麼。只要你眞心眞意肯回來，我們總可以考慮的。這兩年來，我們至少已相信你一件事，就是，不管怎樣，你還保持革命者的最低道德，不像許多革命販子，一出大門，就專靠賣朋友鮮血爲生。」

印蒂聽了，怔怔了一會，終於，微微苦笑道：

「太遲了。你這段話，假如早在一年前說，我或許多少還有考慮餘地。現在，卻是另一回事了。」抬起頭，稍稍激動的道：「你們當中過去傷害過我的，我可以不計較。我自己身上的過去傷疤，我可以不計較。但是，有一樣東西，我不能不計較。」

「什麼東西？」

「我現在的眞實思想。」

「什麼是你現在的眞實思想？」左獅問。

「這個，我現在一時說不清。有一點可以說的是，由於我現在的思想，我離你們似乎更遠了。」

「更遠了？」左獅冷冷問：「可是，我想你總還不致離開地球和人間吧！」

「是的，我沒有離開地球，兩隻腳也還在人間。但我所見到的地球，與你們的不同。我所呼吸的人間，也和你們的不全同。」

左獅冷笑道：

「『不同』？我想當然『不同』！要是『同』了，那才是怪事。你所見的地球，是花朵與月光交織的；我們所見的地球，是血腥與死亡交織的。你所呼吸的人間，是青山綠水，山光湖色，扁舟一葉；我們所呼吸的人間，是統治者的皮鞭，奴隸的枷鎖，血的掙扎，血的搏鬥。在煤礦黑暗底層做苦工的人，在一千次夢裡，也不會有一次夢見你四周這種江南明媚風景的。在奴隸的血與明媚江南風景之間，難道有一分一寸相同麼？難道有一絲一毫相同麼？」

印蒂臉孔紅起來，不斷在苦笑，終於反抗道：

「老朋友！你還不脫老脾氣，一見面，總要高舉教條刀子，向我大砍一頓。」停了停，諷刺的笑閃在唇邊。「其實，這種老生常談的教條中所宣傳的罪惡，正像禁煙論者和醫生們常說的煙毒，他們說香煙裡有十二種毒素：尼古丁、酌類、苯類，……人們大約也全知道這個，但誰也不會重視。」沉思著，慢慢道：「我現在所見到的人間，也不完全像你所想的那樣簡單，這一點，只有我自己知道，卻無須向你們解釋。」停了停，低低道：「我現在也在試著否定自己、抽撻自己，鞭子卻不是你們那種木乃伊式的死教條，而是另外一種新東西。」

鄭天遐挪了挪大眼鏡，諷刺的道：

「怎麼，印蒂，你又在變了，你又要離開你現在的『生命的畫室』，轉入另一個『畫室』？摔掉你現在的海岸，找尋另一個『岸』了？」

印蒂莊嚴而沉重的道：「一個人應該走一段，攢一段。一個眞理之瘋狂戀愛者，必然一路攢下去！直到抓到最後的。」他轉過話題，較輕鬆的道：「算了，我看我們不必討論這些嚴重的大問題了。我們還是談談別的吧。被捕的幾個老同志怎樣了？幻華、唯實、和歐陽孚他們，有消息麼？」

鄭天遐沉吟著，帶了點痛苦道：

「幻華沒有消息。唯實不久或許可以保出來。歐陽，聽說已經殘廢。」

印蒂沉默著，不再開口。

當大家沉默時，左獅在室內來回踱著，他的臉上，怨毒色素漸漸更重了。他銳利的眼睛裡，顯出強烈憎惡。走著走著，他忽然停下來，莊嚴的注視印蒂，慢慢的，開始嗄聲道：

「聽著，印蒂，我們馬上就要分手了。我不願眼看一個我曾尊敬過的老朋友老同志，一步比一步深的、墮入一個巨大黑暗深淵裡。我願向你，不，向一個曾經輝煌過的將死的靈魂，作最後的忠言。」兩手交叉在胸前，頭微微昂著，帶著法官的嚴厲神氣，嘎聲道：「在所有眞理中，最高眞理是歷史。沒有人能逃脫歷史的審判。你不能，我不能，你所崇拜的耶穌釋迦也不能。一個有眼睛的人，很容易看出：今天橫在我們前面的歷史場景是什麼？一方面，統治階級加緊腐敗和墮落，一方面，奴隸大衆開始更深的苦難與黑暗。長江大水淹了十六省，災民五千萬，千千萬萬人在飢餓和洪水中掙扎。在東北，日本帝國主義卻製造了萬寶山慘案，鼓勵東北二百五十萬朝鮮人民，與中國人民火拼。成千成萬中國人已在流血、被殺。一方面，統治者正忙著自相殘殺，用大炮鎮壓革命。一方面，日本強盜製造了中村事件後，首相若槻卻在民政黨東北北海道大會上狂吼：『如中國措置（中村事件）不能令我滿意，爲匡正計，當用盡手段，爲國防計，當不顧犧牲，決然奮起！』南陸相更在師團長會議上高吼：要衝到東北來，膺懲中國。東北陰雲密佈。長江流域一片大水。東南一角，反動份子正用英美帝國主義的槍炮屠殺中國革命大衆。西北一角，野心軍閥又在陰謀製造傀儡戲。這一切，有眼睛的你難道看不見？聽不見？但是，就在這一片血腥烽火中，你卻蟲子樣躲在西湖邊，找你的生命『圓全』，生命的『絕對』。你假如還有半點良知，你看不出，你是在走著怎樣叛逆歷史眞理的道路？你剛才口口聲聲還要談眞理，不覺自己是在撒謊，在發瘋麼？你是我的老同志，你的頭腦不算壞，血也不算特別涼，我希望你能早一天睜大眼睛，看清四周眞象，不要像黃鶯一樣，儘躲在柳葉深處，唱那些騙人的美麗歌曲。」

當左獅浩浩蕩蕩噴射時，印蒂起先還微笑。漸漸的，他的笑容收斂了，一片紅潮漫上他的雙頰。終於，越聽越聽不下去，他整個神色變了。奇怪，平時封閉在他精神深處的那片巨力，由於憤怒，現在竟突然發作了。他很久沒有經驗到這種內在的堅強與粗獷了。聽完了，他站起來，走到左獅面前，嚴正的矇視他，用同樣嚴肅的語調，爆發式的聲音，大聲道：

「是的，我在撒謊，我在發瘋。但是，比起你們，特別是你們的領袖，我撒的謊言還算最小的，我的瘋症也是最輕的。」頓了頓，激烈而憤怒的道：「不管你怎樣糟蹋我，但我沒有搶過人，放過火。我沒有販過人血，賣過人骨頭。我沒有把墳墓當搖籃，黑夜當白天。我沒有把死老鼠當活貓，滿街滿巷展覽。我沒有把千千萬萬人送上斷頭臺，推下黃浦江，為自己的錯誤理論做試驗。我沒有日夜祈禱，希望全世界遭一把大火，把一切燒個精光，然後再在精光狀態中喊『主義萬歲』！『解放萬歲』！我沒有希望發一場大旱災，全中國人民都餓得只剩一把骨頭，然後再在骨頭上插勝利紅旗子，我沒有走江湖、打把式，今天要你掏腰包了，喊你親爺爺，明天你腰包掏空了，一腳踢下十八層阿鼻地獄。我沒有孫悟空十八變；今天變上帝，明天變魔鬼；今天裝男人，明天扮女人；今天唱花臉，明天唱白臉，後天唱紅臉，再後天唱黑臉；生旦淨丑全唱過。我沒有撒謊如山，明明偶像中有新秦始皇，為了這秦始皇有油可舐，卻又捧他是活佛轉世。我沒有早上痛哭人民被水淹、被旱荒、飢餓流離、白骨遍地，晚上卻又哈哈大笑；人民受苦越深，革命爆發力越大。我沒有替姦淫虜掠殺人如麻的張獻忠做讚美詩，立功德碑。我沒有模仿最惡劣的資本主義托辣斯，想壟斷整個文化，拿一本『共產黨宣言』和『資本論』堵死每一個中國人的腦子。我沒有用血手蓋住人眼睛，硬說白是黑，指鹿為馬。我沒有！我沒有！我沒有！正因為我沒有做這些，我現在即使在地獄裡滾、煉火裡燒，這也是我個人的事。我的祭羊只是我自己，毫不牽及別人。讓你們，偉大的救主們，在聖潔和正義的旗幟下笑吧！高傲吧，把一切罪惡留給我！讓我永遠在泥沼裡爬、滾、翻跟斗，無邊黑夜接著無邊黑夜！」

三

接連好幾天，印蒂開始有點正式陷入騷亂中。說是「正式」，因爲，海邊歸來後，在他靈魂深處出現的新場景，雖然有點騷亂跡象，卻是「非正式」的，正如外交場合，有「官方」與「非官方」之分。這一次，他與左獅鄭天遐的會晤，是一帖新的酵母，使他原來「非正式」的精神發酵狀態變得有點「正式」了，也就是「正常」了。這些日子，由於前面所敘述的一些精神因素，他的靈魂安靜河堤，本已開始有點決口，這破口，目前彷佛又遇新的一擊，不管是輕的或較重的，卻開始形成那種從質到量的辯證變化，一直被封鎖的暗藏的某種精神洪流，便漸漸有點顯得洶湧了。他和他們激辯時，在極端衝動下，他一度爆發出那樣一場憤怒的山崩。一離開他們，他倒想利用這場山崩的暴力，引導開始有點破堤的洪水回歸正規河床時，卻又茫然無效。此時他的意識狀態，或多或少，似又一次翻版兩年前的混沌、分裂。不同是，那時，還有南洋島嶼出現在他陰暗的思想空間，現在，即使生活在幻想裡，一時也抓不到任何新的島嶼。更重要的是，由於他對一個女人的高度責任感，在道義上，他也不該尋覓任何新的島嶼。

然而，左獅所有話語中，有兩句始終是正確的：「在所有眞理中，最高眞理是歷史」。假如拿這個尺度來衡量他現在的一切，那麼，他該怎麼說才好呢?

其實，他自己也有點矛盾，一方面承認這次左獅鞭撻的某種眞實性，一方面卻又厭惡執鞭者。左賈二人也許是對的。他目前也許正開始遭遇一場新的危機。成問題的是，他們所給他開的藥方，並不能拯救他，那只不過是一種錯誤的循環重複，正像某種歷史現象循環重複一樣。在它四周，儘管還有人睜著最鮮潔的眼睛，以聖徒的虔誠膝蓋，遠遠匍伏於這扇輝煌旗幟下。但他是從旗下逃出來的，旗上的華麗繡織再不能掩蓋旗下的腥臭與黑暗。這是一個悲劇的時代，他和許多惡運的知識分子一樣，天眞的幻想很早就被澆上一桶穢糞，除了自己孤立去找尋，再沒有打著集體旗幟的眞理投給他。在虛僞的花菓與誠實的污泥之間，他寧擇後者。可是，這一片泥沼的暗路，也實在不易走。他不知它盡頭，依然是一片泥沼，還是大理石宮殿、或柏油大路、或羊腸鳥道。他此刻什麼也看不清、聽不清，他所有的，只是內心的一團誠實，誠實自畫招供；他可能又一度開始向潰滅慢慢踱去。

爲了減輕心頭苦悶，他到上海去看林鬱，順便也替姨媽和表妹辦幾件事，包括處理他個人一點私事。這時林正擔任一個大出版公司的經理兼總編輯，住宅座落法租界某幽靜區，是一幢洋房的整個一層樓，有三個大房間。在精緻書齋內，印蒂看到林鬱。

這天下午，湊巧主人的同居者妮亞出門了，他們兩個正好暢敘一番。

當印蒂說明邂逅左賈經過後，林鬱登時微笑著，安慰他道：

「這只是一個偶然小插曲，你爲什麼介意呢？各人道路既然不同，他們的評斷，你儘可表示冷淡。你一向是最有自信的人，現在怎麼也動搖了。」

印蒂望著窗外秋季天空，惘然若失道：

「我並不是因他們的話而動搖，我自己原來就似乎有點閃閃幌幌，他們這一錘，多少更叫我增加些點負擔。眞奇怪，一個人離開一種信仰兩三年了，但它對他總還有一份神秘的約束力量，像狗尾巴對狗似的。」

「那麼，你這一晌又添了什麼不愉快事呢？是不是還是虎跑那個下午的尾聲？那個下午，我以爲我們都有點反常。美綉的死，是促成這一反常的主因。此外，那天，鏡青和你，也有點不對勁。鏡青。我想起了。上封信，你約略提到他正在遭遇什麼不幸，但你信上沒說清楚，究竟是怎麼回事？」

印蒂概括敘述那天下午發現唐倒地經過，唐說景藍已與商翰文訂婚，他坦白表示，對唐鏡青與景藍的關係，一直表示懷疑。

「鏡青什麼話也不肯詳細透露，個中眞情，我並不太清楚，只能猜。不過，自我與他相識以來，我總覺他有點不對勁。他精神裡，常現出一種被壓抑的調子。這個，當然不難解釋。只要看繆玉蘭那副樣子，他的婚姻究竟意味著什麼，就不難明白了。不過，我還沒有懷疑到他和景藍的眞正深刻關係，直到那天下午。自然，前一段日子，或多或少，我也發現蛛絲馬跡，不過，未得最後證實，作爲朋友，我不好隨便想，隨便說。」

「其實，我早就察覺了。從去年遊湖起，我就懷疑他們的關係了，但這件事關係別人名譽，我不好議論，連閒話也不好說。更何況我的唯一能眞正說實話的朋友——你，從那時起，一直就處在一種詩意的非常狀態，極其緊張（就差正式宣佈處於戰爭狀態了），哪有功夫管別人閒事？」他笑起來。「一個高度追求幸福和享受幸福的人，精神視野只存在兩條生命，再容不下第三者。」他的凹眼睛閃起沉思色彩，又把話引入正題。「在『五四』運動以後，任何一個頭腦正常的智識分子，只要一看見鏡青和繆玉蘭站在一起，誰都會替他叫屈。這不需要什麼解釋。」輕輕嘆了口氣。「景藍與他倒眞是相配的一對，正像你和縈小姐是天造地設的一對。可是，他沒有你幸運。繆玉蘭儘管笨拙得像一頭牲口，但如希望她同意離婚，那等於巴望太陽從西邊出來。在幾次接觸後，我還敏感，這個女人有一種比騾子更倔的固執、頑強，別看她平日溫厚，善良，眞到不得已時，她什麼事也幹得出。一個男人，一遇到這種女人，像一隻磨盤緊緊吊在驢子脖子上，他只有隨磨旋轉。當然，這只是象徵，實際上，她還算度量大的，容許景藍和他保持那樣一種不尋常的師生關係。此外，唐繆的特殊婚姻，恐怕還另有特殊背景，也使鏡青不易離婚。」

「事情正是這樣。驢既擺脫不掉石磨，景小姐年紀又不小了。他（她）們也認識好幾年了。在萬無出路中，唯一的出路，就是讓她和商翰文結合。他們這就要結婚了吧。我懷疑，在這場結合中，鏡青還出了些力。（他大約是爲了擺脫不可能解結的苦惱）。上一次，他請我吃飯，主客似乎就是商翰文。」

「算了，這件事不談了。談悲劇不如談喜劇，談苦惱不如談幸福。說眞的，老朋友，幾時請我們吃喜酒？我早就準備了，要好好送你一件出色的禮品哪！」

從口袋內，印蒂掏出一個銀色煙匣，由匣中取出兩支吉士牌，遞了一支給主人。他默默吸煙，沉靜的眼睛，不時掠過旁邊書架上那冊裝訂精美的「波特萊爾詩集」英文譯本。

「你怎麼不響了？」主人盯著客人的沉思臉色。「奇怪，你似乎有點心事。」皺皺眉頭，不斷回憶著。「是的，那天在虎跑，你也不大像一個就要結婚的人，這種人，在這種時候，無論在什麼空間，不可能不愉快的。」

印蒂仍靜靜噴吐藍色煙霧，暫時啞默。

林鬱進一步深深瞧他一會，似乎自言自語：

「一個深深沉沒在伊甸花菓芬芳裡的生命，在他視覺中，臉上、動作上、步態中，每分每秒，都放射一種奇異的光輝。這種光彩，絕不是通常人形體上所能顯示的。今年內，每一次看見你，我幾乎不認識你了，你似乎渾身發亮，放光，通體閃耀火燄的青色透明。你即使不說一句，這片亮光也回答了我的一切。於是，我暗暗爲你祝福。不管怎樣，這個星球上，總算出現眞正天堂裡的一對，而不僅僅是一個。」繼續回憶著。「但是，那個虎跑下午，第一次，我發現你形體上這片亮光有點暗下去了。當時我雖不響，卻暗暗納罕。想不到，今天你出現在我的書齋後，這片亮光，依舊暗下去，究竟怎麼回事？」

「沒有什麼。」印蒂低低道。

「眞的？」

在老友一再逼迫下，他深深深深吸了一口煙，又長長長長吐了一口氣，聲音低低的道：

「我是在生自己的氣。」

林鬱繼續注視他的臉。

「怕沒有這麼簡單吧！」突然把小半截煙插到煙缸小圓洞內，聲音帶點威脅。「當心！我從你眼睛裡，已多少發覺有一點可怖的色彩。」

「什麼？」印蒂抬起頭，有點驚訝的望著林。

「你的眼睛瞞不了我。憑我們多年交往，我預感你或許會幹一件相當殘忍的事。老朋友，爽直告訴我吧！你究竟準備做些什麼？」

「我並不準備做些什麼。」

「你不要瞞我。你可能肯定要做些什麼。」

印蒂低下頭。

林鬱站起來，走到印蒂沙發旁邊，右手拍拍他的肩膀。

「你是我的老朋友，也是我的好朋友，我不希望你做傻事。」

「爲什麼？」他把煙蒂在煙缸裡弄滅了。

「爲了你的永恆幸福。也爲了另一個高貴靈魂的永恆幸福。在這個世界上，她是我第一次發現的眞正高貴的靈魂。我必須爲她主持公道。你身上的光亮和色彩的微微變化，沉在深深幸福中的她，也許不太可能看出來，冷靜的我卻開始看得出來了，我必須爲她做點事。」

「你究竟在說什麼？我和她不依舊很好麼？我們從未發生過一丁點扞格，雙方連一句重話也從沒有說過。」

林鬱苦笑起來。終於，他站在老友面前，冷靜的，一個字一個字的道：

「你靈魂深處最後一滴思想，多少已在我敏感的視覺中全暴露了。坦白說吧！現在，你已開始有點懷疑你目前生活，而且開始有點感到厭倦，照這樣下去，你可能終將離開這個生活——離開她。把她生命中一切又一切全獻給你的她！」

印蒂又一次深深垂下頭，沉默著，繼續諦聽主人的聲音。

「當然，你的思想，——不，你的哲學很複雜。但我從你過去多年的性格與思路分析起來，你這樣下去，不管你有多少千萬種理由，其結果總是一個，全部放棄現在的生活。」

「我也還沒有做出最後決定。」印蒂反抗著。

「可是，最後的決定，多多少少早已寫在你相當命定的第一剎了；那個要尋覓眞正『永恆』的第一剎，那個想擁抱『全宇宙』的第一剎。可一個人不可能擁抱『全宇宙』，也不能獲得絕對『永恆』，於是，你連生活裡最最可貴的擁抱和『永恆』代用品也可能準備放棄了。」

「我可能已經咀嚼透身邊一切了。剩下來的是鮮明的良知與道義。……你放心，印蒂是個很有人性的人。除非發生特殊又特殊的意外，否則，他絕不會放棄他的良知和道義。」

聽到這句話，林鬱的嚴肅臉色，才第一次緩和下來。他又一次拍拍老友肩膀。

「我很高興，你終於能回到可貴的理性與良知了。我這是眞爲你好，也爲縈小姐好。她是那樣可愛、高貴、美麗，換一個男人，該不知怎樣瘋狂的爲她獻出一切哪！在幸福蜂巢飮了太多甘蜜的你，倒似乎開始痲痺了。……好了，這件事我們談得夠多了，來點咖啡吧！」

當女僕端來兩杯咖啡後，林點著一支駱駝牌，也遞客人一支，一面喝咖啡，一面抽煙，沉入詩意回憶中，慢慢的道：

「我對生命，依然是無限依戀。不管有時怎樣感到疲倦。常常的，生命裡那些散錦片羽如此美麗，仍叫我戀戀不捨。這正是我們最無可奈何處。」他凝望窗外庭院內法國梧桐的大葉子。「以前我曾寫信告訴你們：在巴黎盧浮宮畫廊，我成日迷醉於一張莎樂美的畫像，它裡面無窮的恐怖與死亡，使我感到一種不能忍受的美。」他低下頭，繼續回憶著。「在德國，那正是櫻花時節，郊外充滿櫻花與遊客。我從巴黎到柏林旅行。在一座公園的燦爛的櫻花樹林中，一個阿根廷提琴家，當衆奏莫札特的曲子。我躺在陽光如醉的草地上。聽完一支曲子，我不禁流下淚。這時，我毫不悲哀，卻感到生命美麗得叫人無法忍受，我只有流淚。這以後，我再沒有聽到過如此綺麗的提琴。那片琴聲確實是奇妙的，它叫人咀味到一種孤獨的美，以及一種混著哀愁的快樂，一刹那間，生命最深的美擊中我的深處，使我發癡發傻，沉迷在它的光色香味中。我那時流淚的情緒，正像莎樂美瘋狂的吻先知約翰的血淋淋人頭，有一片異樣恐怖的美！」抬起頭，慢慢吸著煙，噴出一圈圈藍色煙篆：「印蒂，你可能也正遭遇這種矛盾：一方面想從生命河流中離去，但眞離去時，又覺得河流上的陽光仍是瘋狂的美麗，使你依依不捨。所以，我今天一再忠告你，千萬要珍惜生活裡的眞正幸福。」

印蒂點起另一支煙，慢慢吸著，轉過話題道：「今天談我談得夠多了，談談你吧。你太太呢？我幾次來，都沒有看見她，她似乎忙得很。」

「妮亞麼？她出去應酬了。她不像我，愛清閒，她是愛熱鬧的。不出去找女友打打麻將或看電影，她是受不了的。」望了印蒂一眼，似乎想起一件事。「我剛才說，你把事情看得太認眞、太哲學，不是沒有理由。我的例子很可供你參考。正如去年在杭州和你談過的，我和妮亞同居，已經快一年了，我們從未舉行婚禮。一開首，我們就彼此約定：和諧時，大家一直同住下去。否則，隨時可以考慮離開，先以兩年爲試驗期。期滿再考慮正式結婚。這種婚姻方式，半受西潮影響，現時大都市社會有的是，並不只我一個。其實，你也可以這樣做。不過，你們家庭情形不像我，我是個光棍漢，老家遠在廣州，管不了我。你們兩家的社會地位、不允許你們學我。再說，縈小姐是那樣愛你，又是個千挑萬選出來的美人加才女，你連一輩子廝守著還嫌不夠，哪裡需要學我的榜樣？」

印蒂微笑道：「我們當然不需要學你。我姨媽已在著手準備我們的婚事了。」

「不管縈小姐是一朵怎樣超凡脫塵的玫瑰，依我看，女人也許總是女人。你應該了解她們的生物性與母性，以及若干現實性、榮譽感。你假如把她們看得稍稍平凡點，那你和她們就易處了。你如把她們看得太神聖、太崇高，要求絕對的完美，甚至希望她是宇宙的總和，那你就有可能會演悲劇。上帝造女人，從來沒有打算把她們造成一個神的。在她們身邊，你只要多少能得到一些幸福與快樂，就該滿足了。女人應該是我們生活中的一部分，不該是生活整體，更不該是生活的唯一理想。」

「照你這樣說，明年此時，你打算和妮亞正式結婚了？」

「不必等明年這時候，也許會提早，她已不只一次催我了。這一年，她總算待我不錯。我對她不該過分挑剔。再說，女人總有那麼一種力量，叫你不得不屈服於她。何況按我現在的社會地位，越早結婚，對我越有利？」

林鬱突然站起來，拍拍好友的肩膀，笑著道：

「算了。我們不必辯了，也不必談這些定局了。總之，在愛情沙場上，大局已定了。現在，我請你出去吃晚飯吧。快六點了。晚飯後，我們到跳舞場玩玩。『千言萬語，不如一醉！』這是我近來的哲學。」

四

秋夜的都市街道是溫柔的，一些樹葉蔭影把街燈襯托得朦朧而美。晚飯後，印蒂和林鬱在瀝青路上散步不久，便感到一片輕鬆，不知不覺間，踅入一條幽靜的僻街，兩邊全是住宅。他們走不幾步，前面靠左一座咖啡色古舊洋房裡，走出一個黑衣人。這人低戴黑呢帽，搖搖幌幌的，往前行去，神態似有點失常。林鬱微笑道：

「這個人肚子裡洋水大概灌多了，瞧，他走路的樣子，跌跌幌幌的。」停了停，回憶道：「這座房子，我認識，是一個白俄妓院。兩個月前，朋友曾拉我來觀光過。按這裡行話，叫『丟盤子』。當時僅出來一個白俄姑娘，陪我們談談閒話，她能說幾句英文。我們並不留宿，只領略一點俄羅斯風情罷了。這裡有一個年輕妓女叫蘇姍娜，長得很美，不知這位黑衣朋友是不是被她迷住了？哈哈哈哈！」他大笑起來。

他們的話題便集中於黑衣人身上。從他，他們作一些揣測、推想。這樣，一面走，一面談，兩人不禁興緻勃然。

走到街拐角處，離那黑衣人近了，街燈也分外亮了，印蒂突然訝然失聲道：

「這不是一個熟人背影麼？」

「誰？」

「唐鏡青。」

「我不信。」

「那麼，我們追過去看。」

他們加快腳步，在一爿小酒館門口追上了。黑衣人正跨入館內，他們也跟著進去。在明亮燈光下，印蒂如獲至寶，大聲道：

「啊，鏡青，是你！」

唐陰鬱的轉過臉，陰鬱的瞄著他們，神色沮喪的道：

「哦，是你們兩個！……進來坐坐！」

唐鏡青嗄聲喊著僕役，要了三斤黃酒，四份菜。

印蒂阻攔道：

「不行，酒太多。我們剛吃過晚飯。」

唐陰沉的望著他們，低聲道：

「不要緊，你們喝不完，我喝。」

坐下不久，印蒂便上下端詳唐，他穿一套黑色嗶嘰西服，戴黑色帽子，結黑色領結，像剛從殯儀葬場出來。印蒂只十幾天不見他，就發覺這位好友大大變了形。他整個精神，彷彿剛行了一次奇異的外科手術，又像個畸形胎兒，在酒精裡泡過，面色又瘦又削、又蒼白。他青白色的臉，似塗了層黏油，不，它本身就是一種油體，隨時可以形成一種激動、一種皺結、一種條紋。額上那幾條原不顯明的皺紋、此時也微微凸出於這片油液組織外面。好幾年來，他那雙明亮眼睛，原有一片被狠狠壓下去的陰霾，現在全衝出來，佔有一切。它似乎預言：它命定永晴不了。它像一種病態的青光眼，眼球內貯蓄太多的液體，隨時要漫出來。這一切說明，在這個人身上，情感的眞實支架完全沒有了，一闋長期演奏的交響曲破碎了。那種強烈的風側燃燒速度降低了，他所有性靈胚柱胚素、已更換過了。

印蒂端詳完，眼睛止不住潮濕了。酒菜獻上來。唐鏡青並不慇勤勸酒，卻只顧自斟自飲，一整杯一整杯喝。印林兩個一杯還未完時，他已喝了三杯了。

「鏡青，你怎麼這個樣子？」印蒂忍不住道。

「什麼樣子？」唐睜著陰鬱的眼睛，低聲問。

「這樣子喝酒。」

「你喝得太多了。」林鬱也勸道。

三杯酒下肚，唐起初那片沉默陰霾，漸漸沖淡。他眼眶內泛溢閃爍紅潮，蒼白臉上也烘染著酡紅。他斟滿第四杯，一口氣喝了半杯，陰沉的道：

「一個人能喝，還是多喝兩杯好。活在世界上，一個人能喝酒的日子並不多。」

「鏡青，你心裡的難受，我們全明白。可是，你應該豁達點，不該這樣糟蹋自己。」林鬱誠懇勸道。

「什麼糟蹋不糟蹋，活著反正是這麼一回事。不糟蹋也只是這條身子，糟蹋也只是這條身子。還是糟蹋糟蹋，有趣得多。哈哈哈哈！」他獰笑起來，接著，連忙喝了一口酒。

印蒂用一雙悲憫的眼睛，望著這位好友，帶點懇求道：

「鏡青，你和景小姐之間，究竟是怎麼一回事？你能說麼？我雖然早就懷疑你和她的關係，但直到近一段時期，我才完全肯定下來。可詳細內幕，我還是不大清楚。假如現在你心頭不舒服，就向我們發洩一次吧！千萬不要喝這麼多酒了。那天下午，因為縈小姐過生日，我沒有能多照料你。第二日，我去看你，你離開杭州了。這些日子，我們都很關心你。好不容易，今晚才在這裡遇見你，希望你能接受我們的勸告，早點回去，不要這樣作賤自己。」

唐鏡青抬起黑沉的臉，諷刺的苦笑起來。

「印蒂，你怎麼也用這一套來勸我？你忘記你自己的潛在情緒麼？你爲什麼忽然也虛僞起來？在我們三人之間，還需要這一套嗎？這個人間是怎樣一副貞嘴臉，這個社會是怎樣一套貞結構，晝是怎樣白，夜是怎樣黑，書眉是怎樣唱，貓頭鷹是怎樣叫，這一切，在我們之間，還用關著窗子說話麼？」

「那麼，你就開著窗子說話吧！」林鬱安慰式的道：「你有什麼，說什麼吧！」

「是的，說！說！我要說！我要說！但一切又有什麼說的？一切是完了！完了！上個月她已經結婚了。這一切有什麼說的？有什麼說的？一切是完了！完了！」他舉起酒杯，一飲而盡。

「你們是怎麼認識的？」林鬱問。

唐不斷搖頭，陰沉的道：

「今晚我不是歷史家，我沒有那份冷靜的歷史態度。我整個人只是一片爆炸完了的灰燼。在灰燼裡，只有最末的火花，破碎的火光。」

他斟滿一杯酒，一口喝了大半杯，掏出手帕，拭拭額上的汗。漸漸的，他的眼睛似乎被回憶燒亮了、閃爍了，一股被壓抑的衝流，似從他思想深處洶湧出來，他無權壓制。終於，他被它捲去了，一陣狂熱而抖顫的聲音，是一個完整的故事。

一千九百二十五年春天，我在杭州開第一個音樂會。當我奏完第一支曲子：「波蘭舞曲」後，一籃藍色毋忘我花就獻上來。這一晚，我獲得空前成功，我的提琴聲、使每一個聽衆離去時、滿載幽夢的情調。回到家裡，從十二只花籃中，我找出第一只，讚美它裡面纖麗的藍色小型花朵。無意中，我在繁多的花朵間，發現一張淡藍色紙條，揀起來一看，上面用藍色鉛筆寫著深藍色的娟秀字跡，「謝謝你今夜的提琴聲帶給我的歡樂火焰。」

這是一個女人的手跡。

它引起我一夜奇異而美麗的幻覺，雖然身邊躺著我那庸俗而醜陋的黃臉婆。

這一年和第二年，大大小小，我開了十幾次音樂會，也參加了十幾場音樂會，每逢第一個節目奏完後，總有一隻同樣顏色的花籃獻上來。春天是藍色毋忘我。夏季是藍色草本綉球花。秋日是紫藍色小朵洋菊花。入冬是紫藍色紫羅蘭。除了藍色或近藍色，籃內再沒有別的花色。而藍色花叢間，也總是同樣的淡藍色紙條，深藍色字跡。永遠只有一句話，每句卻不同。例如：

「你的提琴聲叫我今夜流淚了。」

「你的提琴聲引我想起這個世界最美麗的風景。」

「你的提琴聲清潔了我的黑暗靈魂。」

「你的提琴聲使今夜這個月夜出現兩輪月亮。」

……………

我把近三十只花籃藏在琴室一角，用紙簽標明年月日，籃內枯花絕不拋掉。每一次練琴，我總忍不住偷偷望它們，似乎這一堆藍已占有我提琴生命極神秘的一角。

這是一個奇異女人，她是誰？我曾問過每次把花籃提上來的劇院侍者，他們異口同聲，都說一個黑衣白鬍老頭子交來的。有好些次，演奏前，我在劇院內到處找這老頭，卻毫無蹤影。開始演奏不久，藍色花藍已拎上台，我正在奏琴，無法分身去尋送花人。幾個節目奏完，休息五分鐘時，我下台去找，他卻早無蹤影了。音樂會開完後，有好些日子，我也曾費不少時間與精力，想探出這位送花人，卻從無結果。侍者們曾問老頭子：這花籃究竟是誰送的，他笑著道：

「送花人不許我說明。反正受花人自會知道。」

我納悶著。這是一個古怪葫蘆，我得設法打破。我必須捕捉這個神秘的送花女人。

第三年春天，一個美麗月圓夜，我奏完第一支節目：馬斯納的「泰綺思默想曲」後，和往常一樣，一籃藍色毋忘我又獻上來，條子上的一句話是：「謝謝你今夜的第二部節目。」

我笑了，我捧住琴，走到台口，對台下鞠了一躬，笑著道：

「我謝謝這個送花籃的人。我有幾句話要對大家說。……在我音樂會裡，不止一次了，總有一個人送第一籃鮮花給我。但我從不知道她是誰？爲了感謝她這份太美麗的友誼，我特地開了今夜的音樂會，把全部節目獻給這位無名送花者。假如她今夜在場的話，我希望她接受我這份微薄的奉獻。我祝福她的生涯永遠像今夜窗外月光一樣美麗、平安。」

才一說完，台下立刻爆發一片熱烈掌聲、喝采聲、和笑聲。

我開始第二個節目：貝多芬的「**F**調羅曼斯」，接著是蕭邦的「小夜曲」。才一奏完，又是一籃藍色毋忘我獻上來，裡面又是一張淡藍色紙條，條上有下面幾句話：

「謝謝你的奉獻。我聽見你的聲音，也看見你。今夜我坐在一個最觸目的地方，我身上有一片對你最熟悉的顏色。假如你的眼睛和你的琴聲一樣明快、敏感，你將會發現我。我從不移動，永遠坐在兩年來我那個老位置上，等待你的發現。」

看完條子，我的心卜卜跳起來。時間太可貴了，絕不容許片刻浪費，我決定用一個最笨拙而又可靠的法子搜尋她，就是：從第一排第一號起，一個個女人搜索，直到最後一排最末一號。現在，台下一片黑，我又必須繼續演奏節目，直到休息十五分鐘，台下燈光燃亮，我才站立台側，開始搜找。當我搜索到最後一排時，我完全絕望了，我看不見一個有我心目中那片顏色和標誌的女人。正焦灼著，我的眸子終於落到最後一排最末一號。啊！天！奇跡出現了！我看見一個穿藍色西式長裙子的少女，她髮上似乎簪插一朵藍色花。太遠了，我看不清她面貌的最詳細構圖，只隱約瞧見似有一雙火熱大眼睛不轉瞬的凝望我。我們的眼神相遇了。她微笑了。

我把琴放在頦下，開始第二部第一個節目：「藍色狂想曲」。我一面奏，一面向她作最深情的凝望。我把我對藍色的整個狂想放在琴弦上，對她遙遙鳴奏。接著，我奏「藍色的夢」，「藍色的眼睛」，「藍色的鳥」，「藍色的天使」，「藍色多瑙河舞曲」。這第二部節目，可以說是「藍色節目」，每一支曲名都帶藍色。我如醉如狂的鳴奏著，把我兩年來對這片神秘藍色的全部記憶、感激、相思，都滔滔傾倒給她。這是無數條藍色小瀑布，從台上向最後一排最末一號沖去。

這些舞曲、歌劇選曲、通俗歌曲，全不是正式提琴曲，在正式音樂會上演奏，幾乎很不合適。好在今夜這個會本不是正式的，只是我對一個神秘女人的小小饋贈，而杭州當時一般音樂水準也不高，還夠不上挑剔我今夜的弱點。萬一挑剔，我也顧不得了，爲了完成這個「藍色的奉獻」。至於那支「藍色狂想曲」，是我根據葛許溫那一闋的鋼琴旋律和弦樂伴奏半改編半創作的。這個改編和創作可能是個失敗，但只有奏琴者和他今夜的唯一眞聽衆、才明白此曲的眞正涵意。

一支支的，我奏著這些藍色曲子。我發狂的眼睛，一直不離開遠處那一大朵藍。黑暗中，我雖然看不見她，但她應該看見我在火冒冒的望她。

最後一個節目才奏完，不顧台下瘋狂叫Encore，我挾住琴盒，直衝下台。（謝謝天，這一晚，我太太沒有來參加這個會。）人群擠成一片。我終於在門口台階邊追上她。面對面，我們足足對望了一分鐘。

「你是誰？」

「一個把你提琴當做大地糧食的女孩子。」

「愛今夜的月光麼？」

「愛。」

「來吧，讓我帶你到今夜月光最多的地方。」

我把汽車開到西湖邊，划起我那隻遊船。圓圓大月亮把西湖變成雪的湖、夢的湖，美得叫人不想開口。但今夜是不能不開口的。

我把船駛到湖心。

「告訴我吧，你歡喜哪些曲子，我爲你奏。」

「爲我奏遍所有美麗的小夜曲吧！」

我於是一支支奏給她聽。

半夜，她在我膝下睡著了。我又把她吻醒了。她半睜著夢眼，恍恍惚惚的道：

「繼續奏吧，直到月亮下落。」

就這樣，我爲她奏了一夜琴。

太陽上升，我們滿身露水，以及月光所留給我們的濕香。我開車送她回家。

「從今天起，我們可以不用花籃和提琴來談話了吧？」

「從兩年前起，我就把自己整個靈魂捧給你了。今晚，你可以看出：青春火焰已把一個少女燒成什麼樣子？……我還能對你說什麼呢？」她睜大那雙黝黑深凹的帶匈牙利血緣味道的火熱大眼睛，深情的望著我，秀雅的臉龐一片緋紅。

我們瘋狂抱著、火吻著。

她名字叫景藍，H大學音樂系學生，學鋼琴。從小起，她就開始學琴，送我第一只花籃時，她還是B女中高二學生。她是一個富商獨女，自幼個性獨立不羈。我從未見過這樣熱情而又夢幻的少女。表面上，她沉靜得像大理石，性靈深處，卻永遠琮琮琤琤彈著貝多芬的「熱情朔那大」。一張純白素描紙，未塗一點飽熟的油彩，卻盡是高幻覺的線條。正因爲是高度的，它也就把幻覺經驗與現實經驗相溝通，使本不該有深邃思想的她有時顯得充滿思想。

於是，一串充滿現代畫派色彩的日子開始了。

我們相愛著。那是一些由玫瑰花編織的日子。每一天是一個花環，五光十色，畫彩繽紛。許多個月夜裡，我們在湖上泛舟。我為她一遍遍奏抒情戀歌，從月亮上升奏到月亮下落。

我們沉醉在最前衛的愛情裡。每一個愛情節目，全由我們精緻編排。

比如，我去找她，專挑下面時辰。

當第一線太陽紅光剛出現天邊時，我找她。

太陽升到中天子午線、正對地球時，我找她。

當最末一瓣太陽殘紅沉落地平線時，我找她。

月亮剛上升時，找她。

月亮升到子午線時，找她。

第一朵薔薇花開在她花園內時，找她。

第一只水蜜桃在她花園裡成熟時，我找她。

我在太陽最亮的日子裡，找她。

我在狂烈的暴風雨裡，找她。

當我和太陽一起站在她樓窗下時，穿紅襯衫。

月夜找她時，我穿淡青色或米白色——月亮色的西服。

碧桃花開時，我結桃色領帶。

蓮蓬飽熟時，我繫青蓮色領帶。

暴風雨夜，我打黑領帶。

朝陽光裡我奏琴，她把金紅糖果投到我嘴裡。晚霞滿天的夕陽裡操琴，她把霞樣橘黃色的橘金酒斟給我。月夜我奏琴，她斟我白色葡萄酒。

當我在她客廳裡奏「蝴蝶夫人」插曲時，她把捕捉住的幾隻蝴蝶全放出來，讓它們在我前後左右翔舞。我在花園內奏「白鴿舞曲」時，她釋放家裡所飼養的白鴿子，有一隻就棲息我肩上。我在樓下奏「玫瑰瑪麗」時，她從樓窗口灑下一些玫瑰花在我髮上、肩上、身上。我拉「吻舞」時，她給我成百朵吻。

她園子裡開第一朵薔薇時，一個上午，她在太陽光裡守著花苞，一見它悄悄開放，立刻摘下來，派人送給我，附一張紙條：「這是我園子裡這個春天第一朵薔薇，伴這朵花的，是送花人全生涯第一朵愛情。」

燦爛的春季，她知道我要去找她了，從大門口白石台階下起，到客廳止，一路灑著一些玫瑰花、桃花、山茶、杜鵑花、鋪成一條象徵性的紅毯子，讓我踏進去，像古代帝王。月夜，我去看她，從後花園門口起，她一路灑著一些李花與玉蘭花，展成一條象徵性的白色毯子。

有時候，知道我妻不在，她划船到我樓窗下，用口哨吹起「波希米亞人」裡面的「咪咪歌」。我一聽見，便在樓窗口吹起「哦，你美麗的少女！」接著，便跑下去，直吹到她面前。

這一切愛情花球，我們幾乎秘密的編織著，創造著。在人前，她安靜得像一朵牽牛花，有時且故裝愚拙。她母親早逝，父親在S市主持一個大公司，杭州家裡，只有老祖母和兩個老僕，一個廚師。送花籃的黑衣白鬍老頭子，原來就是她家老僕。

是這樣的夢之舞曲，我伴舞完了，再回到我那個庸俗黃臉婆繆玉蘭身邊，等於充軍到西伯利亞。儘管她從不干涉我的行動，讓我享受極大自由，我仍受不了。

我們相識，我們有罪了。

我們相愛，我們有罪了。

和她在一起，是一千座天堂。回到家中，是一千座地獄。特別是從第二年起，她開始向我學琴，她常出現在我客廳，這更加強了這幅天堂地獄對照圖。

浪漫的純詩的愛情白帆終於觸到現實海洋礁石。

我身邊蹲伏一個傳統：我的太太。你們所見到那個女人。她似乎善良、忠實，幾乎像非洲女奴侍候酋長似地侍候我，這一切只能激起我一個反應：厭惡！這厭惡是個發酵體，一天天漲大。然而，這是一個宗法結合，宗法傳統不毀滅，這個厭惡的結合也別想毀滅，我們這還是指腹爲婚，一種比蘇門答臘呇塔人還原始的殘酷。

這裡，我要講一段歷史故事。

一千四百九十九年十月，雷奧那多·達·文西化了十六年心血，雕造成司伏薩大公雕像，這是人類美術史上最偉大的傑作之一，結果，卻被幾個無聊法國兵當做比箭的箭靶，在一場頑童式的遊戲中毀滅了。當時達文西正從旁走過，他本可拯救畢生傑作的，卻終於讓它輕輕毀滅了，一半出於對偉大的淡漠，一半卻由於一種遲疑和軟弱。因爲，他不只是一個偉大美術家，也是偉大科學家。

實在的，凡集藝術強烈感與科學冷靜思維於一身的，悲劇可能是命定了。我是一個業餘提琴家，又是一個職業化學家，這南北極式的兩種精神狀態，如五馬分屍，撕裂了我。在文西身邊，我雖是個小虫子，但我的愛情雕像的悲劇，也正是他傑作悲劇的一個小小縮影。不同是，我的悲劇完全由於一種思維性的遲疑和軟弱，以及猶豫不快。關於這個，過去我從未和印蒂及朋友們細細談過，直到發生這次悲劇以前，我從不想暴露我的隱衷。

而且，當年我的父親事業一度瀕於破產，是繆玉蘭的父親拯救了我家，因而兩家結成生死之交，並爲我和玉蘭指腹成婚，我與她尚未看見世界之前，早就在母親胞衣中結成夫妻了。儘管我的雙親已先後故世，但我的雙肩仍承擔兩家友誼的重載。

我和景藍的結合，絕望性比希望性強。以她父親的個性、觀念、地位，必然反對這一結合。而我這方面，如要離婚，困難也不啻造雲梯登天。而且，繆玉蘭的父親仍健在，他絕不會同意女兒離婚。他既是我家的救命恩人，他更可藉此威脅我的社會名譽、地位。再從繆玉蘭本人也絕不會同意離婚。並且，我也沒有離婚藉口。我的妻子長得不美，缺少文化，這並不能構成離婚理由。女方不同意，法律上絕找不到出路。即使出現奇跡，萬一可能僥倖離成婚，繆的父親一定會報復，會設法變相宣布我的社會地位的破產，我將很難在原來社會圈子裡立足。那個圈子的舊封建勢力，將把我看成不道德的人。他們寧默許我私生活暗暗放蕩，卻不支持我公開反叛封建婚姻制度。這一切陰影，全是腐蝕性的白蟻，把我完整的個性蟲蝕成一個個窟窿，從這裡，冷靜思維性的毒素滲透進來，終於毀滅了我和景藍七年來共同創造的美麗雕像。

她父親後來知道我們的情感後，爲了摧毀它，便強迫她儘速結婚，且爲她提出一大串對象。這時，她已在H大學畢業，也正是「女人當嫁」的年齡了。我呢，既處在天堂與地獄的夾攻中，一種精神上的苦刑也逼我想盡早結束這一悲劇。越到後來，不只家庭地獄對我是個毒刑，就是景藍那座天堂，同樣也對我是個毒刑。當時我心情的陰暗，印蒂多少看出一些。

不只一次，她用原始的天眞和熱情，火樣煽熾我道：

「逃吧！我們逃吧！」

「往哪裡逃呢？」

「哪裡都行，只要容許我們同棲息在一個屋頂下。」

「哪裡有這種地方呢？」

「去找吧！」

「這以後生活呢？」

「我們有手、有腳、有頭腦，難道沒有工作的機會麼！」

「你想得太天眞了。你能想得到那些苦難麼？……我們像兩棵樹，杭州是我們的樹根與土壤。樹一離開根還能生存？即使有根，如移植其他陌生空間，能成活麼？我如此愛你，怎忍心你爲我受苦，坦率說吧！我們是河裡淡水魚，杭州便是我們的河水，我們如果要游泳到大海——其他陌生城市，做鹹水魚，即使不雙毀滅，也要吃盡各式各樣苦頭。你以爲生存是那樣容易麼？」

再說，她所提出的辦法，雙雙遠逃，從另一角度看，也很少有可能。我有事業，財產，名譽，社會地位。即使能帶一筆較大的款子潛逃，但我整個不動產，事業，社會地位、聲望，卻帶不走。離開原來老巢，再建新巢，談何容易？更何況我倆享福慣了，哪能吃得苦？而且，不管逃到哪省，她的父親，家族，全有可能找到我們，萬一打起官司，可能災禍臨頭。至於逃到國外，哪有這樣簡單？

這是一場簡單對話，我精神核心裡的一切眞相，都在這裡了。

我也曾向繆玉蘭提出豐富的離婚條件，準備分她一半我的財產，甚至更多，養女娟娟也歸她，但她堅決拒絕。她甚至慷慨表示，將默許我和景藍的任何關係，不管我們發生什麼事，她絕不忌妒，只要我不提離婚。可是，這怎麼行？景的家庭怎麼能同意？當時社會又怎麼能同意？難道景藍以「妾」的身份進我家？或者作我的永遠情婦？現實的艱難，開始逼我靈魂經驗走浪木的生活。我無法使自己心態穩定下來。

我當時的苦痛，任何人不能想像。命運的浪木不停止擺動，我既已踏上去，勢必只有兩頭來回的衝轉，一頭是瘋狂的情感，一頭是冷酷的思維，無論衝到哪一頭，等待我的只是痛苦。特別是那種冷靜思維，逼我左分右析、前剖後解，它繁雜的牙床、臼齒，簡直把我精神嚼碎了。考慮到後來，我簡直跡近病態了；牽連到我實際生活上，有時連選奏一曲提琴，幾乎也要翻遍半本樂譜，而不能決定哪一支。而泡一杯茶，有時也要考慮一分鐘，決不定應該泡紅茶、龍井、香片，還是普洱。

過度思維者必是脆弱者。

我決定跳下命運的浪木。方法是：停止悲劇。

特別是，這年春天，有一個下午，她來看我，幾乎逼我規定攤牌時間。經過反復考慮，更加強了我實踐這一決定的意志。我想，總不能永遠做痛苦的奴隸。只要能暫時解放，不應吝惜付任何代價。

按我分析，悲劇製造者是我，不是她。要不是我，她原可和任何男子結婚，獲得幸福。眞象如此，我就該設法把我從她生活裡拔出來。

這個時候，追求她的人很多，其中最火熱的是商翰文，印蒂見過的，那個哈佛博士。我認識他。我爲了擺脫自己可怕困境，經多次考慮後，我咬緊牙根，決定促成他的好事。因此，我有意佈置幾次玩的機會，盡可能讓商和她單獨在一起，而我卻伴著太太。印蒂從T島海濱歸來，我請商和你們吃飯，也是爲了撮合他（她）們。想不到她托病不來，可我仍貫徹決定。終於，一個晚上，我們單獨剩下時，我向她宣布我的決定：只有把我從她生命中驅逐，她才能幸福。她必須和商結婚，我必須盡我對傳統社會道德的責任。能做到這樣，一切可能發生的悲劇立刻可以告終。

聽了我的話，她臉色全變了，變得很可怕，我幾乎不敢看她。她怔怔許久，不說一句話，像一個突受到大震駭的人，一時竟變成木人。終於，她顫巍巍的扶著燈光照亮的樓梯，沉默走下樓，不再和我交談一句。

她病了。

她在床上躺了半個多月。

這半個月，我只探望過她一次。我去時，商正守在她床邊。

殘酷既已製造了，就必須製造到底。我決定不再去看她，讓她誤會我、恨我、終至厭棄我。病床是扭轉人情感的最好場合。只要我堅持不再去看她，原先計劃就有可能實現。這正是幫助商的最好機會。

一個月後，一個下午，我和印蒂他們在虎跑喝茶幾天後，她忽然出現在我琴室裡，一張蒼白而瘦削的臉，一雙發青的眼睛。

「我知道，你的提琴已收回一切小夜曲和戀歌了，你開始一遍遍向我奏『殘酷』，這個新曲子，是你有意向我創造的，我知道。」

「……」

「這就是你對我七年火山情感的總酬報，總答覆？」

「……」

「聽著，這可能是我今生最後一次向你發聲了！幾年來，在我後面，哈叭狗樣跟著一大串男人。你也知道，事實上，這個女人早已是你的人了。現在，這些男人在社會上的分量。只要我丟下任何一根碎骨頭，他們全會用舌頭舐我鞋底。然而，我從不對他們投半根；甚至連一顆飯粒、半粒芝麻，我也吝嗇，爲了你！那個姓商的，不管他怎樣瘋狂的追求我，三天兩日糾纏我，我卻從不假辭色，爲了你！儘管你違反人性，從中撮合，我卻從心底厭惡他，爲了你！現在，讓我最後一次向你宣布：站在你面前的這個女人，從頭到腳，每一顆細胞，每一粒原形質，此刻還完完全全屬於你。事實上，這個女人也早已是你的人了。現在，只要你一伸手，她立刻可以匍匐在你面前，吻你腳下每一塊泥土。」

「……」

她突然走過來，瘋狂抱住我，歇斯地利亞的搖我，連哭帶喊道：

「啊，青！青！你爲什麼這樣殘忍？你爲什麼這樣殘忍？忍心把如此瘋狂愛你的藍藍推開去？推到別人懷抱裡？啊！青青！你爲什麼不開口？你爲什麼不開口？啊，青！青！我永遠的青！逃吧！我愛你，我願吃任何苦，受任何生活折磨。逃吧！讓我們逃吧！逃出這個世界！逃出這個社會！逃到任何地方！逃吧！逃吧！甚至逃到塔克拉馬干大沙漠，逃到喜馬拉雅山冰峯，我也願跟你。」

我用盡方法，使她平靜下來。但我仍石頭樣冷靜的，一個字一個字對她道：

「我現在正式說話了。剛才你說得很好，你這是對我作最後一次宣告，現在，我也對你作最後一次宣告：我眞是千千萬萬分感謝你，我更願來生變牛變馬報答你。可是，經千思萬想後，我仍覺得：我眞不配你對我這樣的愛。而在目前環境下，這只能使我痛苦，也使你受委屈、煩惱。在萬不得已的選擇下，我只能希望今後你拿愛我的心好好愛商翰文。這或許是我們今天痛苦處境的唯一拯救。藍，我眞對不起你，對不起你！」

聽了我的話，她退後幾步，突然歇斯地利亞的狂笑起來；神色眞是可怖極了。接著，她用最冰冷而又最殘酷最古怪的眼睛瞪我，足足瞪了四分鐘。我渾身發抖，再受不住，於是緊閉眼睛。我只聽見四句冷冷的話：

「好，我答應你的要求，下星期我和商翰文訂婚。我希望，你永遠不後悔今天下午所發出的聲音！」

我睜開眼時，只聽見一陣樓梯聲，她沒有了。

天知道，「永遠」！她走後第一分鐘，我就開始後悔了。從那一秒，一直後悔到兩年後的今夜。因爲，連我當時也未很清醒的估計到：永遠失去她之後，我所感受的地獄，要比當時的現實地獄痛苦好幾倍。

瞿小姐過生日，那天下午，印蒂邀我去吃飯，發現我躺在地板上，那是我後悔混合痛苦的第一分鐘。此後，這一分延長到兩年。可能還會延長到我的生命末日。

然而，後悔已經遲了。一切已經定局了。

五天後，她訂婚。兩禮拜後，她結婚。婚後不到一個月，她又病了。

我的心靈，從那時起，卻一直病到現在，今後將永遠病下去，命定是個殘廢人了。這段時期，我變了一個人。我決定放棄唐堯虞舜漢高唐宗的傳統，選擇李後主加隋煬帝的路。生命既快到盡頭，生命也就可以隨意處置了。

就這樣，我本想用一個社會倫理的化學方程式結束一個悲劇，結果卻眞正開始另一齣悲劇。冷靜思維把我玩弄夠了，熱烈感覺又開始玩弄我。當時被化學公式強行分解的熱情，這以後，又被另一種公式凝聚起來，向我報復。現在，我才開始明白：一個被強行冤枉殺死的感情，它必然以幽靈姿態復活，而復活後它給予我的是什麼折磨？是個什麼況味？那只有魔鬼知道。哦，這況味！這況味！這況味！……

這一闋當代羅米歐與朱麗葉的交響音詩，由唐鏡青的鍵盤演奏完畢，林與印幾乎聽得入迷，不敢插一字。聽完了，兩人仍不斷咀味其中繾綣妙音，不想插一句。可是唐餘興未盡，仍沉入剛才彈奏的音浪中。不過，現在他不是續彈先前曲調，而是零零星星迸發一些斷斷續續的詩的音符，作爲這一故事的詮釋、襯托、及渲染。

「七年了，這不是七年，是七百輪太陽，或七百次黃昏，猩紅的黃昏。從早到晚，燦爛跟住我們，從春到秋跟住我們。我無法形容這一輪輪太陽，一片片黃昏，一個個黑夜，又艷又慘。她所給我的，是全部的。她交給上帝的，也沒有給我的多。她不是交給我，她是把一整個火柱，肉體的，靈魂的，全投給我，讓我當慾望的柴，當歡樂建築的支撐。但我卻不敢全接受，因爲，這一切太豐太富太多了。每次和她在一起，我是一座火窟，要怎麼燒，就怎麼燒。她一走，一切幾乎便變成一座獸窟，裡面有野獸的憤怒，更多的是悲哀，牙和爪的掙扎，斑斑血跡。……我有一個女人，叫做『妻子』，妻子背後有一大堆社會力量，它們逼我生活得像中國書法，一撇、一直、一鉤、一點、一捺、一個波磔，都幾乎照傳統倫理字帖上的規格。我想扔掉這本帖，但它後面卻是一大串社會眼睛，蔑視的眼，大世界哈哈鏡的眼，我不能在這些視線以外活，正像大地不能在地平線以外活。於是，我只好守著這條地平線，守著這些社會眼睛。只有用眼淚和自讉代替反抗。我的婚姻，是一個偶然。我們從沒有戀愛過。在我們之間，也從無眞正情感。我們全是命運的犧牲品。不幸的是，在它們以外，後來又加上第三個犧牲品：景藍。」他沉思了一下，才道：「老實說，我和景藍的浪漫愛情及幽會，全靠我們用間諜的秘密手法，純採『地下』作風，才能向外界瞞得比鐵桶更緊。」舉起杯子，慢慢道：「主要的悲劇因素，前面已經說過了：一種宿命的黑暗婚姻，一個純潔少女，一個有事業有妻子而從未眞正戀愛過的男人，一切痛苦都在這裡了。我想不到會在這裡遇見你們。現在，我只想做一件事——」舉起杯子，一飲而盡，又斟滿一杯。「讓它（杯子）聽我的沉默傾訴吧！我要把所有故事裝在這裡面。啊，向你們傾吐出一切之後，今後我眞不敢再回憶了。任何有關她的記憶，將來都會變成火山熔岩流帶，一派紅熱狀態、一團昏黑、一片瘋狂。我不敢走近它們。即使這樣，記憶的岩槳、岩瘤、岩團，也仍不斷噴打我、壓軋我，叫我無法招架。隨著每一次招架，是一片眼淚、一陣絕望，昏天黑地的絕望。也許，可能的，我希望，有一天，記憶只像一隻寒冷的烏鴉，棲息在我衰枯的老幹上。那時，生命是眞靜了，眞和平了，一切紅熱岩床瓦解了。」舉起杯子，慢慢感嘆道。「啊！這不是愛情，這是哥林多圓柱的華麗森林，我曾做過裡面的飛鳥，每一根圓柱的花紋和雕飾，我都熟悉。現在，我逃得遠遠，連一根杜影也不敢再碰觸了。偶回頭，是那樣瑰艷的華杜，我不敢再看下去。今後，我將永遠使用愛情代用品，不再用眞正愛情來生活。我將永遠戴太陽眼鏡看太陽，只找尋剎那的野地帳篷歡樂。我唯一的梵蒂岡已毀了，我感情裡再建不起第二座。在生命旅程上，此後，我只能搭一座座帳篷。它搭了，歡樂也搭了。它拆了，歡樂也拆了。這樣，乾脆省事。」舉起杯子。「印蒂，你還記得嗎？有一次，我和你說過：假如你歡喜花，你知道雨後的花特別香，但你哪能隨時找到雨？有一天，眞有雨了，你忽然又想殺死雨！嗯，殺死雨！是的，殺死雨！我眞就這樣舉起刀子。那個姓商的，是我幫忙介紹給她的。凡事總有個限度。她的年齡便是她最後限度。我已經耽誤了她的青春，我不能那樣自私，永遠耽誤她。社會和她的親友早已在議論她了。實在沒法，我只得懷著尋找雨又殺死雨的心情，幫忙把商翰文介紹給她，爲了擺脫自己的苦難處境，更爲了叫她擺脫艱苦處境，我決定促成他們的婚姻。刀子向外砍，往雨砍，結果卻落到自己身上，一片鮮血淋漓。我幾乎有點後悔了。唉，這一切，不談也罷！也罷！」舉起杯子。「現在，對於我，時間不是每一年、每一月，而是每一分、每一秒，在我感情和肉體的樹上留著苦痛年輪。我要毀滅記憶裡那片紅熱岩流。我也要讓時間摧毀我。今夜，我留在外面，留在這蛇樣的都市，留在罪惡與毀滅裡。我爲傳統已付了太大的代價，傳統也該原諒我這一次的背信忘義！」舉起杯子。「生物是個最大的謊，死物才是高貴的眞實。這是一個最透明的謊，透明得那樣美，你也就爲這份美活下去了。上帝在這宇宙大垃圾堆裡加兩根肉骨頭，人也就像狗樣的搖頭擺尾了。這個社會裡，男人愛說透明的謊，正像女人愛穿透明的尼龍絲襪。不管怎樣穿，明明隔了一層，卻又叫人相信，這是一條赤裸而美麗的腿。文化和科學的發展，正在試著一天天削減這襪子的薄度，叫人一天天更相信：它們不是一個阻隔。但是，隔了一層還是隔了一層。……」舉起杯子。「朋友！我最好的朋友！在你們面前，我從沒有這樣失常過。今夜我是瘋了，完全完全瘋了。一個抱著酒杯睡覺的人，不可能不瘋的。我不能再詳細談了。……朋友，我是完了。是我的妻子叫我完的！是我的事業叫我完的！是我的提琴聲叫我完的！是我的理性叫我完的！特別是：是那許多化學方程式叫我完的。啊，關於這些方程式，此刻不細談了。將來再談。反正，我知道，我這一生是完了！完了！永遠完了！」

這一陣發酸味的硝煙火藥爆發完了，唐鏡青一口氣又喝完一杯酒，倒在椅背上，像一頭遍體創傷再也不能動彈的獅子。他陰霾的眼睛，充滿紅血，整個臉孔紫紅，鼻尖特別紅得厲害。他閉上眼，沉入夢態，似在回憶，又似在幻想。有好一會，他不開口，也不喝酒。休息了一會，他才又慢慢睜開眼睛，凝望壁上暈黃的燈光，幾顆眼淚溢出瞳眶。突然，他拿起帽子，站起來，到櫃台去會帳。當印蒂搶過去時，他已付了錢。

兩分鐘後，他全身發散陣陣酒氣，搖搖晃晃，踱到門口，揚揚黑色呢帽，微微嗄聲道：

「對不起，我先走了。我還得去找我今夜的夢，地獄與魔鬼織的夢！」

他的背影消失了，門上玻璃似映現出他最後一朵又酸又苦的獰笑。

印蒂與林鬱一直傾聽唐的語言瀑流，不插一句。人是無法與飛瀑對話的。現在，瀑流停了，製瀑者也不見了，不約而同，他們兩個陷入沉思中。因爲，這一陣陣飛瀑帶來太多太濃的思維原料。

五

這是一個秋天下午，我睡了個午覺，醒來時，突然感到迷茫的空虛。這是一個靜靜下午，陽光是這樣親切，溫柔得叫人依戀。窗外微微有秋蟲聲。我爬起來。睜開眼後的世界，似乎比閉眼時的要實在得多、可愛得多。

我沉思。

將近三十年的時間，是輕輕過去了，幾乎是無聲的。不知不覺中，我已快被一隻不認識的手開始推入中年了。這樣的時間，眞是空虛微妙得令人愕然。一個聲音似在響：是曾有過這樣的時間嗎？是的，確曾有過這樣的時間，空虛而微妙的時間。我似乎沒有歡樂過，也沒有悲哀過，我沒有很多希望，也沒有絕望。只有一點淡淡的迷惘，夾雜一點明淨的喜悅。我的心寧靜得像初秋早晨湖水，沒有一條感情的陽光不深貫湖底。湖上，沒有蓮花，沒有綠葉，只有兩三片小小思維白帆輕飄。船上無人，它們只隨感情的風而飄，不知道從何處飄來，也不知往何處飄去。我佇立寧謐的湖邊，以旁觀者的身份，希望湖中起一個大風浪，我好欣賞寧靜被徹底摧毀後的湖面。但我又不期望風浪太久的佔領湖。因爲，風浪只應該是一種裝飾、一種刺激、鼓勵、和喚醒，好使湖更現得圓全而奇妙。但此刻，風浪還沒有起來。

這是一個微溫而明淨的秋天下午。我的心也正是這樣一個下午，葉子準備變色前發出最末的綠意，陽光準備滾入北極前流出告別的溫情。這一切是可愛的、美好的，因爲這一切是平靜的、比較深沉的。

寫到這裡，印蒂再寫不下去了。他把日記本放在一邊，點起一支煙，擾亂性的吸著。他立刻意識，他並不是在寫，而是將他的情緒降到最低音符，幾乎接近休止符了。人是不能老在休止符邊緣上活著的。他凝視窗外牽牛花藤，金魚正在窗臺上輕輕唼喋，那隻大黃貓又繞行腳邊，他似乎有點想悄悄啜泣，但泣不出。嘆寂中，他等待，彷彿等待那欣賞性的大風浪，但它不來。來的卻是另一種東西。

奇怪極了，還是那點點陰風，有點淒苦的風颸。舊說部中慣常象徵鬼魂將出現的陰風。風冷、尖峭、暗澹。它的特點，就是專門吹刮歡樂極度的火燄，刻毒的有意帶給後者以另外世界的消息。一陣陰風起處，一扇黑暗屍門似乎大開了，他恍惚看見門內有五個黑字巨字。「永恆的毀滅」。他顫慄起來。他預感，這個永恆性的致命東西，可能是一種宿命、一種鐵則，像埃及金字塔木乃伊，需要千千萬萬生命做殉葬物，而現在，竟然終於找到他了。它要拉他到那又偉大、又莊嚴、又可怕的陵寢中。從第一眼他被發現，它彷彿就不放鬆他了。這個永恆體，千萬年來，曾呑沒過多少星球與生命，此時，有意無意的，竟可能向他張開巨口了。從第一刹那，一嗅出它的相當危險氣味，他就彷彿帶點宿命的想：「我能逃脫它的追逐麼？」

然而，這片多少類似毀滅的陰影，對他不還只是某種殘酷，同樣也是一種魅力。這份陰影的魅力，似乎超越一切。而接受它的殘酷，也不是無報酬的，他可以從魅力上獲得補報。然而，爭取這種補報，就意味一種反叛，反叛他自己，反叛一切正常狀態。也正是這種絕大的魔性的叛逆，目前似乎開始對他裸露一片巨大的蠱誘力。

他現在有時所感的永恆體，和黑暗毀滅體，似乎是二重奏。有時候，二者相結合，有時候，二者各自獨立。他無法仔細分析它們微妙處。一切是這樣棼亂、蕪雜、離奇。只有一件簡單事明白向他擺著：不管他怎樣努力，往日美麗的舊命運，可能漸漸漸漸褪色，從此，漸漸漸漸，他可能將接待一個較新的命運。那些狂歡作樂可能會漸漸自我消滅。現在，當他對歡樂有點感到疲憊時，這較新的命運，似乎就如飄萍就浮現於他四周。

其實，他對宇宙間、人生中這種永恆體和黑暗毀滅體，並不是現在才開始感受的，自他青年時代時，多多少少，他已預感了。當時他所以投身大革命，雖說爲了追求眞理，但有意無意的、也爲了逃避某種黑暗毀滅的壓力。這以後他耽溺於愛惜的象牙塔，雖說爲了沉沒於大歡樂和一種嶄新詩生活，但這一沉溺的反面，也就顯示他已脫離任何生命的黑暗面。但此一黑暗面並未被歡樂火燄完全燒燬。

他也不知道，自己怎麼會糊裡糊塗被推到這樣一片境界的。一切是霎靆朦朧，不可思議，簡直像被鬼迷一樣。他本是拚命挖金礦的。想不到挖到後來，在礦底竟挖出一堆蝮蛇、山蝎子、與腐屍臭骨。難道世界上眞沒有一座耐久的眞實金礦？還是一切黃金珠寶原是僞裝，只爲了引誘人去開採，好終於呈托出腐屍臭骨？也許，挖礦者慾望太強了，縱使所有黃金已開採空了，他還要往下掘。他非看看礦底床不可。這時，他的精神重心已不在被掘的對象，而是在挖掘本身。他不是爲了對象而挖掘，而是爲了挖掘而產生對象。那也許是一種心理反常，他對黃金珠寶太熟悉了，因而愛上他們後面的腐屍臭骨。過度的光明歡樂壓倒他，他反而要渴求它們的反面，正像新興立體派畫家，覺得人臉正面已不夠表現人，必須同時也畫他的側面和反面，終於畫出雙面人，兩個鼻子，三隻眼睛。

這種神秘變化過程，他無法詳細分析。一切似乎不由而然，也不是不自然。殘酷的不是那些腐屍臭骨，而是他的「挖」。若干年前，當他爲了窮究宇宙生命，第一次舉起鶴嘴鋤時，已同時建立了一切類似悲劇的基礎。整個變化來得並不算極反常。過度紅熟飽滿的菓子自然會墮落，清風款擺、綠葉枝條簇擁後，接著下來的，自然是污泥與腐爛。他越想拚命捕捉什麼、抓牢什麼，越抓越緊，但抓到後來，它們必然自動以被扔的姿態跌落，如蛇悄悄蛻皮。他越想製造火，竭力造火，造到後來，火自然竟成冰。也許他無法理解這種奇異過程。但它們卻是大自然的過程，並無做作。他也不知道，從何時起，他開始追求正面時，也愛探索反面。他只知道，後者或許對他是命定的，正像十年前和兩年前，那些粗獷火燄與精緻象牙對他是命定的。有一幅模糊的遠景輪廓，他也許看見了，就是：萬一有變，這一下，他可能會墮入萬劫深淵，不復得救。但他也顧不了了。前面的黑暗似對他富有一定魔力，它是那樣的誘惑他，看樣子，他不太可能完全置身事外、也無力徹底拒絕。他從未計較一切前進過程中的眞後果，與負面後果。關鍵就在他渴望捕提，而富有變化性的一捕提，只要逼他邁步向前，他總可能補提到有違本意的事物，境遇。而這種新境遇可能把他推入一片意想不到的空虛。

這天晚飯後，他又一次獨自划船到水竹居。這是一個淒迷月夜。暈黃的月光滿照花樹亭榭。說不出爲什麼，每一次很沉鬱時，他總愛來此處徘徊。這兒的色調與構圖，似乎正吻合他的情緒。他穿過陰暗的甬道，陳設古董與紫籐木太師椅的大廳，踱到後面院落，在龍鳳松與羅漢柏之間閒步。昏迷的月色透過樹葉，影影綽綽射入玻璃，又反射出回光，迴廊上顯示華麗的明與暗。一條條紫紅色欄杆，在地上織著月影圖案。蔦蘿獅子座盤旋於花臺，玉蘭樹靜立在庭院，明堂內月光參差。這個古代華邸的夜，是東方的夜，連每一片樹葉每一塊方磚都沾帶哲學意味，又彷彿是一曲古老的哀弦，或偶發一片俞伯牙的古琴聲。他散步庭院，不時悄悄走上石階，從迴廊的藍色圓圓玻璃內向外凝望，四周景物神秘極了，像是夢景中的夢景。萬物淒迷而朦朧，滲透一片悲哀的靜寂，古老的梵謐。

他就在這份闃寂中沉思。

這樣淒淒迷迷的月夜，朦朦朧朧的暗與明，扶扶疏疏的花樹和葉影。天地間似永遠瀰漫這樣婉麗的光。這樣大片的暈迷，又溫柔，又叫人怕。它們是一種永遠包住他罩住他的神秘的殼。兩年來，在無涯無涘的永恆宇宙空間，他自以爲抓住什麼，擁抱住什麼了，其實他所抓到的，只是一片殼；一層瑰麗但相當表面的殼。他沉醉於殼的形相迷景中，從未感到它的眞正硬度與限度，以及它後面所包裹的實在。現在，他開始有點感到了。這些永恆時間的殼，像一個蟬衣舞女身上的蟬翼紗，脫掉一層，裡面又顯出一層，一直脫下去，卻脫不掉最後一層。永恆實在這個舞女，始終不現最後的女體，眞正的血肉。舞臺下的他，這個不幸觀客，都陷入迷惘與渴望中。當他開始爲這些華艷蟬衣所眩惑時，他本以爲它們的光芒就是一切，眞象就是形相線條色彩。此刻，他才覺得自己淺薄。這一大片一大片的五光十色，溫柔迷醉，儘管昨夜今朝沉沒他，可是，有一天，當他發覺美麗蟬紗後面還有一個眞正永恆的女體時，所有那些沉醉，開始又雪崩。天知道爲什麼，他竟渴望抓住這眞正的女體，最後的血與肉，形色光線。在永恆女體前，他眼前一切又多脆薄！夜鶯歌聲是脆薄的。玫瑰花紅是脆薄的。豎琴的弦子是脆薄的。葡萄酒是脆薄的。一整個春天的顏色與芳香也是脆薄的。甚至愛情的夢多多少少似乎也是有點脆薄的。它們永遠只是一些殼、一片片蟬紗、有形色、有光彩、有幻美，卻沒有眞正的硬度，最後的肢體，最後的實在。

他凝望天、凝望地、凝望月、凝望花樹葉簇，通過這青青月的幻光，靜麗的涼夜，燦煥的星光與藍天，他不時被一陣奇異的慾望所襲：必須剝脫所有蟬衣，捉住那最後的女體。他不要那透過蟬紗的影影綽綽的迷幻線條，他所要的是最後的原形。星光月光天空這樣幻麗的擁抱他，他已不滿足了，他要擁抱它們的「後面」，那最內核空間。他要透入這片空間找東西。那裡一定有眞東西、好東西，可能，它們正是他多年來眞正追求的。純形相線條色彩的官能迷醉，或多或少，他似乎有點感到疲倦了。一朵紅花永遠是一朵紅花，一片星光永遠是一片星光，幻美永遠只是幻美。千萬次重複沉浸後，官能已開始本能的反抗這種重複。官能如果是眞正帶眞理性的，它本身將要求上昇，反抗老調重彈。它要求更深的、更永久的。不管色彩線條怎樣迷人，他開始要求它們眞正最後面最後面的。只有在最後面，才有那最結實、最深久的。眼前一切似乎相當脆弱啊！

印蒂沉思著，不知何時起，他又踱到大廳裡了。今晚遊客極少，廳內無人。茶博士像個幽靈，幾次向他兜售，他拒絕了。他只是來回閒走。終於，他閒立軒堂紗窗前。透過一層碧紗，外面庭園中的花樹月光，宛如一幅傳說中的神話圖景。他被它的迷離畫幅迷住了。它們多近！又多遠！似乎慢慢向他飄來，又漸漸飄開。樹梢的幽麗月色，樹下的綺紋玲瓏的恍惚月影，池水的暗色迴波，遲懶的睡鳥聲，一切如煙如霧，似愁似怨。他望著望著，心頭潮濕了，緩緩的，他走到小池邊，開始在一棵金桂樹下徘徊，慢慢的，一陣神秘的聲音又從他內裡灑出來。

是的，歡樂！人必須歡樂！愛情是歡中的歡！醉中的醉！迷宮的迷宮！那些金獅子佛座般輝煌的紅唇是美的。那些景泰藍般精緻的白色胴體是美的，那些黑人大鑾琴樣的眼睛是美的。在千千萬萬紅唇胴體的風沙旋轉中，屹立著一棵棕櫚樹般的心。但這棵棕櫚並不是燧石，而燧石也不就是永生。比較起那永恆的永恆來，這片猩紅的心似乎有點脆薄了。他所要的可能太多太多，但這片猩紅不能給他；大水淹沒了他靈魂萬里，高地上一棵棕櫚樹救不了災難。當他本無歡樂時，他的飢渴症很輕。歡樂來了，它刺激了這致命的症候。由於它，他的靈魂似變成巨大的歡樂噴泉。一切噴泉須空間承受，一旦沒有後者，這是不能想像的。他現在需求永恆的空間、不朽的紅唇、不死的胴體、不死的美。但這一切，她似乎不能給他，人間也不能給他，世界也不能給他。世界正在磨破磨爛自己。時間會蛀爛藍天大地，也會腐蝕太陽和星雲。這一切大自然光輝，永遠是眞太陽的陰影，月亮式反射著，又凄清、又哀麗。啊，那最永恆的眞正太陽又是什麼？

印蒂在月光花樹間徘徊著，躊躇著，沉思著。一些聲音繼續在他心底秘密響著。

啊，我爲什麼一定要找？我爲什麼一定要像剛從瘋人院裡出來的，白天黑夜到處亂抓，亂撲？誰要他找？誰鼓勵他找？他四周一片沙漠空虛，沙漠上沒有一雙眼睛看見他內心姿態，沒有一角玻璃碎片反映他靈魂裡的血。相反的，當他這樣歇斯底里的撲找時，連沙漠上每一顆沙子都在嘲笑他、愚弄他，它們在他脚下掙扎著，不願承受他赤脚的血跡。

「人啊！你爲什麼要奔走不停？你爲什麼栖栖皇皇，如有所失？你在找什麼？你爲什麼要這樣痛苦的找？月光是這樣美，你爲什麼要找？天空是這樣美，你爲什麼要找！夜是這樣美，你爲什麼要找？愛情是這樣美，你爲什麼要找？你肉體健壯極了，臉色爲什麼這樣青白？反常？你在找什麼？要找到何時？找到哪裡？啊，宇宙是這樣美、這樣美、你爲什麼還要找？還要找？」

「正因爲一切這樣美，我才要找。正因爲一切這樣美，我才顯得這樣反常。」

是的，正因爲他身邊堆了這麼多的美，他才找，因爲，這堆砌如山的美，可能只不過是一座海市蜃樓，或者是一座紙紮的山，他遲早免不了要找那眞正的堅固巖石。

太多的歡樂是一宗危險，有時，它叫人連一粒陰暗也無法招架。十幾年來，釋迦一直活在金碧輝煌的華麗中，從不知道華麗以外，因此，偶然走出宮外，一天所見到的人生眞象（生老病死），一下子便逼他踢掉過去十幾年，終於深夜衝出宮門，在恆河邊開始另一個十幾年，痛苦而血淚的十幾年。但他並不是釋迦，這些陰影和痛苦，也不是第一次成品，爲什麼他還用處女眸子來看它們？過去一個長時期，當那麼多眞正痛苦愁慘包圍他時，它們都不能震撼他分毫，爲什麼當大幸福現在正繚繞他時，任何一星愁慘陰風卻叫他渾身抖顫？月圓了、月缺了、月昇了、月落了、花紅了、花黃了、花有了、花無了，春天繁管後面，是秋天哀弦，夏季赤道後面，是冬季北極，明亮陽光後面，是淒風苦雨，這一切生命變幻，曾千萬次在他視覺網膜上重複，在他牛皮鼓式的心上踏著舞步，他全不介意，爲什麼現在他的心靈竟又突然燃燒起這麼多異象？是什麼力量懲罰他，竟慢慢，給他搬出如許多的齣醜幻變、神秘苦景？

是的他要找！他應該找！但他不已找了十二年麼？他全部最青春的青春，不已在空虛的尋找裡燒完了麼？今後，他殘餘的十年青春灰燼，難道也要爲這片大茫然大空虛殉葬麼？那個神秘威脅，十二年前第一次曾向他攻打過，爲什麼目前他還要重視它的攻打？他難道永遠不能擺脫它的影響麼？千千萬萬人不是在流血流淚找尋愛情、花園、和平、陽光，他現在爲什麼還要從花園與陽光裡逃出去？千千萬萬智者不躺在壁爐邊愛人膝下，他爲什麼要獨自衝到外面黑夜狂風暴雨裡？爲什麼他永久的朋友和敵人，命定竟是那些迷霧？他爲什麼始終與那些永不可捉摸的事物和符號相搏鬥？相掙扎？他眼前一切誠然脆薄，但究竟是可愛的，如果他眞是拋掉這片脆薄與美，卻在脆薄以外又抓不到什麼，而終於徹底失掉這片原始的脆薄與美，那他又將怎樣？

六

霧，苦痛的織著。鉛白的調子濕透世界，到處都是潮濛濛的顏色，天候正在恬靜大氣層描水彩。山、樹、堤，橋，都是滲透性的，好像從沒有乾燥過。空間是一個戴箬笠披簑衣的釣者，滿身煙雨水霧，一份濕漉漉的朦朧，沾點淒苦。雨早停了，陰霾卻仍在剝蝕一切。天空是一塊原始畫布，幾乎還沒有塗上任何強烈色彩；横斷層的蒼白，大抹深灰淺灰、以及中間色的灰，只能算是這畫布的原來底子，因爲它們本是那種模樣，絕不像加上去的顏色。霧靄彷彿流動著，一會兒深些，一會兒淡些。湖上霧薄薄的，一部分差不多快溶失了。遠山天際處霧深些，好像一切霧都從它那裡出來。霧中有鷄鳴聲，犬吠聲，以及零食擔子的木柝聲。一兩隻燕子，從霧裡飛出來，飛過蒼灰水泥牆、紅色梵牆、白色粉牆。這一切，在灰色霧氛與潮濕大氣中，都顯出苦味。只有青青遠山在反抗、掙扎，利用它那份本然神秘，想衝破這片苦味與水霧。在水霧的巨大蒼灰中，偶有畫眉的細碎鳴囀聲。

潮濕天氣並沒有沖淡人們週末的悠閒心情。這是一個拜六下午。湖濱飯店大廳裡，照舊鳴奏茶舞音樂。四步舞曲一朵朵飄出來。樂聲是慵懶的。生命似乎正在縮小，縮成最原始的塔形細胞、圓柱細胞，人也就細胞樣活動著，表現極單純的反應。樂聲不斷飄，越飄越像一些昆蟲的繚繞。生物們似乎在等待，等待黃昏的死靜，或許想用舞蹈衝破它，或許想在進入黑夜後繼續逸樂。但舞廳外面，卻是蒼灰的天空、灰色的水霧、蒼白的時間，更其蒼白的，似乎是這個宇宙。

像一座沉思的建築，印蒂又一次站在樓窗前，凝望遠山水霧。一片低氣壓繡織了世界，似也繡織了他。

瞿縈斜躺在長沙發上，看一本英文短篇小說集，是愛崙坡的。這位神秘專家與恐怖專家並沒有恫嚇她，她顯然沉浸在他優美的風格裡。她臉上鴿子樣棲息謐靜、和平。她習慣和他共度一個狂歡的夜，接著是一個寧靜的上午與下午，這個下午映襯昨夜，像一簇綠葉映襯一架鮮艷薔薇花。她苗條身子是一枝夜舒荷，斜斜的卷舒於長沙發上。她有一份怪暖和的情緒，它也有嘆靜。她現在也就是這麼一架薔薇，開展於這片華麗空間。這裡有紅有綠，有鮮麗，無須噴放，即使悄悄埋在身內，也還那麼媚人，叫人想走過去，慢慢跪在她膝下，臉貼住她那溫柔的膝頭。

但印蒂此時卻不想這樣。他太熟悉她的胴體了。從它裡面翻譯出來的文字，他幾乎能背誦了。他的感覺，楊枝魚樣，想遠游開去，此刻棲止於湖面，和遠山的隱約蒼白裡。在遠方，那裡似乎有更多的吸引素在。這是一個沉澱的時辰，時間在睡眠。每逢這樣時辰，他就多少有點難堪。在他和她之間，似乎已開始顯出一點空白。應感覺的、已多半感覺過了。應跳躍的、已多半跳躍過了。應強化的、不少已強化過了。剩下來的、還有那麼多豐富菓子麼？

他抬起頭，遠山鉛霧正漸漸濃深。青山時隱時現，彷彿一座座幻影。湖面水氣更重了。幾輛自行車馳過柳堤，有點像孩子追逐大鐵環。水霧裡，沒有動人的炫照，沒有深影像，沒有複變態，也沒有什麼能刺激人的高度色感。一切現得有點捉摸不定。全宇宙似乎都在可有可無之間。宇宙可以偶然從霧中幌出來，也可以偶然避開去，閃閃爍爍，幾乎是怪誕了。這所有浮游閃爍的感覺似乎抓住他，要拖開他，也把他推到那些躲躲閃閃的事物內。有時候，生命彷彿具有一種高度「中間性」，如繪畫顏色裡的「中間色」，若此若彼，似紅似綠的。現代大畫家們正尋覓這種神秘縹緲的色素，他此刻似也在找他感覺裡的「中間色」。那幾座若隱若顯的山，飄展得像一扇扇裙撐，深深吸引他。他能不能變幻自己，成為一種似有似無的生物呢？這個大地上，有他的腳跡在，其實這些痕跡並不一定必要的。他應該有呼吸卻沒有痕跡的活著。這個肉體對他似是個負擔，它本身並不重，附加於它上面的許多事物，卻很重了。有一個時期，他曾追求這份重，而重度與歡樂度成正比。目前，他彷彿開始有點厭倦它了。生物是怎樣一個古怪的東西，一副如此渺小的軀體，卻有那麼多離奇的麻煩，而千千萬萬片思想彩虹、感覺的雲霞，就如此交織了它。他本該利用這個軀體、在大地留下較深的足跡，但留下又怎樣？一切不都在這裡麼？——瞧，……遠山迷霧深了，又淡了，灰色，又蒼白了。

樓下大廳內，四步舞曲又飄出來，一片片的。這並不是音樂，似乎是霧，較幽麗的霧。人們是在霧中擁抱，舞蹈著。歡樂是一朵朵蒼白的花，開在蒼白的霧裡。這樣的霧，也只能開這樣的花。眞可憐，這是一個無花的時代。這是一個無心的國家。湖水下面，該有魚戲龜游。湖堤上，一輛輛自行車，仍燕子樣掠過去。遠遠似有畫眉聲。慵懶的舞曲嗚響著，漸漸沾帶天氣的潮濕味了。說不出爲什麼，他的眼睛和天氣一樣潮濕了。他強烈感到霧。它從山間湖上湧入他血液中。音樂似是蒼白了。世界也似乎蒼白了。這正是秋天。霧淞不時向他蜂擁著。他的血液彷彿也蒼白了。他轉過頭，牆上的一份日曆上，現出幾個阿拉伯字——今天的日子：九月十九日。

「一九三一年九月十九日！」他想著。

是的，這正是一九三一年九月十九日。

她還在靜靜看小說，臉上顯出溫柔的微笑。

這是一個靜靜下午。

黃昏時分，活像天崩地塌，一陣狂喊聲、突然衝破湖上霧幔，是報童們的大吼聲：

「號外！號外！號外！號外！號外！」

「號外！號外！號外！號外！號外！」

「日本鬼子炮轟北大營！」

「日本鬼子炮轟北大營！」

「日本鬼子佔領瀋陽！」

「日本鬼子佔領瀋陽！」

「號外！號外！號外！號外！號外！」

「日本鬼子炮轟北大營！」

「日本鬼子佔領瀋陽！」

第十二章

一

爆發了！爆發了！爆發了！爆發了！爆發了！爆發了！陰謀爆發了！鬼蜮爆發了！無恥爆發了！魔毒爆發了！罪惡爆發了！卑劣爆發了！

一夜間，血腥的紅風刮遍亞洲大陸。白浪滔天的眼淚、從各式各樣眼睛裡流出來，從無血的眼睛裡，從有血的眼睛裡，從憤怒的眼睛內，從柔軟的眼睛內，從艷麗的眸子中，從醜陋的眸子中，從煌亮的視覺裡，從陰暗的視覺裡，……

緊接這個命定的日子，這個民族所表現的歇斯底裡，後代史家將沒有人能正確估計。報紙上頭版印著血紅大字：「燒！」「殺！」「搶！」「姦淫！」「佔領！」「進攻！」「不斷的進攻！」「進攻！」「進攻！」「進攻！」東京罪魁們的相片，成隊在新聞前面站出來，喝血的眼睛、喝血的臉。

各大城市裡，這一聲巨雷的猛然爆炸，人們先是震昏、震呆，經過一種沉痛的哀默後，接著發瘋般衝出來，驚相奔告。每一個人不厭重複，一次又一次，把這片血腥消息，捧給別人，好像他是第一個取火大神普洛米修斯。

撕頭髮、拍桌子、握拳、咬牙齒、揮臂、跺足、蹦跳，終於一片痛哭。

這是一個眼淚的時代。這是一個泡在眼淚裡的民族。淚水如長江大水災一樣，淹沒了千千萬萬人，佔有了人們的靈魂與肉體。

九月二十日，一片片惡耗、像一頭頭野獸，繼續從報紙上撲出來。讀報者沒有一副人臉不蒼白、不鐵青。沒有一個有血氣的人、不聽見巨大聲音在響：「死了！死了！正義死了！最末一線光亮也死了！」這片本已沉入黑暗中的大陸，又加一層更深的黑暗。這緊綁著奴隸鎖鏈的國家，又加一副更殘酷的鐐銬。

在憤怒沼澤中，如巨大鱷魚，人民吼聲爬出來了。學生運動如偉大的古代「地殼運動」，狂急的輻旋著，展變著：「亞帕拉千變革」，「黑西尼安造山期」，「大陸期」，「海退期」，「黑西尼安山脈形成期」。人民情緒的波形「大曲隆」與「大曲降」式的運轉著。這是一個再造大陸運動，也是一個復活運動。四萬萬五千萬的靈魂必須復活。世界尊嚴必須復活。宇宙正義必須復活。

東北的「傾動地塊」繼續陸沉。東京的寶劍繼續劈刺。千千萬萬個群衆大會在關內洶湧。千千萬萬個遊行隊伍在城市奔流。超出這一切的最偉大節目是「不抵抗！」

關外野狼們奔馳著。關內哈叭狗們嗚吠著。在人民屍身編織的舞池裡，將軍們依舊跳美麗的狐步舞。將軍們用人民的血獻給愛人作口紅，好在他們白色綢襯衫上印更鮮艷的吻跡。關外喪鐘一陣比一陣響了，關內將軍們的酒杯也更響了。在狐步舞音樂與酒杯聲中，將軍發出偉大號令：「不抵抗！不抵抗！不抵抗！不抵抗！」

群衆大會上，千千萬萬人哭著，台上人還未開口，就嗚咽不成聲，才一講話，就大聲痛哭。代替了掌聲，台下也是一片哭聲。假如另一個星球上有生命飛下來，在高空盤旋，他會奇異；這些日子裡，這許多場合裡，哪裡會有這麼多哭聲？每一個人都像曠野孤兒，又如遭遇了最深的冤獄。

大會講台上，有人用刀割斷手指，有人刺破臂膀寫血書。在旅館裡有人自殺。有人披蔴戴孝提哭喪棒遊街。有人被送進瘋人院。有人焚燒日本商店，有人把日本人造絲衣服撕成碎片。有人用手鎗打死自己。有人絕食。有人跳大海。

這是一個叫人發瘋的時代。這是一個歇斯底里的時代。這是一個天旋地轉的時代。這是一個昏眩的時代。這是一個賣朋友的時代。這是一個殺母親的時代。這是一個把黑夜當白晝的時代。

這是一個指太陽爲黑墨的時代。這是一個巫術的時代。這是一個絕望的時代。

在這個絕望時代裡，人們明白了許多事。

人們明白了：人類是最愚蠢的畜牲！

人們明白了：人與人之間永遠沒有同情！

人們明白了：上帝是最殘忍的野獸！

人們明白了：悲哀的眞理是最高的眞理！

人們明白了：仇恨的森林是最永生的森林！

人們明白了：「正義」只是一個商業名詞！
人們明白了：天堂的花朵只爲少數人開！
人們明白了：沒有刀的花園，沒有永久站在牆內的老主人。
人們明白了：人類唯一的拯救，是殺死所有新生嬰兒。
人們明白了：全部人類文明文化，在鼓勵人喝血。
人們明白了：科學家的主要任務，就是用最迅速的方法屠殺人類。
人們明白了：人類眞正的最後自由解放，就是整個地球大崩潰大毀滅。

二

全南京陷入崩山裂巖的騷亂中。千千萬萬學生像飛舞的巖片，從東西南北方衝到南京，溶岩流般沸騰著、嚎吼著、嘯聚著。整個南京的神經軸胚被翻轉了。

北京各大學南下示威團，一到南京，就遊行示威。在××橋下，當局卻埋伏了大批警憲，一個個佩戴武裝，帶著小蔴繩。示威隊伍一過橋，憲警們立刻蜂擁而上。三個綁一個，鵩挾到孝陵衛、禁閉起來。當學生與憲警混戰時，中央大學得到消息，立刻狂敲亂鐘，編組大隊，衝到橋上營救，加入混戰。憲警不斷增援，終於連中大一部份學生也被綁架了。

這以後，南京成了學生城。北京各大學學生繼續南下，他們臥軌攔阻火車，佔領火車，浩浩蕩蕩奔向南京。上海各大學學生，也一火車一火車裝到首都。首都全市大中學生如火山爆發，熔岩似的血液全沸騰了，都參加這支南北學生大匯合的狂流。遊行隊伍數萬人，排成十幾里長。

國府路，全南京最寬闊的馬路，可並馳十幾匹奔馬，被學生佔領了。隊伍如巨大海洋波浪，滾動在柏油路上。華麗的國民政府對面，響著一陣陣狂暴的亂鐘聲，洪壯的金屬音籟復仇般怒吼著。一些學生，一面輪流敲鐘，一面展開血紅的大幅地圖，不斷輪流狂吼：

「同胞們！中國快亡了！大家快醒來啊！」

「同胞們！四萬萬五千萬中國人民快做牛馬了，大家快醒來啊！」

「醉生夢死的同胞們啊！快醒來吧！快醒來吧！」

「看啊！這地圖上的鮮血！」

「看啊！東北三千萬人民在流血！」

「聽啊！日本強盜的機關鎗在掃射東北人民！」

「聽啊！日本帝國主義的大炮在轟射東北人民！」

配合這瘋狂鐘聲和呼喊聲，學生大隊裡衝起囂烈的梟吼聲：

「政府立即出兵東北！」

「殺到關外去！」

「鎗斃張學良！」

「打倒殺人放火的日本強盜！」

（中華民國萬歲！萬歲！萬萬萬萬歲！）

口號聲中，國民政府大石獅座上，出現中央要員，一個戴眼鏡的大胖子，他是孔祥熙，中國第一富人。胖子向學生訓話，才「訓」了幾句，千千萬萬聲音立刻吼起來：

「滾開去！滾開去！」

「我們要蔣介石出來講話！」

「我們要蔣介石立刻出兵東北！」

「反對內戰！鎗口向外！」

「鎗斃張學良！」

「鎗斃張學良！」

胖子沮喪的在石獅子座上消失了，不久又出現第二個要人，接著是第三個，但全被群衆的狂風暴雷轟退了。

下午，亂鐘響得更狂了。像預報人類末日將臨。學生們佔領了國民政府。那座雄壯大廈，門口由上海大學聯的八個糾察隊員把守，一個個著草綠色短大衣，皮領子，威風凜凜，來回巡衛。一支支隊伍開入國府，大草坪上、大禮堂內、兩邊迴廊上、廂房裡，都擠滿人頭。北風銳嘯，天陰霾得像一片原始巖層。群衆開始高唱國歌，接著又是一陣山崩海塌的口號聲：

「打倒日本帝國主義！」

「打倒日本帝國主義！」

「殺到東北去！」

「爲東北三千萬人民復仇！」

「誓死不做亡國奴！」

「中華民國獨立自由萬歲！萬歲！萬萬歲！」

學生代表要求蔣介石出來，被拒絕了。各支大隊便在國府過夜。從中午起，大家都沒有進餐，也沒有喝水，許多人的嗓子都啞了。夜裡，隊伍亂了，分散成許多小組，幾十個人一組，手挽手坐在草地上、大禮堂地上、迴廊上，不斷唱歌、喊口號，一直喊到天亮。國府外面的大隊，也在街頭屹立一夜。這時，整個國府是空的，所有警衛都撤退了。黎明，天落雨，人們站在雨裡，衣服全淋濕了。群衆依然不退，堅持要蔣介石出來。

八點半鐘，中央軍校教育長張治中，代表蔣介石出來，向群衆講話，他站在檢閱台上，操著合肥腔，大聲爲政府辯護。

「我們要蔣介石出來！」

「我們要蔣介石出來！」

「我們要求政府立即出兵抗日！」

「我們要求政府立即收復失土！」

群衆在大雨中狂吼。

與張治中面對面，站在檢閱台上的大學聯總代表，嗄著聲音強烈抗議，一定要蔣介石立刻出來。

九點半鐘，一陣軍樂鳴奏，蔣介石終於出來了。他用尖銳的聲音，保證政府立即出兵，要大家立刻回校。

「我們請總司令書面保證，立即出兵抗日。」

大學聯總代表，一副黧褐的面孔，一雙深沉的眼睛，嗄啞著嗓子，不斷頑強的抗辯著。於是，蔣介石與總代表面對面爭執起來。

最後，一陣軍樂鳴奏，蔣介石下去了。半點鐘後，張治中又出現在台上，他拿出蔣介石的親筆函件，函上聲明；政府絕不放棄東北，立即出兵，收復失土。口號聲立刻又雷吼。群衆被勝利的火燄狂燒起來。

「東北永遠是我們的！」

「殺到東京去！」

「打倒日本帝國主義！」

「中華民族萬歲！萬歲！萬萬歲！」

這時候，從走廊上，印蒂和林鬱走出來，他們在這裡也消磨一夜了。三天前，適逢印蒂回家省親，正逢這座大城學生運動的高潮期。湊巧林鬱也來採訪，打算考察學生運動，編一本小冊子出版。幾天來，他們到處跑。昨日下午，經過國府，遇見一個金陵大學教授，是熟人，後者把他們拖進隊伍，於是便同在國府迴廊上坐了一夜。

對於當前這一切，印蒂心情是矛盾的。在他心中，有大瘋狂在，也有大冷靜在。他現在充滿好奇。他打算再經驗一次群衆的狂潮。這個大潮，他已闊別許久了。

「群衆究竟是偉大的。不管一塊怎樣冷的鐵，在他們中間，也要紅熱起來。」林鬱嘆息道。他們冒著小雨，向國府門口走去，這時，各學校隊伍開始紛紛散去。

「不過，這種紅熱究竟有點反常。單只有高熱的蒸氣爐，沒有健全的方向盤，火車是危險的。」印蒂冷靜的說。

「那麼，你對我們面前這個偉大學生運動，有什麼感想呢？」

「我的感想很矛盾。我既希望他們能在這裡餓飯、淋雨、噴放萬丈狂燄，也希望他們回去後，能有一份北極的冷靜。赤道與北極，一個人應該兼具這兩種氣質，才算健全。」

「你太哲學了。」林鬱笑起來。停了停，低低道：「這幾天，你所見的一切，難道還不夠刺激嗎？」

「刺激是有的，並且很大，今後，我怕可能重新考慮我的生活了。」

「你有什麼新計劃？」

「正在打算，還沒有作最後決定。」他沉思著。「苦難的祖國母親正陷入更深的苦難，作爲祖國的兒子，不能眼看著母親在深淵底掙扎，不把雙手遞過去，這是違反人性的。」

「那麼，你想重新投入政治運動了？」

「不，我只是考慮盡一個祖國兒子的最低責任。」

「你什麼時候回杭州？」

「星期六。」

「下個星期六，我打算到你那裡住兩天，和你談談。歷史已轉入新的一頁，作爲一個眞正中國人，面對當前嚴重局勢，我們應該作出相應的反應。」

「這個星期六，你和我一道走，好不好？」

「不，我要先回上海辦一點事，把這個小冊子編好，儘快出版。」

他們談著，早已走到大街上了。快轉彎時，在一支學生大隊中，印蒂一眼看見一個熟人，是左獅。後者並不招呼他，很快的，隨大隊轉了個彎，消失了。印蒂正想告訴林鬱，後者拖拖住他道：

「聽，口號又響了，這眞是憤怒的海潮，連人的血液都被攪翻了。我覺得自己又再燃燒起來了。」

印蒂側耳傾聽，遠遠的，一陣陣口號聲又怒吼起來，大波浪樣越滾越近，像千千萬萬憤怒的嘯虎：

「殺到東北去！」

「殺到東北去！」

「殺到東北去！」

「殺到東北去！」

「殺到東北去！」

「殺到東北去！」

「殺到東北去！」

三

一生中，印蒂的河流，現在眞的又一次轉入峽谷。這次峽底灘險，要比他過去所遭遇的複雜得多。主要分野是：從前被許多痛苦壓倒，因爲他有太多青春，太多的青春的夢與幻想，目前，卻因爲他多多少少開始失去青春的幻想與夢。由紅唇、胴體糅混著他的夢幻所編織的美麗情感蛛網，似已悄悄出現斷線，生命似又一次開始呈裸眞實的斷層。巖壁上，不僅簪掛玫瑰花瓣，也投映時代的劍光火影。假如他還是一個中國人，他無法閉眼不看這片光影。多可憐的他！他心情多矛盾！世界此刻似乎變成一座金字塔，塔尖是理想與夢幻，塔基層是現實的魔影。人在世界低處既站不住，卻又找不到眞正堅固的高處。爲了苟安，求得最低的生存空間，人只好打鞦韆，上下擺蕩，直到蕩昏了，摔下來爲止，結果還是跌入現實低地上。他對過去理想的聖殿，雖早已絕望，但人類共同的生命線，特別是，一種民族自尊心，正義感，是無法絕望、也不可能絕望的，除非他自願一條繩子勒死自己。他究竟不能用雙手緊緊蒙住眼睛，不看當前這一時代的東北鮮血。他也不能永遠用棉花塞住耳朵，不聽這一時刻的四周各式呼聲，憤怒的呼聲、掙扎的呼聲、反抗的呼聲、求救的呼聲、鬥爭的呼聲，……從東北刮來的血風，首先就毀滅了他的心靈和平。他的純潔信仰早死了，但他身上那個「人」——「中國人」還活著。而這一切正是最致命的。生命旅程中，海洋式的迷離幻變，叫他流淚。現實社會間，陰慘的奴隸木刻畫，同樣也使他流淚。這二者的悲劇，似乎也織就他個人的良心悲劇。憑預感，他直覺這二者不太可能單獨解決，它們是同一根莖的虬結。白天、黑夜，它們像兩座風車，輪流風旋於他面前，除了苦悶、與苦悶中的摸索外，一時他再沒有別的結論。

苦悶中，他可以再找那些大師，那些歷史上輝煌的先驅者，從蘇格拉底耶穌到馬克斯克魯泡特金。但這一次的尋覓，他所獲得的，不過是從前和他們那段溫情回憶的溫習。那些高度激發與煽動，由於累次重複和翻版，早已失去彈力。從他們光輝裡，他可以借來十片八片閃光，藉以燃自己的路燭，但大師的光只是大師的，不是他自己的。各人有各人的衣服尺寸。各人也有各人的思想尺寸。各人更有各人的生命道路，借來的燭究竟是借來的，它們能夠照亮的，不一定是他心甘情願要照亮的，而他所想化成一片光明的，它們可能偏不肯。他必須拿他這份平凡當膏油，燃起他自己的眞火。只要是從他眞血肉內閃灼的，即使是海螢樣一星一閃，他也心滿意足。拿當前現實說，大師們的藥方，本非單獨爲他開，當然不會全合他口味。他所獲的「共相」，目前還概括不了他這個「殊相」。放棄了他們，雖然損失了他生命中最豪華的，卻是眞正尋找的起點。一切原從萬象中來。大師們觀察萬象，向後者學習，終於才結晶一片乳汁和芳香。既然後者再不能叫他沉醉，他儘可深入大師們的源泉，用嶄新的第一次視覺來觀察萬象，深入它，與它浮沉，看究竟能帶回些什麼。

當他睜開「第一次眼睛」，觀察萬象時，首先撲入他眼簾的，就是那個要命的「永恆」、相當黑暗的「永恆」、最後的「永恆」。它們啓示他以最終的實在，以及一些最命定的觀念。這些命定形象未投射入他精神暗室前，他似乎沒有過眞經驗、眞感覺。這些命定的「實在」，活在生命最核心處，挑逗他、刺激他。回憶起來，過去若干年生涯中，這片永恆巨力，也曾依稀閃爍過。但最清明而沉重的閃爍，只有兩次。一次，他躺在醫院內，有一星期了，一個年輕醫生突然向他暗示，他的病狀很險惡。那一晚，他一直不能入睡。在茫茫暗夜中，他感到死的壓力，它像一片沉重的黑暗巨巖，從高空慢慢壓下來，加在他身上。一片昏眩，鼻子一陣酸，一剎那間，從來堅強勇敢的他，卻第一次軟弱了。他第一次感到，並不是他佔有世界，而是世界佔有他。並不是他的頸子伸長到雲層上，而是另一張偉大而神秘的臉在它上面，他只是天穹下面最低地上的一隻小蟲子。全宇宙昏黑，昏暗中屹立著一個無比巨大的永生力量，它主宰他、支配他，使他無條件匍匐下來。一個超絕的悲哀征服了他，他流下眼淚。極多的眼淚。另一次，是被捕後，第一次聽到黑夜裡的喊聲，幾個同志臨刑前的最後吼聲。聽到這些最深的血淚聲音，他又一次感到永恆黑暗巨力的壓迫，一陣酸楚中，他不禁匍匐下去，幾乎想放棄一切。這兩次經驗明顯畫出：每當他與死亡最接近時，他極容易感到一種永生力量，一種不可抗拒的命定的生命因素。然而，他此時並不與死亡或最深痛苦接近，爲什麼它們又開始這樣壓迫他呢？正相反，他正站在歡樂峯頂，爲什麼竟又出現這樣離奇的黑暗呢？

然而，用不著詳細分析，光靠直覺，他就預感：這種宿命因素，也正是他父母親常常警惕他的那種巨大因素，雖然一個是從生物學觀點，另一個是從宗教立場。他縱使離它的正統軌道還很遠，並且一時也不會向它投降，但是，單憑它的閃閃幌幌的，哪怕還不算十分濃深的黑暗魔影，也就多少會把他夢碗上的金釉開始染黑。被污後的處女，永遠洗不清白。經某種黑暗力量一度強姦後，他對夢幻的處女感似乎也永不會恢復了。（究竟何時開始的，他不最清楚。彷彿第一次沒來由出現後，它就永遠存在了）。唐鏡青曾提過的那個「實在」命題，這段時期內、以怪異的姿態、不只波蕩著他的思維，同樣也歪扭了他的感覺。他現前的「究竟感」與「最終感」，和十年前那個不同了。十年前，它們只是一種空虛浮泛的純感覺，從未經大痛苦大歡樂所錘鍊，此刻，它們不只開始堅實、凝定，並且也豐饒得多了。然而，命題還是老命題：「那最終的、最後的、最圓全的、最堅固不拔的，……。」假如宇宙間眞有這種生命特色，他必須上山找、下海撈。假如沒有，他必須創造。歸根結柢，他的靈魂必須俘虜這些，否則，他似乎等於從沒有活，也從沒有眞正「人性」過。

這些日子，在時斷時續的掙扎中，隨著思維裡那些洶湧紛披的「實在」觀念，感情裡，他好像多少也開始遭遇一場奇異的凍結。似乎是可怕的凍結。那或許是一個猙獰的時辰。你忽然發覺一切凍結起來了。你的感覺與官能凍結了，一層寒冰封鎖住你，一片北極淹沒了你的記憶與衝動，你幾乎再沒有慾望的豪華、意念的狂渴。從靈魂到肉體，你彷彿冷了半截。你幾乎再不想用火燒世界，再不想用憐憫看痛苦，再不想用手拖水裡的人，再不想用溫柔的眼睛看愛人（即使有溫柔，它似也帶點欺騙性）。你開始有點厭倦什麼，包括你自己。你從未有意想殘酷，但你口袋內卻裝滿了殘酷，任何人向你伸手，你就從袋裡抓一把（殘酷）給他，而你自以爲做了合乎眞理的事。你的眼睛差點凍結得發硬，直冒冰氣，但你自以爲是用眞陽光看人。你曾經那麼流淚痛愛的，你現在考慮著，是不是要投以冰塊，而花的紅對你好像只是一種符號，一個數學名詞，再無感官意義。天的藍彷彿只是「永恆」工廠的一種機件，化學工業上的一個名詞。女人的紅唇、有可能宛若只是一片「東西」，一片「有那麼一回事」的東西，簡簡單單，再不易興風作浪。甚至整個世界也只是那麼一片不尷不尬的「東西」，「有那麼一回事」的玩意兒，沒有光影、沒有動靜、沒有方圓、沒有色彩、沒有線條、沒有生死。啊！這種類似冰凍的時辰，多可怕！它可能是致命的一擊，從根把人摧毀了，它將送人上刀山、下油鍋，而人卻不自知，因爲刀山油鍋和鍊獄也不過是「有那麼一回事」的玩意兒，並不能在那本已中毒的靈性上，再塗抹更多更深的毒。

就這樣，漸漸的，有意無意的，而又無可奈何的，印蒂又一次開始沉入精神黑淵，他在最深的淵底不時掙扎、反抗，企圖獲得新的上昇。

從南京回來，一星期後，他非常詫異，自己竟在一個本子上這樣寫著：

形相幻美的火，只有依賴官能的煤塊做材料，它才能放光。沒有這些又黑又蠢的煤塊，這片精緻的火發不了光彩。因此，我們所謂沉醉，不外是欺騙性的形相與愚蠢官能的結合。它們臨時借我們心靈做舞台，滿足後者的觀劇嗜好。拆開來看，我們只會發現：一邊是一大堆永遠欺騙性的幻象，一邊是官能的愚蠢醜態，這裡面似乎沒有美，更沒有永恆的美。

因爲我們的眼睛是水晶體與視網膜的結合，而視網膜細膜上又恰好有那樣複雜而適度的感光色素，所以才能被女人的豐潤紅唇所迷、豐熟胴體所誘。假如我們眼睛是顯微鏡或**X**光屏的構造，我們一定看不見這些美麗的紅色弧，與白色曲線，我們只會看見那一片黑暗的粗糙汗毛孔，擴大了的深深皺紋裂摺，那鐮刀樣的猙獰肋骨，以及骨架中間的心肝肺臟。造物者就這樣揶揄人，有意不把人眼造成狗眼（狗是色盲，眼裡永遠一片灰），或梟眼（梟白日盲眼），也不造成顯微鏡或**X**光屏式的眼，而恰好造成這樣一副由適度的複雜感光色素形成的眼，叫它看見美。然而，又在另一邊安置了狗眼、梟眼、顯微鏡、和**X**光透視屏。人眼的構造是偶然的，它與美的結合也是偶然的，像一片雨夜閃電偶然照亮一片花園。即使宇宙間眞有永恆美，人肉眼裡的美卻絕不是永恆的。閃電總是閃電。在無數萬萬年時間過程中，美學出現還不到四千年。

人怎能肯定，他肉眼裡所反映的叫做美？造物爲他所安排的喜劇且不說，即就肉眼本身說，投映在它裡面的，爲什麼一定有美？是不是人必須造成些好看的名詞、動聽的思想，來欺騙自己？是不是人先要找一個藉口，好好活下去，然後才從破垃圾箱裡把美拖出來，好塡塞生命的空虛？人儘可從任何垃圾堆裡，拖出任何東西，把它喬裝做美。歸根結柢，這只證明人活得很無聊而已。一個貴婦平常可以在妝台明鏡前消磨半天，但在大火災中，她從寢室裡往外衝時，她絕不會在梳粧鏡前站一秒鐘的。

絕沒有眞正的永恆歡樂。假如有，那只是愚蠢官能的機械式的愚蠢重複。感官製造歡樂，與機器製造罐頭小牛肉沒有分別。

歡樂與糊塗常成正比。人最歡樂時，也就是最糊塗時。智慧炬眼清明，在清明中，沉迷式的歡樂不可能持久。因此，狂醉式的沉歡、一下子會把人推到原始野獸群中，但人類文化的主要目的，卻是從後者得救。

在我生命中，我有各式各種弦子：紅色的、黃色的、藍色的、金色的、黑色的，……在人前，我只不過特別強調紅色的或金色的那一根而已。有一根弦子，我很少向人彈，只彈給自己聽。它唯一特點是：只以我自己爲唯一聽衆。我眞怕聽它，它的音調是那樣奇異；又寂寞、又淒靜、卻又令人想瘋狂。這根弦子是黑色的。

太陽必須了解它的圓周的空虛，人必須了解官能的欺騙性。在太陽軀殼裡、燒著那樣可怕的狂猛火燄，但火燄四周、仍是那不可征服的永恆虛寂。這無比的紅紅烈燄，與它四周無比的永恆靜寂對照，是怎樣一幅寂寞的畫景？

火，我燒過、我玩過。因爲我也是人。可是，像太陽那樣千萬丈火燄，也只能燃燒於永恆靜寂中。人呢？我身上這點火，在永恆靜寂裡，又是怎樣可憐？它簡直不是火，而是靜寂的另一種姿態和表現體。但還有一種眞火，是最凝定而堅固的、永恆不壞的，叫做「永恆的寂寞」。它以空虛爲顏色，以無線條爲線條，無日無夜，千千萬萬年燒於無限中，但從沒有人了解它，欣賞它。

假如宇宙是一種動物，這是一個最寂寞的動物。它唯一的食糧是永恆靜寂，唯一的子女兼朋友，也是永恆靜寂。它洞透萬象，但更洞透萬象以上的寂寞。一切奔流，終將歸於永恆靜寂。一切天風，終將歸於無邊沉默。一切花朵瑰艷，終將歸於黑暗空無。它的眼睛燭照這一切。它沉默了。它能說什麼呢？它自己不也就要淪入那永恆的靜寂和空無？

人類全部文化歷史最精華的結晶：即實在觀念。歷史最精華的追求，即實在的追求。一切生命光彩與估價，全附麗於這上面。沒有實在感或實在觀念，一切形相都是架空的，虛幻的。「實在」像太陽，裝飾了全部人性天空，但後者本身卻永遠看不見前者。人永迷於實在，永和它纏在一起，卻從未見過它，碰觸過它。這一矛盾、也正是生命的永恆矛盾。在這片矛盾二重奏的樂聲中，簇擁出一部人類歷史。

世界上沒有一種藥能治一切的病。也沒有一種鑰匙能開一切的鎖。但人類精神患病時，卻想用一種藥來治病痛。當各式各樣宇宙問題被無數把鎖關閉時，他卻想用一把鑰匙打開它們。這種藥叫「固執」。這種鑰匙叫「偏見」。宗教、家庭、愛情、信仰、目標、終點，是這種藥的各種幻形；科學、法律、主義、解剖刀、實驗室，是這種鑰匙的各種化身。

家是感情最省事的擁抱方式。一種機械的固定性，凝結一切，萬象似不再有任何變化。在這凝定的基礎上，再塗上回憶、信託、習慣、傳統，一切陳舊的顏色與胭脂。這樣，故鄉與家便給我們「最後的巢」的感覺。任何猛鳥倦於飛翔了，牠可以省事的投進來。可是，哪一座巢不是高懸在危險的樹巔上？那一個樹巔不是可能時刻受暴風雨的威脅？每當一隻鳥飛來飛去啣泥啣草時，我不禁想起人類的感情，以及全部弱點。

什麼都不要，只要兩樣東西：無比的深與無比的高。但這也就是什麼都要。最會刪削和拋棄的人，所得越多。他不是「減」，而是「改」。「拋棄」這個字應該代表一個正號。

這是一個怎樣活火山的時代？但我卻在想這些冰窟裡的哲理。我或許開始厭棄我身上的冰塊了。我將暫時放下冰冷解剖刀，走出實驗室，投入那熊熊火山噴口硫磺溶燄裡。

滾開吧！我的天文臺式的眼睛，我的生物實驗室的刀子！

在另外一天，他更驚訝，他竟在本子上這樣寫著：

在江水裡面，有一種水叫「夾堰水」。水像奔馬似地衝下去，在轉彎處，卻碰到巨大石壁或山巖，水又衝回來。這樣，一支水變成兩支，一支往下衝，一支往上衝，便形成「夾堰水」。在它裡面的船，不知往上好，還是往下好，兩水夾擊的結果，船往往被打沉。

在生命中，我們有些時會碰見這種「夾堰水」。有一個時候，幸福與痛苦往兩個極度相反的方向衝，被夾在中間的我們，往往會沉船。

這或許是可怕的時刻了。你忽然發現：生命的兩極展現於面前，像兩隻巨手，拚命把你拉到兩個相反的方向，拉得你頭昏腦暈。但這還是較好的。最殘酷的一種，是五馬分屍。你的靈魂像一個囚徒，被四五條馬拖往四五個方向，結果被撕得粉碎。不過，這種情形並不多，經常是夾堰水的一種，這也是叫人無可奈何的一種。這時，我們看見光亮和溫暖，卻又偏偏躲在黑暗與寒冷裡，然而，我們又受不住黑暗的壓迫、寒冷的剝削。我們自以爲屹立於最智慧的冷酷中。我們會傲視一切，唾棄陽光、王冕、公主、輝煌的宮殿、白馬銀鞍，但我們的心靈卻像乞丐，連一個小飯團一塊肉骨頭都會叫我們抖顫。更壞的是，我們雖甘於這冷和黑，但我們只是游泳在它們的水面，卻不敢深入水底。我們明知水底有巨大毀滅，但也有眞拯救。然而我們不敢。我們只是無可如何的漂浮著，卻傲稱這個是「大超脫」，實際上，我們只是明與暗之間的魅影、火與水之間的虛無。

我似乎已經活到這樣一天了，就是，每天早上在床上一睜開眼，有時竟免不了很沉悶的問自己：「我今天應該怎樣活呢？」我明明是個活人，我每天要吃、要喝、要睡、也要酒、也要女人，可是我的心卻有點像垂死病人一樣，第一個思想竟是：我是否必須從死裡得救？

我也不是沒有快樂。而且，還有一般人稱做「最幸福的」快樂。有時，聽見一頭貓在窗口召喚我的聲音（牠希望從我討得一點食物），我也會驪然微笑；在另外時候，當鄰家一隻狗偶然走過來，等待我中午的一點施捨，對我擺出最忠實的臉孔時，在憐憫中，我也產生愉快。可是，這些都是浮淺的、短暫的，它們不能觸動我內心最深的一根絃子。我知道，只有這根絃子被觸動，我才能有最深沉最長遠的狂醉。女人給我的狂醉，可能只有幾十分鐘或一二小時。酒給我的，也只有兩三點鐘。假如我要爲什麼「民族」、「人類」、「主義」、「信仰」、「正義」等等名詞去消耗自己時，可能連一分鐘的狂醉都沒有。儘管這樣，「民族」、「人類」、「正義」這類字眼，仍對我顯示一種無比的魅力，不，壓力！

是的，我正想找一種東西，一種存在，一個拳頭或一柄錘子，它們能擊動我那根最深的絃子。但現在。我似乎什麼也尚未找到。我似乎只有假造一些幻影和浮像，強迫自己高高興興的衝往它們當中，像一些軍官用繩子把壯丁們一串串綑起來，又用機關鎗步鎗逼他們衝往敵人陣地。……也許，這說得太慘了。不管怎樣，正當整個民族處於空前大災難的此刻，作爲一個眞正中國人，我總得做我應該做的，盡我應該盡的責任。

四

從海邊歸來後，這是他新買的一本精裝手冊，他從不讓它被表妹看見。在手冊上，他不時記下自己的秘密思維。假如湊巧她發現了，她會堅決肯定；這是一些具有最大叛逆性的思想，極端反叛目前他倆的生活幸福。她會有極可怖的反應，而這種反應將鞭撻他的良知、良心。然而，天知道是什麼鬼使神差，這些卻是他此時靈魂的某種眞實聲音，是他相當長期極度緊緊擁抱幸福後所釀製的靈魂眞實聲音。儘管他想埋葬這些音籟，卻總是埋葬得不徹底。他也爲此感到痛苦，卻無可奈何。

「你當眞決定大後天走嗎？」

「眞是決定了。」

「爲什麼決定得這樣快？」

「我的習慣是這樣，不決定則已，一決定，就很快，否則，好像怕再抓不住它似的。」

「你這個變化太大了。你怎麼忽然有這種決定？」

「我必須決定什麼，要不，我怕遭遇更大的麻煩。」

「什麼麻煩？」

「兩年半前離開那個『時代信仰』前的麻煩。」

「那是你正式發現它的巨大欺騙性後，才決心離開的。」

「我對目前這個『幸福信仰』多少也有一點恐懼，一種預感，我怕事實——『實在』本身，又一次可能會扮演那一夜賈強山的臉孔。當然，和那一夜不同是：這一次『幸福』本身是絕對無罪的，而那一夜，『信仰』本身是有罪的。」

「既然『無罪』，你爲什麼——」

「這種事情，很難用幾句話解釋清楚。這牽涉到極端複雜的人性本體。如果我們對『人性本體』或『生命本體』作無限追求時，或遲或早，總會碰到這種情形的。無論別人一直欺騙我們也好，或自己一直欺騙自己或別人也好，儘管外在現象不同，實質的後果可能還是一樣。」

「究竟什麼時候，你才產生這種奇怪心理狀態的？」

「也許，多年來，我的心理狀態一直是奇怪的——如果無休止的生命探索也算是一種『奇怪』。當這種探索能安於一種對象時，這種『奇怪』就暫算『正常』，一旦陷入不安定，自我矛盾或某種苦悶，要求作出新決定時，它又恢復本來奇怪的面目。……正因爲這樣，我才決意改變我目前的生活。莊隱和慕韓的信，只不過給我一個改變的機會，我蓄意可能並不是一天了。」頓了一頓，印蒂沉思片刻。「這一次東北之行，我絕不是懷著什麼希望，可能倒是多少有點懷著絕望心情去的。但不管希望也好，絕望也好，此行本身是無可非議的，這就行了。你們知道，我對『國家』、『民族』這類字眼，早已厭倦了。但我從未厭倦『良心』這兩個字。東北烽火此時卻照亮我的『良心』，使它暫又代表『正義』這個永恆名詞和我對話，特別在此時此刻。」

印蒂說完上面的話，輕輕吐了口氣，從酒樓座位上，轉臉望窗外湖景，整個湖面罩滿了冬季寒冷，天雲是陰霾的。

林鬱也暫時停止發問，慢慢吃著菜，沉默著。

當他們兩個談話時，鄭天漫一直默默喝酒，臉紅紅的。他好像有很多話想說，但又不願說。印蒂這個新決定，不僅林鬱驚奇，也叫他詫異。五天前，印蒂接到莊隱從哈爾濱來信，說他和韓慕已參加馬占山部下一支義勇軍，擔任相當重要的位置，但他們那裡還缺少人手，特別是高級幹部，關內如有朋友願去，希望他介紹。這正是中華民族需要『正義』與『尊嚴』的時刻，他們相信他會幫點忙的。接到這封信，經過七八天考慮，他決定到關外去。林鬱剛從上海來，找他與鄭天漫談論國事，中午三人在湖畔一爿酒樓餐敘時，聽到這個消息，林雖然不最反對，但也不想同意。他認爲：關外情形比較複雜，隨時會有變化，印蒂不遠數千里趕去，到了那兒，時局可能又有變化，他希望印蒂多多考慮。

「我已經考慮很久了。我也知道，我這樣一隻渺小飛蛾，投到數千里外火燄中，可能除了多製造兩片枯焦翅膀外，對火燄不一定有貢獻。可是，這個焦炭的命運，我從不考慮。目前我所要找的，是一個燃燒的機會。過去那些火再燒不起我了，我只有試試這片新火。即使燒成灰燼，最大結果，也不過是一個空虛。爲了民族尊嚴，我願付這個代價。」

鄭天漫放下酒杯，板起臉，責備他道：

「你這樣做，不怕大大傷害一個人？」

「誰？」

印蒂低下頭，沉思著，再不開口。

鄭天漫用那雙千年神龜式的小眼睛，嚴厲的盯視印蒂。這種神情，過去鄭是少見的。他有點像法官道：

「我看你簡直是一種殘忍！絕大的殘忍，同時，也是一種絕頂荒唐！」

印蒂仍不響，好一會，才喝乾面前一杯酒，輕輕嘆息道：

「這件事，說來話長，今天我不準備長談這個。」仰起臉，凝望白色天花板，慢慢道：「今天我才明白，一個人活在世上，不殺人放火，是不可能。也許，我們並沒有舉起刀子，卻有人因我們而流血。也許，我們並沒有拿棉花蘸汽油，卻有些房子因我們而焚燒。這實在是一件無可奈何的事。人會活到有一天，承認必須殺人放火是天經地義的。」

「你能不能設法制止這種流血和焚燒呢？」

「這是教堂與廟宇的事。我還不夠這樣偉大。」

「一個如此善良無辜的人，一個如此高貴純潔的人，她是如此深深愛你，她已經把一切交給你了，你難道不該爲她做點較滿意的最起碼的事麼？你那個『良知』天秤盤子上，究竟放了些什麼？」

「我也要提醒你。幾個月前在上海，你答應過我：絕不會做出違背『良知』與『人性』的事的。」林鬱也插進來道。

「焦點正在這裡，活到今天，其實我就從沒有爲我自己做過一件眞正滿意的事，我又怎能大言不慚的爲別人做什麼？」他瞅著林鬱。「我承認，過去曾對你作過諾言。可是，我也提過一點先決條件：除非發生特殊的意外。『九一六』事件不算一個特殊的意外？不管怎樣，今天整個中華民族已陷入水深火熱之中，我難道不該爲另一種『良知』與『人性』盡點力麼？」

「我看，你是太自私了。你不過用民族大義和自我奉獻來掩飾你的精神變形。」鄭天漫略略帶點氣憤道。「還不只此，我看你簡直在發瘋！不管你用什麼冠冕堂皇的政治正義鮮花來裝飾。」

印蒂苦笑道：

「我剛才不已說明：我承認殺人放火有時是一宗天經地義。較之這個，『自私』寧算是一種小小缺點罷了。」他又斟了杯酒，一口氣喝乾了，苦笑道：「天漫，我看我們不必抬槓了。你是一個喪妻不久的人，自然希望別人有一個幸福家庭。假如我也能像你這樣想，我早就飛黃騰達，不會像今天這樣了。我非常羨慕你，因爲你了解這種人生的重點，而且有一個理想的安排，至於我，卻越活越不知道如何活下去。某些輕重大小的觀念，目前在我幾乎是一些天堂裡的觀念，我很難掌握它們。無論如何，你們總不能非議我目前東北之行完全違反正義吧！」

「你如果要把生命獻給神聖戰爭，誰也不能非議你。但我懷疑，你是爲有意割斷目前生活，才作出這樣決定的。假如你先決定獻身於正義事業，然後才想到它的現實後果，那我就不會這樣責備你了。」

「先也罷！後也罷！其傷害別人，總是決定性的。也許你是過來人，明白這個，也許你從未完全經驗過我這樣的經驗，無法明白這個。這種事情的可怕實質是：除了『苟安』（說得好點，是『享受』）於現在的生活，我幾乎不能作出此外任何大決定。任一大決定，就像我這樣一個類似正義的決定吧，它也幾乎是犯罪，是殺人。一句話，天漫，這一年來，對於『感情王國』的眞理訊息，可能我比你理解多一點。」一口氣喝乾面前杯。「我看，這件事談得夠多了。我現在心情亂得很，不適宜和你們長談這些，我也不打算讓你們徹底瞭解這些。對你們所擔心的那個美麗生命，我會找個機會讓她透徹瞭解一切的。我相信，當我把我靈魂最後一滴秘密全告訴她時，她或許會同情我的。至於那些抱歉和悔恨的話，假如今天我竟能在第三者面前堂皇說出來，那倒眞正說明我這個人相當無恥了。」

林鬱帶了點諷刺口吻，插入道：

「天漫，我看你不必和他辯論這些了。一隻船已經準備啓碇揚帆了，你還要船長不開船，爲了找他失落在一家小酒店的一包香煙，這是不可思議的。」停了停。「我們還是談點實際事吧！印蒂，你船票買好沒有？一切雜務料理好沒有？是不是還要回家一次？」

「船票已託人買好了。家裡不回去了。我的行蹤，事先從不和父母商量的，只要去一封信，就行了。至於雜務，倒有一點，等等我再拜託天漫。有些東西，我要分送給你們和姨媽她們。」沉默片刻，似乎在安慰朋友：「天漫，你不必爲我表妹擔心，她那裡，我還要去一趟。也許，假如我能滿意的從東北回來，我會和她重聚的。她在我心靈上的重量，迄今還沒有其他任何生命能代替。目前，在我上船以前，希望你暫時不要對她或她家裡人透露什麼。」

這個湖邊酒樓，冬季中午生意清淡。當他們小酌時，座子大半空蕩，有著古廟的靜寂。他們的話聲，朵朵飄於岑寂，如窗外船飄在湖上。鄭天漫陰鬱的望著湖邊衰柳，以及天空飛過的寒鴉，微微痛楚道：

「印蒂，我是你的好朋友，我們這就要分別了。臨別前，你能不能看在朋友份上，再對這個決定作一次考慮。一句話，你可以走，卻不要割斷目前生活連繫，或者，保證將來再回到她身邊。你年紀雖不算小，但你從沒有眞正喪失過什麼，你永遠不能懂得眞正喪失的痛若。我是過來人，我明白這個。我希望你接受我的忠言，再爲別人多考慮考慮。這個『別人』不是一條尋常生命，在我看來，你簡直是如獲至寶，竟又如此輕易放棄。」

印蒂微笑道：

「好的，我會考慮你的好意。只要我能，我希望不會叫你失望。」他看看鄭的陰沉面孔。「當眞，我會非常認眞的考慮你的好意。至於『從沒有眞正『喪失』過什麼？這個，我可能不承認。不過，現在，我也不願再和你爭論了。將來，有機會，我會給你信，更詳細的談這些的。」對窗外湖景投最後一瞥，似乎在下結論：「生命是一個極複雜的馬廄，目前，它不容許我再反芻早已咀嚼透的飼料。爲了這，我願付一些代價。現在只要求一樣，請所有朋友寬恕我。」

鄭天漫和林鬱不再開口，默默的舉起酒杯。

五

印蒂後來無法回憶，那天下午，他是怎樣走到姨母家裡的。一切像騰雲駕霧，而他只是雲霧裡的一個離奇活動體。他有點像一個印度古聖者，經過三十年修道苦功，從喜馬拉雅山峯下降，全身籠罩無比的華嚴與梵靜。他從沒有這麼平靜過。即使這種平靜只是一種高級僞態，他也被它懾伏了。他走在莊嚴中，一切生命動態浮像似乎離他很遠，他只是時空以外的一個生物、一種符號、一朵概念。他莊嚴的穿過他熟悉的院落、花廳，有意無視了姨母房內談笑聲，沉靜的向後花園行去。他的腳步很輕，好像怕驚動空氣裡每顆微菌，身上每一粒細胞。他古靜得如一株熱帶棕櫚，停在她的樓上書齋外面。躊躇了好幾十秒鐘，他沒有敢敲門。這扇黑色樟木門，今天下午顯得非常奇異，它從未扮演過這樣一個嚴重的角色——似乎關繫生命存亡的角色。他不敢舉手碰它，這彷彿碰觸一個命運，一種殘酷。不知何時起，門輕輕開了，他機械的佇立門口，沒有進去。他的眼睛卻先他腳步進去了。

她雅緻的書齋，滿溢瑰麗與溫暖、花朵與色彩。外面是朔風和嚴寒，這裡卻是火光與花草，霧園及幻覺。一盆盆聖誕紅、洋芍藥、荊棘花，一瓶瓶蒼蘭、康乃馨，點綴在各角落及茶几上，書案上、窗台上。最動人的是聖誕紅。它有一種古典美。這些花多半是紅色，與紅壁爐火相映襯，散溢一片強烈的猩紅色彩，彷彿是一間「紅室」，一片專門表現紅的空間。壁爐內，熠熠著熊熊火光，飄來蕩去，在狂醉的金紅中，偶然閃起一種印度紅，那是很醉人的色彩。柴火劈拍響，聲音如撕綢帛。她斜躺在爐邊沙發搖椅上，一面烤火，一面看書。看著看著，偶然抬起美麗的頭，凝望壁爐上面的粉壁，那裡掛著一幅金色大鏡框，框內是他的半身像，有兩尺長。這是仲夏一個上午拍的。他穿著極整潔的米白色派列斯西裝，繫白領結，臉龐充滿蝴蝶情緒，輕鬆極了。她的書齋四壁，主要裝飾只有一種：他的相片。到處都是他，站著的、坐著的、斜躺草地上的、穿春裝的、著冬裝的、半身的、全身的、頭像的、沉思的、微笑的、大笑的、閉目的、睁眼的，大大小小有二十幾張，其中有幾幀是他倆湖邊合照，背景與人全美，高高低低，全懸掛在壁上，散置檯子上、茶几上、書架上、壁爐架上。他輕輕推開門時，她正對他那幀米白色放大像看得出神，沒有注意到他。她是那樣深深沉浸於凝望，她的情緒叫他怔住了。他幾乎不敢相信，一個女人，會用這樣一副又燃燒又崇高的眼睛，來看一幅靜物的。她望著望著，愉快的微笑了。她情不自禁，從手邊壁爐架上，拿起他那張穿白色襯衫的小照片，深深吻著，一次又一次的吻著，吻了一會，才溫柔的放回原處。接著，她低下頭，沒入沉思中。漸漸的，她從深淵的熱情中醒過來。突然，她似乎感到什麼了。她轉過臉。

「啊，蒂！」

她立刻放下書，跑到他面前，緊緊摟住他，臉貼在他肩上、頰邊。閉上眼，她開始吻他，一遍又一遍。吻了一會，她才面對他，兩手溫柔的搭住他的肩，嫵媚的瞄視他，微笑著。

才一凝望，她就微微驚訝道：

「哦，蒂，今天你的臉多蒼白！」她抓起他的手。「啊，你的手多冷，快來烤烤火。」

她替她脫去大衣、圍巾、帽子，把大搖椅推到爐火邊，讓他坐下，又從她自己頭上取下那圓椎形白色絨睡帽，戴在他頭上。她在火上加了幾塊木頭，用火叉撥旺了，又把咖啡壺放在一隻酒精爐上。

她搬了隻沙發靠背椅，坐在他旁邊，看著爐火漸漸更紅了。

「還冷不冷？」

他盯著舞動的爐火，沉思了一下，慢慢答道：「還好。」

「來，坐近一點，身子往火邊靠一些。」

她拿起他的手，靠近火烤。烤了一會，見它們慢慢熱了，便緊緊抓在手裡，夢樣望著他。

「蒂，你說，今天一個下午，我在想什麼？」

「想什麼？」他慢慢問，眼睛仍不離開火光。

她微笑著。「想我們的未來，未來的幸福，瑪瑙樣發亮的幸福，金碧輝煌的幸福。」

他低下頭，沉思起來，有好一會，才低低喃喃：「哦，『未來的幸福』！……這是一個美麗的名詞。……」眼睛轉到她身邊那本書：「你剛才看什麼書？」

「巴勒特白朗寧的詩：『葡萄牙人的十四行詩』。」她的手仍緊緊抓住他。

「哦，這是她最美的詩，讓我看看。」

她撤出一隻手，把書遞給他。他雙手同時輕輕離開她的掌握，捧著那本英文詩。

「白朗寧夫人秘密寫給白朗寧的這些抒情詩，眞美！美極了！它們叫我發迷。」她張著做夢的眼睛，沉迷的說。

他才讀了兩行，一聽見她的話，卻輕輕把詩集闔上了。

咖啡壺沸滾了。嗤嗤響著，一大蓬熱氣從壺嘴冒出來。她從火邊取下壺，拿了兩隻杯子、碟子、羹匙和糖碟。先斟滿一杯，加糖，從一隻小壺裡倒了點牛奶，用匙子調好，遞給他，接著才給自己倒了一杯。

她用匙子攪著冒熱氣的咖啡，夢囈似地道：

「在全部西方歷史上，我最羡慕的，是白朗寧夫婦了。他們在意大利的結婚生活，比他們兩個全部的詩更是詩。一個人被大自然帶到這世界來，只要能這樣活一次，也就不枉活了。」

他慢慢喝著咖啡，眼睛垂下來，怔怔道：

「意大利是一個美麗地方，拿坡里海灣、威尼斯的水、康朵拉、翡冷翠的畫、但丁的詩，……」

她攪好咖啡，才把杯子舉到嘴邊，又放下來，帶點衝動的喜悅的道：

「蒂，我們婚後到意大利去度蜜月，好不好？」

他抬起頭，怔怔望她：「到意大利度蜜月？」

她懸空擎著白磁杯子，興奮的道：

「媽說過，我們結婚，她送我們西湖邊一塊地，一幢美麗的花園小洋房。我想，家裡這間小洋房，儘夠我倆享受了。有這筆錢，我們儘可旅行到歐洲度蜜月，綽綽有餘，還可剩不少錢哩！我多羨慕意大利啊！我們就在白朗寧夫婦住過的翡冷翠住兩個月，好不好？」

他傻傻望著她，微微苦笑道：「今天一個下午，你是不是就在想這些事？」

「嗯，一個下午，我就在想這些。」她喝著咖啡，沉迷的道：「生命的最高峯就是夢，以及把夢化成眞實的魔法。我們崇拜那產生高度幻覺的情緒，也崇拜把這高度幻覺變成眞實的魔力和手法。對於淺薄人，夢與眞是南北極，永不啣接。對於充滿愛情的生命，它們只是一體。夢與眞，原本是一個，大自然一貫就這樣告訴我們。」停了停，繼續沉迷的道：「沒有夢的日子眞活不了。你既然已給了我夢，我就要把它像花一樣種得更深、更穩、更牢靠點。」天眞的張大眼睛，怔怔瞪他，「我並不重視婚姻，當我把一切獻給你時，我何曾一絲一毫考慮過這兩個世俗字眼？現在，你總相信，瞿縈並不是一個小氣女人了。……結婚是一柄劍，能殺死愛情，也能拯救愛情。假如愛情是一種狂熱的盛夏，結婚就是澄明的秋季，那一切粗暴的、激躁的、浮華的，在這裡，有了一種透明而深沉的永恆凝定。在這裡，夢與幻美再不是生命奇蹟，而是常態。」停下來，躊躇了一下，低低道：「蒂，你不反對吧，媽說明後天就要正式和我們談這件事，討論一下，先定個訂婚日子，大約在這兩星期內。訂婚後，一個多月內，我們就可以正式結婚了。」她的一隻手伸過來，溫柔的抓住他的。

「也好。」他惘然的說，聲音很低。

她放下咖啡杯，突然咕咕笑起來。

「人家都是男人向女人求婚，我卻是女人向男人求婚。也許有人會笑我，瞿縈怕找不到丈夫了，趕忙帶一根小麻繩到街上，綑一個男人回來，藏在抽屜裡。哈哈哈！……天知道，什麼鬼婚姻！鬼男人！」收斂了諷刺笑容，天眞的道：「哦，可愛的魔鬼，別生氣了。不管我們怎樣嘲笑街頭上的花轎花鼓，結婚究竟也有它獨特的調調。最低限度，我們還沒有彈過這個調調，也值得一試，對不對？」又咕咕笑起來：「可愛的魔鬼，你反對也罷，贊成也罷，反正我們是訂婚定了，結婚定了，要好定了，像向日葵和太陽、要好定了。」

「嗯！定了。……定了。……」印蒂微微笑著望火光。

她歛住笑容，怔怔盯視他，盯了一會，慢慢道：

「蒂，今天下午，你的臉色怎麼老是這樣蒼白？烤了這麼久的火，火光並沒有叫你完全臉紅。」怔了一怔。「你似乎有一種奇異情緒。……我從沒有見過你這樣。……發生什麼事嗎？你有什麼不舒服嗎？」

他微微笑著，平靜的安慰她：「沒有什麼，昨晚沒有睡好覺，我有點累。」

「那麼，你現在到我房裡睡一會，好嗎？我給你再生一盆炭火。」她站起來，拉住他的手。

他拉她坐下來，解釋道：「不了，過一會就會恢復的。」平靜的苦笑著：「你今天描花刺繡似地，一口氣向我描了這麼多夢，也叫我幸福得有點累。」低低喃喃：「也許，過度幸福多少有點叫人眩暈。」

她笑起來，兩隻手緊緊抓住他：

「在一切幸福工廠中，『結婚』是最大的產品了，我們也是人，爲什麼不接受這個高貴出品？世俗詛咒結婚，因爲他們不能消化它。對於胃力強大的人，結婚寧是一場豐饒的美宴。人類智慧的最高試金石。單是男女的戀愛生活還不夠，必須還要有男女的共同生活，這才顯出人類靈魂的眞面目。戀愛時期，不管怎樣純潔，強烈，總多少帶點虛幻和浮誇，它們只是一些未經『眞實』熔爐鍛鍊過的原始胚鐵。」

「你這段理論很精彩，我讚賞。」

他凝視爐火，火燄華麗得發紅，閃動得很兇，繡織似地梭舞著，漸漸的，火力卻慢慢淡下去，因爲柴塊已變成一些焦炭，剩下的乾燥木料很少了。他輕輕掙開她的手，去添柴塊。

沉默佔有一切。只有柴火劈拍聲。

她輕輕道：

「你爲什麼老望著火，不望我？」

「我在望火的飄忽、幻化，——很美。」

她沉思起來，慢慢道：

「一個愛定了的女人，臉上再沒有這些了。但你應該珍貴我臉上不飄忽不幻化的。一個女人（特別是少女），一生中只能有一次理智，愛情以前的理智。一入愛情門，唯一保護她的那點理智，再沒有了。同時，她身上也失去那份神秘、飄忽、和幻化。」

他沉默了。他瞅著爐火，似在回憶什麼，又要捕捉什麼。他突然想起那些新派畫家，以畢卡索爲首的那些立體主義追求者。他們以無比好奇，毀滅幾千年來的傳統視覺觀念，傾覆那個以希臘雕像爲最高本體的美學眞理。他們憑著幻想，瘋狂的拆除一切形式的束縛，要畫出一張幾乎不憑賴任何眞實形體的畫。但是，一張沒有任何自然形體的畫可能麼？沒有任何自然面貌的畫，可能麼？人類的野心、幻想永遠把一切礙眼的扔掉，但那最礙眼的，卻常常是人唯一永遠所倚賴的。人倚賴，卻又想永遠毀滅這所倚賴的。新派畫家們想蹦跳出大自然的直線與圓形以外，卻又永遠在它們以內完成製作。他沉思，生命中的這些基本線，圓、點、面、鈎、撇，多奇異，又多命定。但他似乎也在反抗。他想反抗，和那些立體派畫家一樣。他望著金紅的壁爐火。火光血樣的豪華。熱從紅色中滲出來。柴火輕盈的響。隨這片斷續幽響，這片紅紅火燄，他的心也發出奇異響聲，古怪的顏色。這聲和色壓迫他，要他站起來。

他緊緊抓住她的手，平靜的道：

「縈，親愛的，我去了。後天來看你，詳細談你剛才所提的事。今天下午，我不想去看姨媽，和她多談什麼了。昨夜失眠，我眞是有點累，我得回去休息一會。」

「後天你什麼時候來？」

「下午兩點鐘。」

她走到他面前，怔怔望著他，從他眼色與聲音中，似乎多少發現了一點什麼奇異因素，但一時她也摸不清，它們究竟意味什麼。正當她好奇的瞕視他，想思索其中底蘊時，他突然緊緊擁抱她，熱烈的狂吻她。這是一陣少有的激烈狂潮，正如將近一年前，在法國公園那一夜一樣。她被淹沒在衝流中，任何思慮全被衝走了。潮退了，她清醒時，僅聽見一個似乎神秘的聲音：

「再會，我最親愛的縈縈！」

她睜開眼，想捕捉他的形象，只聽到一陣樓梯聲，它們非常冷靜，猶如澗水流過夏夜山谷，響著響著，又神秘的消失了。

第三天下午兩點，他沒有來。

第四天上午，瞿縈收到他的一封雙掛號快信。

六

我最愛最愛的縈：

當你讀這封信第一個字時，我已再度站在大海上。將近一年前此時，你曾問我：「你願意跟大海走，還是跟我走？」現在，經過兩百幾十個狂醉與火燄的日子後，我才算眞正回答你。

此刻，假如你也像兩年多前，南海上初見時一樣，再度對我提出當時我對你提出的問題，那麼，我將用你自己的答案來回答你：

「只因爲我內心有點古怪東西固執的要放射出來，只有和海在一起，我這點放射才能有適當寄託。」

當你把一切都交給我後，今天，我還如此耽溺於玄學答辯，單這一點，就足以證明我的卑劣。在這裡寫信的，絕不是你所愛的那個光明磊落的蒂，而是一個卑劣的詭辯者。這封信不可能贏得你的寬恕，它只能把一顆黑暗靈魂赤裸裸展覽在你眼前。

從T島回來後，這幾個月，漸漸的，我幾乎一直過著雙重內心生活。這封信的第一個字，絕不是今天寫的，從T島一踏上歸程火車後，在第一個月裡，我可能早就開始寫了。不，或許應該說，是在南海上第一夜看見你時，我早就下意識的開始寫了。

我佩服你過去的預見。

幾個月來，我開始發現一個駭人事實，不管怎樣都好，只要能稍稍離開你一會兒。哪怕是一刻鐘、一分鐘，都好！

我發現，自己已變成一個被綑綁得太緊的奴隸，只要能鬆開繩索，哪怕是一分鐘，我也會感到幸福。

和你狂戀後，所得的這個駭人結論，與當時出發點，幾乎是南北極。我做夢也沒有想到，會產生這樣相反的結論。我更未夢想到，最幸福的愛情，會結出這樣一個極端的菓子。

人對於未知經驗，實在知道得太少。在這方面，我不得不承認，當初我對愛情這本大書，其實是一個文盲。

這根繩索的編結者，是你的熱情，我的熱情，以及兩份熱情的總和。正因爲我們太愛了，於是我們變成奴隸。對於你，愛情就是一切，幸福就是一切，包括做奴隸在內。然而，這也就是變相的吸毒者，除了鴉片與嗎啡所給你的剎那沉醉外，你所有清醒感覺全死了。

過度的熱情，本身會繁殖毒性，正像過度糖性——糖精，餔啜太多，會發苦一樣，人們能從糖精中毒，從酒精中毒，也能從「愛情精」中毒。

當我們擁抱著，共同攀登熱情最高峯頂後，接下去，這幾個月來，我全部感覺是——請饒恕我用四個最殘酷的字：「疲於奔命」。

過度愛情叫我太累。過度幸福叫我太累。我的感情太疲倦了。這也說明，我爲什麼那樣渴望離開你，哪怕是一刻、一分鐘。

我需要休息。

你對我過度旺盛的愛，像大蟒蛇纏住我，我透不過氣了。你對我過度的忠誠，像熱帶最執拗的白藤，裹得我要窒息了。我的靈魂需要舒解，透一口氣。

這已不是愛情，這是生命的純粹消耗 。這樣下去，我怕我們——至少我這方面，得耗盡一切生命火燄，剩下的只是灰燼與黑暗。

過度幸福會叫人變成奴隸，正如過度不幸福會叫人變成奴隸。幸福和奴隸是地球兩極，你沿著幸福反面，筆直前進，終點仍是奴隸。

過度愛情使我瓦解了，癱瘓了，除了從沉醉到沉醉，我什麼也不想，也不做。這種狂烈的幸福嗜好是可怕的，它使我靈魂日益粗陋、無能。我不再是一個獨立人，我成爲一棵寄生植物，我變成凌霄花，必須有你的牆壁，你的樹枝樹幹，我才能存在。可是，即使是這種最凌霄的生活、扮演，我依舊不能挽救自己危機——我究竟將怎樣呢？

繼續讓愛情高潮衝擊麼？繼續狂醉與燃燒麼？我已深深麻醉了、癱瘓了、無能了。一切最新的，我不再感刺激。一切最燃燒的，已不再是燃燒。一切火燄，已不再是火。

在觀念上，繼續狂熱是不可能了，因爲我不再感到狂熱了。而且，當狂熱達到巖巔邊緣後，再走一步，下面就是深淵。

讓狂熱的愛情與我正常理性相平衡，使我保持一片健全的完整人性麼？更不可能。對於我，愛情本身，應該是眞理的答案，幸福本身，應該包括一個最完整的人格。假如不是這樣，而它首先向我索取的交換品（這一點，當初我並未認識到），竟是全部自由，那麼，它當然就不是眞正的眞理和幸福。

只有在失去它以後，我才開始發現：在生命中，我最最珍貴的，還是自由，特別是個性的獨立與自由。和你熱戀的這幾百個日子中，我發覺，我已完全失去「自我」，失去個性。我的靈魂不再是「我」，而是「你」，凡你愛的，我愛，凡你想的，我想。凡你感覺的，我感覺。凡你決定的，我決定。我像一束蔦蘿，纏掛在你身上；我像一條河水，適應你的河床；我像一片海潮，隨你的月球起潮力而昇降。凡屬於「我」的一切，全空了，完了。我再不是「我」，是「你」了。從字典上，我已取消了「我」字，代以「你」字。一切「我思」、「我想」、「我感」，都變成「你思」、「你想」、「你感」。

這是戀愛的最高境界。這是愛情的最大勝利。在這方面，所有情人們最浪漫主義的幻想，我們全達到了，而且比幻想本身還要多走許多步。我們把許多詩歌變成現實，把許多戲劇化成生活，把許多智慧翻譯成血肉。

這一切是熱情的極大奇蹟。

然而，這一切卻是生命本身的最大失敗：包裹著無數輝煌的勝利錦旗的失敗。

我的生命開始於「我」。作爲孕婦的我的母親，帶到這個地球上的，首先是我的頭，我的身子，我的手，我的腳，我的聲音，這以後，假如可能，我才看見你的頭，你的身子。沒有「我」，我就死亡了。單「你」存在，沒有「我」存在，所謂「我倆」，就只有半個存在，它的結局，必然是個悲劇。

熱情是一帖麻醉藥，幾百天來，使我麻醉了，我什麼都不再意識，除了歡樂與沉醉。T島歸來後，海風第一次把我帶到幸福峯巔，也使我在高峯頂第一次開始清醒的看見地面一切，看見深淵。起先，它吹醉了「我」，終於，它吹醒了「我」。但哪裡是「我」？

這眞像通俗笑話上所說的那個悲喜劇：「我」沒有了。

現在，每次，當我離開你身邊時，我所以那樣舒展、自在，主要是：「我」又復活了；自我又昇起，站定了。漸漸的，我又可獨立感覺、思想、行動了，不再像你懷抱中的「半個人」了。終於，我的敏銳感覺、思想，又開始復甦了。而在你身邊時，我只有一片沉酣、麻醉。就這一意義說，爲了讓我的精神內部維持單純的狂熱，過度幸福已吸乾我所有精力，不再剩下餘瀝給我的理性，理想事業，和獨立人格了。

在狂醉而癱瘓的靈魂與完整的靈魂之間，只能選一樣。在你與你以外的世界之間，只能擇一樣。

繼續留在你身邊，設法把狂醉沖淡下來麼？那根本不可能。單只「後退」這一觀念，就會叫我痛苦。「你」代表前進，永遠狂熱的前進，和你擁抱在一起，而「又後退」，這是不可能的。這首先就毀滅熱情的完整性。而且，我有什麼藉口，向你提出「後退」的要求？我能坦率告訴你：我必須離開你一個月或兩個月，甚至更長一段時間，才會感到幸福？

我眞不敢想像，聽到這一聲明時的你的臉色，我寧可死，也不願見你當時痛苦的——甚至是蔑視的眼睛。在你眼裡，我將成爲最可恥的懦怯者。

假如在一年前，你還可以靜聽我的玄學辯解，但現在，你不可能了。任何玄學只會引起你更深的誤會。你將把我當做最卑鄙的背信棄義者。

在我們最圓全的愛情圓周中，我不願見一丁點折斷，或我們間最微細的爭執。正爲了保持這個圓全的夢，現在，我才悄悄離開你。看完信後，不管你怎樣恨我，至少，你總會知道一件事，就是：在這一生中，除了你，我沒有眞愛過第二個少女。除了你，我將永遠不會眞愛第二個女子。你將明白：是爲了一種眞理，一個理想，我才離開你。你將在我記憶裡留下一個最完全最美麗的夢，縱使它的尾聲是那樣殘忍。

較之對於人的聲音，人對於從筆下流露出來的，將給予更多的寬恕。至少，有更多的被寬恕的機會。這就是爲什麼，我寧願讓一支機械的筆、作這齣戲劇尾聲的獨白者，而不願以自己聲音直接向你獨白。

當年你銳利的預言，終於證實了：幸福對你是一個數學上的答案，對我卻是一支交響樂的序曲。

也有一種可能的妥協方式——對平凡現實的妥協，使我們的愛情，再苟延一個時期，這就是：慢慢的，把我對你的狂熱從一百二十度下降到九十度，八十度，甚至六十度，五十度，暫時保有熱情的形式，卻相當眞空它的內容。當我們吃光甘蔗後，把所有殘渣蒐集起來，裝在心靈杯盤裡，也仍算保留它的許多甜蜜回憶。對於這一妥協，你有什麼感想？我不知道，但我卻寧死也不能接受。不要說接受，就連這一思想，我都受不了。在你身邊，當我血液裡充滿對你的火燄時，卻要我創造一個短時期的冰天雪地，這在我是不可能的。愛情對我，只是從火燄到火燄，從燃燒到燃燒，假如火弱了，快熄了，我只有隱退。我不能忍受那種又火又冰的矛盾感。這也是爲什麼，有時候，我對你的擁抱，使我矛盾、痛苦，——這是出於理智的擁抱，不是燃燒性的擁抱。火已開始不能繼續熊熊燃燒下去了。

在一個愛人身上，並沒有那種永恆峯巓狀態的火燄。傳說的幻想的火山說法，也只是個夢幻，不是現實。要我忍受夢幻的破碎麼？不可能！要我接受現實麼？不可能！要我繼續夢幻？更不可能！這種複雜的矛盾、苦痛，只在愛情最深淵底才出顯。我們潛沉得越深，我們所看見的，越複雜、越離奇。事實上，假如我用一雙冷靜的臂膀擁抱你，就等於不擁抱，假如我用一條冰冷的身子留在你身邊，就等於離開你，倒不如一場名正言順的離別，使我能得到新的統一、眞誠，縱使是苦痛的統一、眞誠。我最愛最愛的縈，我們已太久飛翔在月光星光間，無法再與柴米油鹽醬醋溶成一片，我們已太久扮蝴蝶，不可能變形蟑螂，從一種山岳空氣再回到庸俗的塵埃低地，對我說來，是一個痛苦。倒不如讓一個永恆分別，使我們在回憶中保持一個完整的幻美形象。一個略帶苦味的甜蜜回憶中的整體，勝似萬千個微溫的現實碎片。

一個人的生命是如此有限，所要的又太多，又如此不可能，而我一向又厭惡妥協，在接受生命的限點時，我不得不反抗它，用另一種姿態來擺脫它。

假如永久幸福只是一種永久的平凡，一種恆久的庸俗的重複，那麼，即使它們與我最愛的人連在一起，我也只好割捨。這十年來，我之作爲一個流浪漢出現在這一星球上，完全可以說明這一切。

我承認，最近一個時期，你已預感到上面這些浪花的一朵、兩朵，但你還沒有看到全體，特別是，我的內心秘密——我的精神雙重生活。這封信，假如還有一丁點對你是眞誠的，那就是：至少，我是毫不掩飾的向你暴露出我的秘密。

可能你將用盡一切詛咒的形式來詛咒我，用盡地球上最惡毒無情的石塊投向我。我最愛最愛的縈，你完全有權利這樣做。你完全有必要這樣做。我是這樣變幻、無常、離奇、自私。

這不像一封情人的信，更不像一個熱戀者的訣別書。它更像一個柏拉圖的拙劣模擬者，他的某一斷片膺品。可是，我最愛最愛的縈！這裡面假如還有一絲纖維的眞實，那正在於它的玄思與神秘哲學，雖說我永不敢攀牽那些古典大師們的一衣一角。

我對你無窮盡的愛，不需要我在這裡作更多補充、複述。一年來，我的臉，我的眼睛，我的聲音，我的形體、血肉，早已寫下更多的解釋。單憑這一點，我有權對你說，我不需要複述我過去對你的愛，我將來對你的忠誠。我只能告訴你一點，在這個星球上，無論是過去、現在、未來，除了你，我今生將不再可能有第二個眞正感情終點。

我不知道，將來有一天，我會不會重新來找你。我不知道，因爲未來是如此渺茫，永遠不可捉摸。而我將去的空間，充滿如此多的危險，這更增加我的未來的渺茫性。不過，我希望將來有一天，會來找你，只要我還活在人間。

現在，我的靈魂，正像我即將走向的大海，那裡面，沒有一樣是固定的、凝鑄的。那裡面有一切方向，卻沒有一個方向。那裡面有一切，你卻不能眞抓住一滴。那裡面，到處是水，卻沒有一滴眞能喝。

我最愛最愛的縈，請千萬饒恕我吧！我是一面哭泣，一面寫這封信的。當我寫這封信的最後一頁時，我的心完全碎了。我換了好幾次信紙，才不致讓眼淚染糊我的字跡。我最愛最愛的縈，此時此刻，我的心情在分擔你見到此信時的一切痛苦，一切地獄情緒。無疑的，它將帶給你最深絕望，而且，比無窮絕望還要可怕得多。可是……唉……我……

也許，有一天，當我眞正醒覺時，我會歸來，但現在，……

我們的祖國母親正在受到生死存亡的威脅，作爲母親的兒子，我不能不獻出鮮血拯救母親。由於這一次我是準備把生命獻給我的祖國母親，未來假如我的生命還能存在，也許我會再來找你，只要你不拒絕我。

別了，我最愛最愛最愛的！

當這封信快寫完時，我最愛的縈，讓我第一次，也是最後一次，對自己作一次無情的揭發吧！這封信徹底暴露了我靈魂的另一空間。在我精神總面積中，這一空間雖然很小，比重也不大，卻是平日我從未開放過的一角。對於它，我有時自覺，大部分時間卻不自覺，或者，過度幸福與幻覺淹沒了我對它的敏感。但當某種特定時刻、特定遭遇下，它會突然出顯，而且迅速擴大，占有我整個心靈。或許，它可以稱做自我的高度眞實感，以及現實感，或許，它就是赤裸裸的生活的眞實本身。它與理想或幻覺不兩立。或許，它雖不能全代表自我，卻相當反映了客觀的現實低地。不管怎麼說，反正，我從未清醒的估計到它的巨大潛流，直到現在，它強烈沖捲我，泛濫我，又一次把我帶入大海。也許極端聰慧的妳，對這一秘密空間早有點預感，且曾表示過警覺。

我不多解釋了。而更多的解釋只能暴露我更多的卑劣。

我不能再寫下去了。我最愛最愛最愛最愛的！你將永生在我記憶裡！

七

在高峯頂，有人披髮狂走。

這個人有一雙剛從海底撈上來的眼睛，像給鯊魚咬過，混著恐怖的血絲。這雙眼以無比蠻狙向偉大空間投擲，像一個古希臘競技者盤旋著投鐵餅。偉大空虛正承受這片狂狨的投擲，一個投擲、一個燃燒，報復式的燃燒著天空和大地。這個人有一副青色的臉，中亞細亞古代畫上的那種青色，青得要把人所有感覺關閉起來。這個人有一張墓窟式的嘴，每一個呼吸，是一片絕望的毒氣。這個人有一個被獵人追逐的長頸鹿式的身子，一片華麗混合著瘋狂抖顫。這個人似乎不是人，而是人以外的動物，不，也不是動物，是一種瘋狂騷動得瀕於破滅的死物，一座死火山式的靜物，一種闡釋無數死亡觀念的埃及楔形文。這個楔形文式的人體旋動於這座高峯頂，已經很久了。

這個楔形文人體是一個女人。

她！

骷髏的笑描在瞿縈脣邊。幽靈活在她眼前。她長髮披散於大風中。她黑色長袍子舞轉於黃昏裡。她在高峯頂來回迅疾走，接著又緩緩慢步，已走了四小時。先是快，後是慢。接著又是快，再又是慢。從正午起，她就像一片洶湧洪流，衝上高峯，一直不停的走。猛烈的冬季寒流衝擊她，北風飛蝗樣咬嚙她，彷彿她的肉體是世界上最末一塊稻田。她不知道爲什麼這樣走。但她必須這樣走，走，如一個旋轉渦螺。她靈性已改了態，情緒在萬馬奔騰，她精神裡所有旋轉軌道都天旋地轉。大片大片陰慘披掛在她身上，如豪華甲冑映襯著古羅馬甲士，她手上唯一的劍是絕望。她全生命以赴之那片愛情奔流，此刻凝縮成一片埃及艷屍，絕頂華麗，又絕頂死味。他那封信！那封信！一剎那間，宇宙突然崩裂了。成千成萬個地獄撲入她身上，好像她是一座無窮空間，永恆的深處。望啊！望啊！在高峯頂望啊！但再望不見他！這個天地只蹦跳著一片片黑暗、陰霾、獰醜，再沒有他！再沒有他！她到哪裡找他？到哪裡找他？她所能找到的只是恨、獅子式的恨、梟獍式的怨毒，要殺人的劍，這一切混合著憤怒的狂風暴雨、眼淚的激流，以及那麼多美麗星光的夜之回憶。她再得不到什麼了，她所得的只是一陣暴風、一片絕望。她就在這片絕望的高峯頂狂走，走在大風中、冰寒裡，那將要吞噬一切的黑暗裡。

她這時達到一種最高度的混血式的靈敏，歇斯底里式的靈敏。像一隻小蟲子旋轉於地球儀上，她一會兒南極、一會兒北極、一會兒印度、一會兒斯堪的那維亞。她的觀念，像孩子走浪木，從這一端突然衝到另一端，這一分鐘怪尼采的，下一分鐘怪基督的，再下一分鐘又怪叔本華。她平日所有柔情，一剎那間結成冰，冰度極度收縮，凍破一切管子。那水樣的柔情已變成毀滅一切的總因素。全部歡樂、夢幻、希望，全幻變爲「漂移岩塊」與「迷岩塊」，被他那封冰河式的信衝到遙遠的地方。這封信是一個奇蹟，但她也並不完全缺少預感性。該詛咒的是那堆歡樂，它們殺死她的全部警覺與預感。很久以來，她就活在毒蛇蠱和蜈蚣蠱的迷醉中。從迷醉高峯突然摔到深谷，這對她是一個奇蹟，不可思議的神話。啊，這樣強烈的芳香，他去了！這樣燦艷的山茶花，他去了！這樣深的沉降海岸，他去了！這樣靈幻的夢中風景，他去了！這樣兇的火山拋出物，他去了！這樣瀑布式的繩狀熔岩流，他去了！這樣黑的髮、紅的唇、絢爛的胴體，他去了！啊，他去了！他去了！殘忍的理想！他寧可永遠活在捉迷藏的追逐中，不抓住這有血有肉的活物！多愚蠢的人類！世界上有這麼多交響曲在噴灑，這麼多宇宙大音籟在鳴奏，他們卻偏要找那爲天地所不容的「最後的音符」。有這麼多的花花紅紅、紫紫翠翠，顏色堆得比崑崙山高，他卻還要去找那畫布上所不許可的「最後的顏色」。千千萬萬殘忍愚蠢是別人的，送進屠宰場的、只有一個她。他就永遠要這樣愚蠢下去，把所有生命火燒在北極大冰雪大虛空中。活火山他不要，他卻要去燒死火山。她到哪裡找他？她到哪裡揭發他的荒謬？她到哪裡拯救他的愚蠢？她一生中最精華的財寶，都被人當做烹調「愚蠢」的燃料。她不能恨。一片絕頂陰慘佔有了她。她的感覺走了盤子，再不能感覺了。她此刻只是一棵被熔岩流吞沒了的樹，一切紅紅綠綠都沒有了，只剩下一片「熔岩樹型」。熔岩是死的。樹也是死的。

她狂走著，狂走著。在無限死態中，她聽見一片奇異的響聲，似非人間的音籟。

啊，宇宙！宇宙！你爲什麼響？老是這樣響？響在我血液裡、髮上、眼睛內、呼吸裡、感覺中？啊，你爲什麼有這麼多旋轉曲？變體曲？裝飾音？摹仿句？固執低音？響吧！響吧！最大的響只爲了凝造一個永恆的靜。這靜終於來了，一隻鴕鳥樣棲息於我身上。一切不都在這裡麼？最後的、最終的，不都在這裡嗎？時間明亮了。時間開花了。那麼多火夜後，終於來了這永恆的巨蛇座、天鵝座、鯨魚座。萬陣風沙中，凝鑄了一雙佛眼，洞穿這些變體曲了。在感覺大畫布上，再沒有暗暈與黑色雕景了。紅出現於黑裡。白出現於灰裡。無限冷寂的阿爾卑斯山冰河邊，有美麗的虹，有羚羊透明的跳躍步子。世界全在這裡了。我願是阿爾卑斯山巔的弄冰人，長年守著這潔白冰雪、美麗的羚羊和虹，當千萬片落葉凋落時，再不是情感凋落了。這是不朽的不朽！把冰河流變成謐靜燃燒面。把大沙漠寂寞塡滿。生命應該有勇氣這樣塡、塡、塡，一直塡下去。不再要常住名詞，只要那藏在綠色水藻深處的金魚。一切應該像冰河樣鮮明而純粹的偃臥，臥著看水條紋互相舒捲，看泡幻泡花泡朵泡影，同時也看那種希臘圓柱式的古典凝定，加上蝴蝶膜翅的透明。一切深彩都在這裡了。一切巫力都在這裡了。這裡有赫拉克里圖斯的眼睛、畢達哥拉斯的眼睛、馬鳴的眼睛、龍樹的眼睛、馬蒂斯的眼睛，……只要有眼睛，就行。每一份眼睛都是一份收穫。人該讚美任何收穫，不管籮筐裡是蓮花、是金紅蘋果、是馬鈴薯或野燕麥。「最高的」寫在蓮花瓣上、蘋果紅上，也應寫在薯皮與野燕麥芒上。把所有野獸式的痛苦燒成這片永恆時間吧。在這裡面，含蘊著大星座的原始燃燒，太陽紅太陽黑，花香鳥語山青水綠，天堂的白鴿與地獄的煉火。這不是永恆時間，這是永恆高傲的靜寂，超越大江大海山河日月星雲以上的。

偉大的超越！美麗的靜寂！但這只是一泓幻象，一羽夢影。在她身邊，此刻成千成萬堆積如山的，只是痛苦！痛苦！痛苦！每一個他，記憶裡的他，都是痛苦。千千萬萬個他是千千萬萬個痛苦。痛苦與殘忍！那些個夜，火夜、不死的夜，由他肉身編織的，黏混著她的血肉的，是痛苦的最鮮麗旗幟，現在撲向她、領著她，領她到苦痛的窟底。從她夢中的夢之最高最深處，痛苦噴出來，狂烈的噴、蠻橫的灑。她曾活過的所有幸福宮殿，全化爲痛苦的噴泉，它們狂灑她，正如她過去向他狂灑出那麼多情感、貞潔。她擁抱他時，用過多強的熱力，痛苦現在擁抱她，也就用多強的熱力。沒有一個瘋狂歡樂的支取，這時不用雙倍瘋狂的苦痛來償付。這還不過是償付的開始。這筆如山的債，將費她畢生血肉去償付。殘忍的生命！殘忍的他！更其殘忍的，是那些羅馬獸鬥場式的古代蠻狂歡樂，宇宙中，沒有一個快樂，不包含一種內在的恐怖與顫慄。這些歡樂，熱帶白藤樣、堅韌的生根在她血液裡；這些痛苦，也同樣堅韌的生根在她血液中。啊，主！你萬能的主！給我靈異吧！給我巨力吧！除了殺死我的血肉外，再不能殺死我的痛苦麼？我的血、肉、眼睛，頭髮、身子，難道已成了痛苦的組織品麼？

狂風嚣吼，寒冷排山倒海衝來。大樹在獒風中狂抖、旋轉。最末的枯葉雪片樣飛灑。沒有太陽的天、這是一座沒有煉火的地獄，曇暗的獸環到處掛。陰霾搶劫了雲彩，滲透了空間深處。這是一個暴風狂寒的黃昏。大江遠遠奔騰澎湃，古代梁龍樣要衝上天際，一片暗霧由江底湍射出來，要吞捲大江大浪。一棵獰惡的古松虬曲倒掛於半山腰巖石間，撐出古代猙獰的巨臂，反抗大風大寒。一隻巨大兀鷹從危崖上衝入天際，輵旋於猋風中。嚴寒海吼著、爆炸著，曠野再沒有花裸體，湖面再沒有船飄蕩。鐵錨般的黃昏快拋來了，這不是灰黑色的黃昏，是藍色的黃昏，一種猙獰醜惡逼人瘋狂的藍！黃昏應該是紅色的，充滿猩紅太陽的，但這卻是一個魔鬼藍的黃昏。獒狠的黃昏。高高低低，上上下下，陰霾似要崩裂，一塊塊從天空砸下來，砸毀萬物。一切紅紅綠綠都枯了，最深的地獄色彩鯨吞一切。峻嶒的山！崢嶸的山！高峯危巒⿰山軋⿰山加森列。山峯在狠毒風寒中掙扎、反叛，要從魔霾中衝出去，奔向天邊，與大江大海匯成一片。她在狂風中走著，披著長長頭髮如緬甸青蛇，睜著剛從海底撈上來的眼睛，瘋狂的眼睛，爆炸的眼睛。她猘走於黃昏，瘋走在灰暗中。她是一隻原始的獸，盤旋於高峯頂。她的黑色袍子是一片滲透毒液的獸皮，野舞於朔風中。雄壯的峯巔呈托出她，是大天空呈托一片大狂猘、一大團崩裂。她整個人就以崩裂狀態活動著。她必須走，走，走，紅色的走、黑色的走、藍色的走、青色的走，從正午走到黃昏，從日午走到日落。她走、走、走，但她往哪裡走？走到懸巖下？走上高空？走向那原來的崎嶇嶙峋的山坡路？這個世界沒有他了。她的世界沒有他了。黑暗大海再不昇起太陽了。她往哪裡去？往哪裡去？往哪裡去？往哪裡去？

八

在大海上，有人跡近瘋狂。

大海，陰鬱的獸，掙扎著，要逃出黑夜的囚籠，風暴的枷鎖，衝向宇宙最深處，找尋它最深的歡樂。風暴擁抱著黑暗狂舞，大海舞池內洶湧捲起波浪的舞步，非洲花蛇式的舞步子，梟獍魑魅的舞步子。這雄偉舞池裡，黑波奔天，噴起一座座黲黑浪山、黲黑的巨巖，它們裸著苗女的妖黑胴體，簪插白色的花繡花飾，猶如白色的花開遍獒黑的夜，又似蒼白的蝸涎漫漫無盡。一座座黑毒毒的懸崖撲出來，又倒下去，無數的倒撲中、海面搧起淫蕩的浪動。海，這歡樂的獸，在絕望中淫蕩的顫動。它四周黑夜，已不是黑夜，是一串串黑色舞蹈。印度的蛇笛正響著，印第安的原始林鼓鳴奏著，黑黯黯的天穹迴蕩起大海音節，磁性的音節。時間黑了。無限破裂了。大海抖動著黑鬒鬒的髮，搖著黑黰黰的巨臂，拍著墨色翅膀，它整個神經軸胚輻旋著、昏眩著。暴怒的海，大蠻琴樣彈奏著，歇斯底里的彈奏著，這大蠻琴要破空而起，變成一個爆炸物，從天穹落下，砸碎一切。

印蒂站在欄杆邊，凝望惡風暴浪，一個發瘋的海。他靈魂的音符，以無比的激響，配合大海的蠻橫旋律。他整個神經層，如一片崩山碎巖，在大海的暴艷音樂中飛旋。他蓬亂的頭髮，被猛風吹得直豎起來，像一個幽靈。他一動也不動，巨像樣石立甲板上，不，是雕刻在船欄畔。海船在黃海中挺進，與大海搏鬥。全船人都沉入昏黑噩夢，只有他一個人，醒在暗夜。

極度宇宙感佔有他。他覺得他不再是他自己，而是一個宇宙，一個將被毀滅的宇宙，活在激風蠻海裡。在他身前，獰響著這麼悲壯的海吼、海嘯，狂張著這麼慘麗的波扇、波翅、波層、波窟，他無法安寧。獝狘的巨浪內，野狪的雄濤中，他又一次看見生命奔流，瞧見那幅偉大的永恆鬥爭圖像。暴風永遠與大海鬥爭。生命奔流永遠與宇宙鬥爭。自有生命以來，這個鬥爭就從沒有停過。他將再滾入這片雄麗奔流內，在風暴海瀾中醉舞，直至最後一個呼吸。他將永遠在最危險的火山邊緣輅舞，在漆黑的海底翔旋。一切應舞蹈的，他已舞過了；一切還沒有舞的，他要開始舞下去，舞下去，如高大的希臘酒神。

他凝立船欄邊，雕刻在狂風中，睜著紅色的眼睛，獰視無邊墨漆。漸漸的，他墮入沉思，一些奇異的溫柔情緒、出現於他血液。在這片驚濤惡浪大風大海中，他不禁懷念起一兩個最親切的友人，一兩條最美麗的小河，一兩朵最瑰艷的花。

他佇立，他凝望。他沉思。

生命又一次航入海洋。這個海，今夜這樣兇，那些幾乎已變成古代生物的綺麗回憶，不禁纖巧的出現于他的思想裡，像一個馳騁沙場的將軍，墜馬臨死最後一剎，突憶起一個瑰美的墜馬髻。他想起童年、學校、流浪、革命、戰爭、監獄、海水、愛情，這一切，今夜現得出奇的溫柔，是一些守在病榻畔的女人。他究竟該不該要這份溫柔？還是選擇面前大海的瘋狂？他的身子已經在孃濤獷浪畔了，但一些有力的手臂還在隱隱拖他回去。其實，這次他投向大海，並不是爲了準備希望，可能倒是爲了準備絕望。他已經到達這樣一個年齡，生命的懸崖再不影影綽綽在迷霧中，裝扮成神秘花景；所有霧全褪去了，它現在對他呈顯眞實的粗糙岩塊，被遺棄的荒寂、醜陋的巖生植物。他不只看出這片懸崖，也開始摸到且踏上它的黑暗邊緣，邊緣另一邊，是一個吞噬性的深淵。每一想起身邊這個可怕的吞噬性，他就不禁打顫了。過去三十年，他一直用幻想編織時間與生活。在斗室裡，他先編好一套又一套幻想框架，再拿它到大街上，套裝現實的畫。畫大了、畫小了、畫圓了、方了、長方了，他從不譴責手裡的框架，只咀咒畫。此時，他才明白，畫有罪，框架也有罪。一次又一次，颱風吹淡了浩瀚但虛薄的煙雲靄霧，他漸漸看清腳下的大地，一塊石、一片瓦、一根草、一堆泥。清醒的現實，從來是猙獰的，但他必須接受它。一草一木一山一石的接受。以前的都不算數，這一次接受的一點一滴，才是他口袋內的財產。「未來」那幅壁畫誠然輝煌，但人不該輕易把它當永生宮殿來居住。他面前大海誠然廣大超越，但大海是大海，陸地是陸地，把大海感代替陸地感，是荒謬的。他就要上關外去，入烽火中去，到血與劍中去，可是，這一次，他不再像過去那樣騙自己了。這並不僅是一種神聖正義的追求，也是一個悲壯的逃避。

在一些柔麗幻望裡，她終於出現了。啊，今夜，大海這樣黯暗、這樣兇，她在哪裡？她在哪裡？華艷的她！精緻的她！透明的她！他不敢再想下去。任何一個回想都是殘酷。他已設計建築了一座屠場，工程完竣，他不敢再去仔細察看、玩味。他只願造化保佑她，叫她平安，叫她今夜好好睡。一切不能怪他，只怪那個荒謬的畫框子。他必須找一幅永生的畫，但不是她。啊，海上風這樣大、這樣冷，她那裡冷不冷？她冷不冷？在黑夜燈光下，她的臉還那樣好看嗎？此刻她在做什麼？哭泣？詛咒？絞手？沉思？看花？彈琴？他是愛她的。他從沒有這樣狂烈愛過一個人。他今後也永不會這樣了。因爲他如此愛她，所以必須離開她。因爲她如此純潔、崇高，所以他必須離開她。假如她是一個下流妓女，他倒容易愛她，和她相處了。因爲，一個妓女絕不會把愛情看得崇高神秘，人儘可把感情各面一起搬演出來，最好看與最難看的。但她可不。她是如此純潔，她所要的，也只是最高的純潔，最高的美，而這個，今後在一段長時間，他不容易給。不是他不給，是他給不出。他訣別前日記上的一些斷片，又閃耀在思想裡。他想，一個可怕的預感侵襲我，我可能將遭遇一個「黑暗季節」，我生命中的「墮落時代」。假如我再少愛她一點，我會留下了。留下，把我那醜惡的一面也獻給她。一個人，度著人間最幸福的夢之生活，躺在花園蘋果樹下，靜等菓子落到嘴裡。有一天，他卻突然悄悄走了，離開蘋果樹、離開花園、夢幻、和幸福。這是很自然的。一個人必須離開天堂，正如必須離開地獄一樣。這不一定是生活的眞實，卻一定是生活的眞理。

印蒂狂想著、狂想著。啊，今夜，海上浪這樣野、風這樣狂，她在哪裡？她在哪裡？她在做什麼？她在想什麼？啊，今夜這樣黑、這樣冷、大海這樣可怕，她在哪裡？她在做什麼？她在想什麼？想什麼？她也許在想：——一個女人，一個礦物學名詞，不，一堆礦物學名詞，天藍石、巴西藍寶石、石晶體、紫蘇輝石、屈折率、彎片狀，楯形平面像。無數隻貪婪手從神聖裡伸出來，鶴嘴鋤樣，要挖藍寶石、紫蘇輝石，要挖這個、掘那個。挖呀！挖呀！人們將永不疲倦的挖下去、掘下去。或者，人們把疲倦看做一種與疲倦對象的聯繫體，這樣，人們永不疲倦了。或者，人們收穫夠了，縮回手，扔出一大堆蔑視。這個世界命定是要拿女人當大地橫斷層的，給她風、給她雨、給她冰雹雪霰。一整個世界擁過來，把她當巢棲息，卻又不忘常加一陣颱線雷雨，把它淋透。啊，女人！女人！一團燦爛！一片傷心！

印蒂矐視大海和風暴，在檀暗中馳想著，千萬種感覺奔騁於心靈上，甜的、酸的、苦的、辣的、鹹的、紅的、黃的、黑的、方的、圓的、三角的。所有感覺中，最強的感覺，是那種大海撈針的感覺。在生命大海中，他撈那隻眞理的針，已經十四年了。它卻始終潛藏海底。它只偶而隨水波飄浮海浪上，給予他片刻的視覺沉醉，當他眞正伸手去撲捉時，它又消失了。他畢生最精華的青春，如火似狂的青春，已燃燒在一堆追逐中。可能，他是在曇暗地窟底追逐一個太陽。也可能，他只是狗逐尾巴。是高貴，是下流，一切讓時間評斷。但他必須追逐下去。不只他，這一代青年、這一代人，都得追逐下去，追尋一個新太陽、新宇宙。舊的歷史太陽，曾經燃燒過四千年，早已燒完了。新的殘缺太陽，曾有一兩座燃燒於地平線，目前也只剩下最後殘輝，四周歌聲再掩不住它醜陋的黑霉斑。在絕望的天邊，必須昇起一輪新太陽。也許他找不到，也許許多人找不到，但人類必須找到。一輪新太陽必須代替舊太陽。一個新宇宙必須代替舊宇宙。人類不能永遠絕望下去。人類不能永遠在陰慘的深淵底掙扎。深淵底，那麼多殘破的生命，他也是他們中的一個。今夜，海上大黑暗這樣猖狂，風濤這樣兇險，他陷入整個靈魂的旅程記憶中。但這樣的旅程，不知道何時終了。也許，旅程盡頭，只是更深的深淵。也許，天際線外，永遠是陳舊太陽。也許，大海要淹死他、太陽要燒死他、蛆蟲會咬食他、路人會詛咒他、野狼會嚼他的骨骼、獅子會喝他的血，但他再顧不了。他命定的旅程必須走完。他應找應抓應捕應捉的，必須找到、抓到、捕到、捉到。眼前他所能做的，也只能如此了。

海，昏眩的獸，以大風暴爲大歡樂，以大漆暗爲大沉醉，正繼續吼嘯，騰捲起紫巍巍波山。怒濤駭浪峻急的拍打海船，船吃力掙扎、前進。不知掙扎了多久時間。在它長久掙扎前進中，天際雲層處開裂了，霾暗中，迸散最初的光，陰暗而淒迷的光。漸漸的，這光如鳥翅樣開展，葵花樣開放，慢慢的，黑暗褪色了，陰陰叢叢的雲彩膜薄了。光出顯於宇宙。光浮起於海面。暴風仍豹吼著、瘋舞著，但不再舞吼在黑暗巨網中。漸漸的，它有些亮了，明耀了，塗上新顏色了。海，淫蕩的獸，浪動了一夜，現在，似乎疲倦了，需要休息，但狂風仍嬲住它，激盪它，騷擾它。一片大海空間將是一個永恆激盪的空間。在繽紛棼亂的猙醜大海面，黃黃蒼蒼莽莽的海平線處，不知何時起，突然爆發了一片強烈的新光，一刹那間，如一條巨大鯨魚，一輪太陽突然從灰暗雲彩深處噴衝出來，一個又巨大又蒼白又冰冷的太陽！它在寒冬狂風中抖顫著！獰視著！這一輪恐怖的蒼白色深處，描繡了幾片紅環，紅得極陰毒。這是一扇死沉沉的太陽。冰塊的太陽。發冷氣的太陽。流血的太陽。被人屠殺過的太陽。在風吼海嘯浪猛波狂間，它表現出一種可怕的絕望，可怕的瘋狂！

印蒂忽然匍匐在甲板上，倚在欄杆邊，雙手掩住面孔。過了一分鐘，他抬起頭，再度看清了：依舊是那輪絕望而瘋狂的太陽——一隻在流血的紅獸，雖然很快轉化為一輪白日。

一九六三年第一次修改於杭州

一九八一年春天第二次修改於杭州

一九八四年六月廿一日第三次修改於臺北陽明山

一九九六年四月四日夜十一時第四次修改於臺北縣淡水海景園中園

二〇〇〇年四月二十日夜十一時第五次修改於臺北市

作者跋

「海艷」初版本完稿於一九四七年二月，迄今已修改五次。這冊第五次修改本距初版本已五十三年了，只證明一件事：藝術眞理的探索永無止境。

「中國新文學史」已故作者司馬長風先生，是區區平生最大知己之一。當時拙作「無名書」六卷才問世二卷半，他就給予它驚人的評價（這一評價近幾十年來已漸被證實有一定的公正性）。但他分析「海艷」男主角印蒂後來所以離棄女主角瞿縈的種種原因，認爲並不充分，也不是能很服人，他評斷書尾的悲劇屬於「不可解的斷層」。

事有湊巧，初版本「海艷」殺青三年後，我偏偏遭遇了第一次震撼心魂的戀愛事件，即外間所傳與趙無華小姐的生死戀。從結識到她魂歸離恨天，前後不過五個月左右，我個人卻徹底沉入一場幾乎是驚天動地的感情颶風。風止了，我付出天價，跡近卅年掙扎、呻吟於亞洲大陸。我唯一大收穫是：除了享受一次透入骨髓的天堂幸福外，我還徹底洞透男女愛情的三昧境。這份三昧境促使我補寫了「海艷」結尾的印蒂給瞿縈的一封信。

這封信改善了司馬長風上述的「斷層」論斷。

這封信也促使許多讀者長嘆：無名氏眞是把愛情寫絕了。

爲了這封信，名教授曾昭旭先生寫了一篇論文，刊於聯合報副刊，題「浪漫與激情」。文中他說：「無名氏的這篇文章（指信），眞可說是從生命徹底燃燒所剩下的灰燼中提鍊出來的一顆舍利子，亦是不能不令讀者爲之深心震悼。」

曾先生是如此肯定此「信」的哲思深度，而他那篇論文分析愛情又極精采，我特請他爲此書寫序。這第五次修改本，仍要借重他的精采序，並再次向他致謝！

民國八十九年四月廾一日